本书系作者主持的中国法学会部级课题项目"检察机关提起反垄断公益诉讼问题研究"[CLS(2017)D100]的最终成果

本书系作者主持的国家社科基金一般项目"平台经济反垄断规制问题研究"（22BFX105）的阶段性成果

本书出版获得中国社会科学院大学中央高校基本科研业务费资助支持

中国社会科学院大学文库

检察机关提起反垄断公益诉讼问题研究

谭袁 著

中国社会科学出版社

图书在版编目(CIP)数据

检察机关提起反垄断公益诉讼问题研究/谭袁著. —北京：中国社会科学出版社，2023.3
(中国社会科学院大学文库)
ISBN 978-7-5227-1492-9

Ⅰ.①检… Ⅱ.①谭… Ⅲ.①反垄断法—行政诉讼—研究—中国 Ⅳ.①D922.294.4

中国国家版本馆 CIP 数据核字(2023)第 035272 号

出 版 人	赵剑英
责任编辑	张　湉
责任校对	姜志菊
责任印制	李寡寡

出　　版	中国社会科学出版社
社　　址	北京鼓楼西大街甲 158 号
邮　　编	100720
网　　址	http://www.csspw.cn
发 行 部	010-84083685
门 市 部	010-84029450
经　　销	新华书店及其他书店
印　　刷	北京明恒达印务有限公司
装　　订	廊坊市广阳区广增装订厂
版　　次	2023 年 3 月第 1 版
印　　次	2023 年 3 月第 1 次印刷
开　　本	710×1000　1/16
印　　张	16.75
插　　页	2
字　　数	235 千字
定　　价	89.00 元

凡购买中国社会科学出版社图书，如有质量问题请与本社营销中心联系调换
电话：010-84083683
版权所有　侵权必究

中国社会科学院大学文库学术研究系列编辑委员会

主　　任　高文书
副 主 任　林　维　张　波　张　斌
编　　委（按姓氏笔画排）
　　　　　　王　炜　向　征　刘　强　刘文瑞　杜智涛
　　　　　　李　俊　何庆仁　张　涛　张菀洺　陈洪波
　　　　　　罗自文　赵一红　赵　猛　皇　娟　柴宝勇
　　　　　　徐　明　高海龙　谭祖谊

"中国社会科学院大学文库"
总　序

　　恩格斯说："一个民族要想站在科学的最高峰，就一刻也不能没有理论思维。"人类社会每一次重大跃进，人类文明每一次重大发展，都离不开哲学社会科学的知识变革和思想先导。中国特色社会主义进入新时代，党中央提出"加快构建中国特色哲学社会科学学科体系、学术体系、话语体系"的重大论断与战略任务。可以说，新时代对哲学社会科学知识和优秀人才的需要比以往任何时候都更为迫切，建设中国特色社会主义一流文科大学的愿望也比以往任何时候都更为强烈。身处这样一个伟大时代，因应这样一种战略机遇，2017年5月，中国社会科学院大学以中国社会科学院研究生院为基础正式创建。学校依托中国社会科学院建设发展，基础雄厚、实力斐然。中国社会科学院是党中央直接领导、国务院直属的中国哲学社会科学研究的最高学术机构和综合研究中心，新时期党中央对其定位是马克思主义的坚强阵地、党中央国务院重要的思想库和智囊团、中国哲学社会科学研究的最高殿堂。使命召唤担当，方向引领未来。建校以来，中国社会科学院大学聚焦"为党育人、为国育才"这一党之大计、国之大计，坚持党对高校的全面领导，坚持社会主义办学方向，坚持扎根中国大地办大学，依托社科院强大的学科优势和学术队伍优势，以大院制改革为抓手，实施研究所全面支持大学建设发展的融合战略，优进优出、一池活水、优势互补、使命共担，形成中国社会科学院办学优势与特色。

学校始终把立德树人作为立身之本，把思想政治工作摆在突出位置，坚持科教融合、强化内涵发展，在人才培养、科学研究、社会服务、文化传承创新、国际交流合作等方面不断开拓创新，为争创"双一流"大学打下坚实基础，积淀了先进的发展经验，呈现出蓬勃的发展态势，成就了今天享誉国内的"社科大"品牌。"中国社会科学院大学文库"就是学校倾力打造的学术品牌，如果将学校之前的学术研究、学术出版比作一道道清澈的溪流，"中国社会科学院大学文库"的推出可谓厚积薄发、百川归海，恰逢其时、意义深远。为其作序，我深感荣幸和骄傲。

高校处于科技第一生产力、人才第一资源、创新第一动力的结合点，是新时代繁荣发展哲学社会科学，建设中国特色哲学社会科学创新体系的重要组成部分。我校建校基础中国社会科学院研究生院是我国第一所人文社会科学研究生院，是我国最高层次的哲学社会科学人才培养基地。周扬、温济泽、胡绳、江流、浦山、方克立、李铁映等一大批曾经在研究生院任职任教的名家大师，坚持运用马克思主义开展哲学社会科学的教学与研究，产出了一大批对文化积累和学科建设具有重大意义、在国内外产生重大影响、能够代表国家水准的重大研究成果，培养了一大批政治可靠、作风过硬、理论深厚、学术精湛的哲学社会科学高端人才，为我国哲学社会科学发展进行了开拓性努力。秉承这一传统，依托中国社会科学院哲学社会科学人才资源丰富、学科门类齐全、基础研究优势明显、国际学术交流活跃的优势，我校把积极推进哲学社会科学基础理论研究和创新，努力建设既体现时代精神又具有鲜明中国特色的哲学社会科学学科体系、学术体系、话语体系作为矢志不渝的追求和义不容辞的责任。以"双一流"和"新文科"建设为抓手，启动实施重大学术创新平台支持计划、创新研究项目支持计划、教育管理科学研究支持计划、科研奖励支持计划等一系列教学科研战略支持计划，全力抓好"大平台、大团队、大项目、大成果"等"四大"建设，坚持正确的政治方向、学术导向和价值取向，把政治要求、意识形态纪律作为首要标准，贯穿选题设计、科研立项、项目研究、成果运用全过程，以高度的文化自觉和坚定的文化自信，围绕重大理论和实践问题展开深入研究，不断推进知识创新、理论创新、方法创新，不断推出有思想含量、理论分量和话语质量的学术、教材和思政研究成果。"中国社会科学院大学文库"正是对这种历史底蕴和学术精神的传承与发展，更是新时代我校"双一流"建设、科学研究、教育教学改革和思政工作创新发展的集中展示与推介，是学校打造学术精品，彰显中国气派的生动实践。

"中国社会科学院大学文库"按照成果性质分为"学术研究系列""教材系列"和"思政研究系列"三大系列，并在此分类下根据学科建设和人才培养的需求建立相应的引导主题。"学术研究系列"旨在以理论研究创新为基础，在学术命题、学术思想、学术观点、学术话语上聚焦聚力，注重高原上起高峰，推出集大成的引领性、时代性和原创性的高层次成果。"教材系列"旨在服务国家教材建设重大战略，推出适应中国特色社会主义发展要求，立足学术和教学前沿，体现社科院和社科大优势与特色，辐射本硕博各个层次，涵盖纸质和数字化等多种载体的系列课程教材。"思政研究系列"旨在聚焦重大理论问题、工作探索、实践经验等领域，推出一批思想政治教育领域具有影响力的理论和实践研究成果。文库将借助与中国社会科学出版社的战略合作，加大高层次成果的产出与传播。既突出学术研究的理论性、学术性和创新性，推出新时代哲学社会科学研究、教材编写和思政研究的最新理论成果；又注重引导围绕国家重大战略需求开展前瞻性、针对性、储备性政策研究，推出既通"天线"、又接"地气"，能有效发挥思想库、智囊团作用的智库研究成果。文库坚持"方向性、开放式、高水平"的建设理念，以马克思主义为领航，严把学术出版的政治方向关、价值取向关与学术安全关、学术质量关。入选文库的作者，既有德高望重的学部委员、著名学者，又有成果丰硕、担当中坚的学术带头人，更有崭露头角的"青椒"新秀；既以我校专职教师为主体，也包括受聘学校特聘教授、岗位教师的社科院研究人员。我们力争通过文库的分批、分类持续推出，打通全方位、全领域、全要素的高水平哲学社会科学创新成果的转化与输出渠道，集中展示、持续推广、广泛传播学校科学研究、教材建设和思政工作创新发展的最新成果与精品力作，力争高原之上起高峰，以高水平的科研成果支撑高质量人才培养，服务新时代中国特色哲学社会科学"三大体系"建设。

历史表明，社会大变革的时代，一定是哲学社会科学大发展的时代。当代中国正经历着我国历史上最为广泛而深刻的社会变革，也正在进行着人类历史上最为宏大而独特的实践创新。这种前无古人的伟大实践，必将给理论创造、学术繁荣提供强大动力和广阔空间。我们深知，科学研究是永无止境的事业，学科建设与发展、理论探索和创新、人才培养及教育绝非朝夕之事，需要在接续奋斗中担当新作为、创造新辉煌。未来已来，将至已至。我校将以"中国社会科学院大学文库"建设为契机，充分发挥中国特色社会主义教育的育人优势，实施以育人育才为中心的哲学社会科学教学与研究整体发展战略，传承中国社会科学院深厚的哲学社会科学研究底蕴和40多年的研究生高端人才培养经验，秉承"笃学慎思明辨尚行"的校训精神，积极推动社科大教育与社科院科研深度融合，坚持以马克思主义为指导，坚持把论文写在大地上，坚持不忘本来、吸收外来、面向未来，深入研究和回答新时代面临的重大理论问题、重大现实问题和重大实践问题，立志做大学问、做真学问，以清醒的理论自觉、坚定的学术自信、科学的思维方法，积极为党和人民述学立论、育人育才，致力于产出高显示度、集大成的引领性、标志性原创成果，倾心于培养又红又专、德才兼备、全面发展的哲学社会科学高精尖人才，自觉担负起历史赋予的光荣使命，为推进新时代哲学社会科学教学与研究，创新中国特色、中国风骨、中国气派的哲学社会科学学科体系、学术体系、话语体系贡献社科大的一份力量。

（张政文 中国社会科学院大学党委常务副书记、校长、中国社会科学院研究生院副院长、教授、博士生导师）

目　录

引言 …………………………………………………………（1）

第一章　检察机关提起公益诉讼基本理论 ……………（1）
　第一节　检察权的产生及其发展 ……………………（1）
　第二节　公共利益的界定 ……………………………（13）
　第三节　公益诉讼的定义与类型 ……………………（24）
　第四节　检察机关提起公益诉讼的制度优势与价值 …（41）

第二章　我国反垄断法实施机制及其面临的困境 ……（55）
　第一节　我国反垄断法实施机制概述 ………………（56）
　第二节　我国反垄断行政执法面临的困境一：存在不作为
　　　　　且无法得到有效纠正 ………………………（65）
　第三节　我国反垄断行政执法面临的困境二：存在乱作为
　　　　　且无法得到有效纠正 ………………………（75）
　第四节　我国反垄断民事诉讼面临的困境 …………（81）
　第五节　我国反垄断行政诉讼面临的困境 …………（89）
　第六节　总结 …………………………………………（95）

**第三章　检察机关提起反垄断公益诉讼的法理基础、现实需求
　　　　　及制度价值** ………………………………………（97）
　第一节　检察机关提起反垄断公益诉讼的法理基础 …（97）

· 1 ·

第二节 垄断损害的特殊性及对检察机关提起反垄断公益
诉讼的现实需求……………………………………（107）
第三节 检察机关提起反垄断公益诉讼的制度价值…………（113）
第四节 反垄断公共利益无法通过其他方式得以
有效保护……………………………………………（119）

第四章 检察机关提起反垄断民事公益诉讼……………………（127）
第一节 检察机关提起反垄断民事公益诉讼针对的涉嫌垄断
行为类型……………………………………………（127）
第二节 检察机关提起反垄断民事公益诉讼管辖……………（142）
第三节 检察机关提起反垄断民事公益诉讼与现行反垄断法
实施机制的协调……………………………………（146）
第四节 检察机关提起反垄断民事公益诉讼的公告制度……（161）
第五节 检察机关提起反垄断民事公益诉讼的诉讼
请求范围……………………………………………（167）

第五章 检察机关提起反垄断行政公益诉讼……………………（191）
第一节 检察机关提起反垄断行政公益诉讼的
必要性分析…………………………………………（191）
第二节 检察机关提起反垄断行政公益诉讼的行政
行为类型……………………………………………（203）
第三节 检察机关提起反垄断行政公益诉讼管辖……………（223）
第四节 检察机关提起反垄断行政公益诉讼与现行反垄断法
实施机制的协调……………………………………（232）
第五节 检察机关提起反垄断行政公益诉讼的检察建议
前置程序……………………………………………（238）

参考文献……………………………………………………………（244）

引　言

党的十八届四中全会提出要"探索建立检察机关提起公益诉讼制度"。① 2015年7月1日，第十二届全国人民代表大会常务委员会第十五次会议作出《关于授权最高人民检察院在部分地区开展公益诉讼试点工作的决定》，决定授权最高人民检察院在北京等十三个省、自治区、直辖市，在生态环境和资源保护、国有资产保护、国有土地使用权出让、食品药品安全等领域开展提起公益诉讼试点。试点期限为两年。② 自授权之日起至2017年5月，各试点地区检察机关共办理公益诉讼案件7886件，其中诉前程序案件6952件、提起诉讼案件934件。案件覆盖生态环境和资源保护、食品药品安全、国有资产保护、国有土地使用权出让等所有试点领域。诉前程序案件中，行政机关主动纠正违法4358件，相关社会组织提起诉讼34件。提起诉讼案件中，人民法院判决结案222件，全部支持检察机关的诉讼请求。③ 检察机关提起公益诉讼试点取得了较好的成绩。

---

① 《中国共产党第十八届中央委员会第四次全体会议公报》，2014年10月23日，载中国共产党新闻网：http://cpc.people.com.cn/n/2014/1023/c64094-25896724.html.

② 《全国人民代表大会常务委员会关于授权最高人民检察院在部分地区开展公益诉讼试点工作的决定》，2015年7月1日，载中国人大网：http://www.npc.gov.cn/wxzl/gongbao/2015-08/27/content_1946100.htm.

③ 曹建明：《关于〈中华人民共和国行政诉讼法修正案（草案）〉和〈中华人民共和国民事诉讼法修正案（草案）〉的说明》，2017年6月22日，载中国人大网：http://www.npc.gov.cn/npc/c10134/201706/c47ac51aab1644efb8b171a7a862099e.shtml.

在试点期限届满前，2017年6月27日，第十二届全国人大常委会第二十八次会议作出《关于修改〈中华人民共和国民事诉讼法〉和〈中华人民共和国行政诉讼法〉的决定》。决定对《中华人民共和国民事诉讼法》作出修改，第五十五条增加一款，作为第二款："人民检察院在履行职责中发现破坏生态环境和资源保护、食品药品安全领域侵害众多消费者合法权益等损害社会公共利益的行为，在没有前款规定的机关和组织或者前款规定的机关和组织不提起诉讼的情况下，可以向人民法院提起诉讼。前款规定的机关或者组织提起诉讼的，人民检察院可以支持起诉。"对《中华人民共和国行政诉讼法》作出修改，第二十五条增加一款，作为第四款："人民检察院在履行职责中发现生态环境和资源保护、食品药品安全、国有财产保护、国有土地使用权出让等领域负有监督管理职责的行政机关违法行使职权或者不作为，致使国家利益或者社会公共利益受到侵害的，应当向行政机关提出检察建议，督促其依法履行职责。行政机关不依法履行职责的，人民检察院依法向人民法院提起诉讼。"[1] 至此，我国正式建立了检察机关提起民事公益诉讼和行政公益诉讼制度，为检察机关提起公益诉讼提供了明确的法律依据。[2]

但是，2017年《民事诉讼法》和《行政诉讼法》所规定的检察机关提起公益诉讼的案件类型仍然十分有限。检察机关提起民事公益诉讼的案件仅限于"生态环境和资源保护、食品药品安全领域"，提起行政公益诉讼的案件仅限于"生态环境和资源保护、食品药品安

---

[1] 《全国人民代表大会常务委员会关于修改〈中华人民共和国民事诉讼法〉和〈中华人民共和国行政诉讼法〉的决定》，2017年6月27日，载中国人大网：http://www.npc.gov.cn/npc/c10134/201706/1932f3bb29e74b3dad882a75c6ca4363.shtml.

[2] 需要说明的是，2021年12月24日，第十三届全国人民代表大会常务委员会第三十二次会议通过了《关于修改〈中华人民共和国民事诉讼法〉的决定》对《民事诉讼法》进行了修正，其中因为在第五十五条前增加了三条（分别作为第十六条、第四十二条和第四十三条），从而导致2017年《民事诉讼法》第五十五条序号调整为第五十八条，但该条内容不涉及任何修改。由于本书的相关研究仍然是围绕2017年《民事诉讼法》第五十五条展开，而且所参考的文献也自然援引的是第五十五条，为了避免不必要的麻烦与误解，本书仍然使用旧的序号，即《民事诉讼法》第五十五条。

全、国有财产保护、国有土地使用权出让等领域"。在实践中，损害国家利益和社会公共利益的案件并非仅仅局限于上述领域，其他领域中损害国家利益和社会公共利益的情形也十分普遍和严重。检察机关提起公益诉讼案件范围过于狭窄，不利于检察机关提起公益诉讼制度价值的发挥，也不利于对国家利益和社会利益的保护。实现检察机关提起公益诉讼制度价值的最大化，一方面要发挥"存量"优势，即在现有的检察机关提起公益诉讼的案件上下功夫；另一方面要挖掘"增量"优势的潜力，即适当扩大检察机关提起公益诉讼案件类型的范围。

2019年，党的十九届四中全会通过的决定明确提出要"拓展公益诉讼案件范围"。[①] 自此之后，我国就一直探索《民事诉讼法》和《行政诉讼法》中所规定的检察机关提起公益诉讼案件类型以外的其他新领域。2018年4月27日制定的《英雄烈士保护法》第二十五条第二款规定："英雄烈士没有近亲属或者近亲属不提起诉讼的，检察机关依法对侵害英雄烈士的姓名、肖像、名誉、荣誉，损害社会公共利益的行为向人民法院提起诉讼。"2020年10月17日，新修订的《未成年人保护法》增加一条，作为第一百零六条规定："未成年人合法权益受到侵犯，相关组织和个人未代为提起诉讼的，人民检察院可以督促、支持其提起诉讼；涉及公共利益的，人民检察院有权提起公益诉讼。"2021年8月20日制定的《个人信息保护法》第七十条规定："个人信息处理者违反本法规定处理个人信息，侵害众多个人的权益的，人民检察院、法律规定的消费者组织和由国家网信部门确定的组织可以依法向人民法院提起诉讼。"至此，检察机关提起公益诉讼的范围就已经拓展至英雄烈士、未成年人和个人信息保护这些新领域。此外，检察机关还通过解释的方式在法定范围之内加强对社会公共利益的保护。检察机关在新领域提起检察公益诉讼取得了丰硕的成果。

---

① 《中共中央关于坚持和完善中国特色社会主义制度，推进国家治理体系和治理能力现代化若干重大问题的决定》，2019年11月5日，载中央人民政府网：http://www.gov.cn/zhengce/2019-11/05/content_5449023.htm。

据最高人民检察院介绍，2019年11月至2022年6月，全国检察机关共办理新领域案件10万余件，其中民事约4000件、行政约10万件。其中，办理公共安全领域3.7万件，文物和文化遗产领域1万余件，特殊群体权益保护5000余件，个人信息领域4000余件，国防军事利益领域931件，反垄断①、反不正当竞争领域180件。②

垄断行为是一种损害社会公共利益的行为。但是在我国，对公共利益的救济方式偏重于行政执法救济，在保护公共利益的程序方面，仍然是以特定主体的实体民事权利受到实际损害作为起诉权取得的前提，缺乏能够为社会公众权益提供司法救济的诉讼主体制度。③ 反垄断法实施已有十余年之久，虽然在此期间取得了引人瞩目的成绩，但也面临着实施"瓶颈"。反垄断执法机构执法力量仍然很单薄，查处的垄断案件数量相较于市场垄断行为而言仍然存在巨大失衡。而且，反垄断执法机构不作为的情况已经有所凸显。例如，2015年滴滴和快滴合并以及2016年滴滴和优步合并中，合并双方均没有向商务部进行申报，而商务部作为当时的经营者集中反垄断审查机构，也未对这两起合并展开实质性的反垄断调查，最终使得网约车市场上出现了一家独大的情形。在反垄断民事诉讼方面，尽管案件数量较多，但原告胜诉率低，且面临提起诉讼的积极性不高、举证困难等问题。反垄断行政诉讼方面，虽然已经有经营者针对反垄断执法机构的行政处罚提起诉讼，但绝大多数受到反垄断行政处罚的经营者都会因为忌惮对抗反垄断执法机构或诉讼成本、胜诉率低等方面的原因而选择放弃提起行政诉讼。这可能最终导致反垄断行政执法接受司法审查的可能性名存实亡，从而出现反垄断执法机构"一言堂"的情况。

---

① 严格来说，检察机关不可能在2022年6月30日以前提起反垄断公益诉讼，因为2022年6月24日修订通过的《反垄断法》虽然赋予了检察机关提起反垄断民事公益诉讼的权力，但修订后的《反垄断法》要自2022年8月1日正式实施。因此，只有在2022年8月1日之后，检察机关才真正享有提起反垄断民事公益诉讼的权力。

② "最高检发布检察机关全面开展公益诉讼五周年工作情况"，2022年6月30日，载最高人民检察院网站：https://www.spp.gov.cn/xwfbh/wsfbt/202206/t20220630_561637.shtml#1.

③ 蒋悟真：《反垄断法中的公共利益及其实现》，载《中外法学》2010年第4期。

引言

检察机关提起公益诉讼制度的目的在于保护社会公共利益和国家利益，而垄断行为也是一种损害社会公共利益和国家利益的行为。检察机关提起公益诉讼的案件范围是否可以扩展至垄断行为，不仅关系到检察机关提起公益诉讼制度能否发挥更大的价值，也关系到反垄断法的实施能否突破"瓶颈"。目前理论界对该问题尚未展开深入探讨。不过，立法上却已经先行。2021年10月23日，全国人大常委会发布《〈反垄断法〉（修正草案）征求意见稿》，其中第六十条第二款规定，"经营者实施垄断行为，侵害社会公共利益行为的，人民检察院可以依法向人民法院提起民事公益诉讼。"尽管修正草案仅规定了检察机关提起反垄断民事公益诉讼，而没有包括检察机关提起反垄断行政公益诉讼，但仍然是一个重大创新。

2022年6月24日，第十三届全国人民代表大会常务委员会第三十五次会议通过了《全国人民代表大会常务委员会关于修改〈中华人民共和国反垄断法〉的决定》，其中决定"将第五十条改为第六十条，增加一款，作为第二款：'经营者实施垄断行为，损害社会公共利益的，设区的市级以上人民检察院可以依法向人民法院提起民事公益诉讼'。"[1] 至此，我国正式建立了检察机关提起反垄断民事公益诉讼制度。但这只是一个起点，检察机关提起反垄断民事公益诉讼的推进仍然面临诸多挑战。检察机关在生态环境和资源保护、食品药品安全等领域提起民事公益诉讼的实践使其积累了丰富的经验，这些宝贵的经验固然能够部分"移植"到检察机关提起反垄断民事公益诉讼上来，但垄断案件毕竟具有明显区别于生态环境和资源保护、食品药品安全案件的自身特性，这就需要检察机关进入一个全新的领域，并尽快熟悉垄断行为的表现形式，了解垄断行为损害社会公共利益的特性等，尽早实质性地启动检察机关提起反垄断民事公益诉讼工作。

2022年7月，最高人民法院印发了《关于贯彻执行〈中华人民共

---

[1] 《全国人民代表大会常务委员会关于修改〈中华人民共和国反垄断法〉的决定》，2022年6月24日，载中国人大网：http://www.npc.gov.cn/npc/c30834/202206/e42c256faf7049449cdfaabf374a3595.shtml.

和国反垄断法〉积极稳妥开展反垄断领域公益诉讼检察工作的通知》，要求认真贯彻实施修订后的反垄断法，积极稳妥开展反垄断领域公益诉讼检察工作，重点关注互联网、公共事业、医药等民生保障领域。《通知》指出，检察机关要充分认识反垄断法增设检察公益诉讼条款的重要意义，进一步增强检察履职的自觉性和责任感。《通知》强调，要准确理解适用反垄断法，严格把握反垄断公益诉讼的办案要求。要突出监督办案重点，对照国务院反垄断委员会有关反垄断指南、指引，重点针对法律明令禁止的垄断行为、涉及国计民生的重要领域、关系市场竞争规则的关键环节、严重侵害众多消费者权益的公益损害的突出问题，重点关注互联网、公共事业、医药等民生保障领域，精准开展反垄断公益诉讼检察工作。① 可见，最高人民检察院对检察机关提起反垄断民事公益诉讼这一新的工作高度重视，可以预见，今后检察机关也会将司法资源投入到提起反垄断民事公益诉讼领域。

我国检察机关提起反垄断民事公益诉讼工作正式启动，但理论上可能并未做好充分准备。关于检察机关提起反垄断民事公益诉讼的理论研究仍然相对薄弱，无法为检察机关提起反垄断民事公益诉讼工作的展开提供有效支持。同时，检察机关提起反垄断行政公益诉讼制度在此次反垄断法修订中并未被引入，在我国特定的反垄断实践背景下，反垄断行政公益诉讼的缺失必然会使得检察机关提起公益诉讼制度的价值受到减损。本书将就检察机关提起反垄断公益诉讼的问题展开研究，既包括为已经建立的检察机关提起反垄断民事公益诉讼制度的开展提供理论建议，也包括论证建立检察机关提起反垄断行政公益诉讼制度，以期对我国反垄断法实施机制的完善提供有益借鉴，发挥检察机关在推动我国反垄断法实施方面所具有的独特价值。

---

① "最高检印发《通知》要求充分认识反垄断法增设检察公益诉讼条款的重要意义积极稳妥开展反垄断领域公益诉讼"，2022年8月1日，载最高人民检察院网站：https：//www.spp.gov.cn/spp/xwfbh/wsfbh/202208/t20220801_569635.shtml。

第一章　检察机关提起公益诉讼基本理论

第一节　检察权的产生及其发展

从历史唯物主义的角度来看，检察机关的产生是一个历史的过程，只有当社会发展到一定阶段，条件成熟以后，检察机关才会产生。"与警察制度及法官制度不同，检察制度在司法系统中并非一种'原生'的制度，它是随着社会的变化，司法制度的发展而产生出来的。"[①] 检察机关的职权，也是不断发展的。在我国，检察机关在2017年获得提起公益诉讼的权力，如何理解检察机关提起公益诉讼的这一职权，这一职权是否有进一步扩展的需要？对这些问题的回答，建立在对检察权的本质有深刻理解的基础之上。这需要从检察机关职权演变的历史中予以把握。

一　从私人起诉到公诉

检察机关是为了适应公诉制度的需要而建立并发展起来的，其基本职能是提起公诉，代表国家追诉那些严重危害社会的犯罪行为，将犯罪嫌疑人提交法院并提出证据以证实犯罪。[②] 犯罪行为是对国家利

[①] 龙宗智：《检察制度教程》，法律出版社2002年版，第9页。
[②] 参见陈卫东《我国检察权的反思与重构——以公诉权为核心的分析》，载《法学研究》2002年第2期。

益与正常的社会秩序的一种严重破坏，如果无法及时有效制止犯罪行为并对其进行追责，国家和社会公共利益将遭受巨大损害，民众的生命财产安全也将处于极度不确定的危险状态之中。因此，由检察机关代表国家对犯罪行为提起公诉是现代各国设立检察机关的主要目的之所在。由检察机关行使提起公诉的权力，这是现代世界各国的通行做法，之所以只有国家才享有进行公诉的权力，是因为由国家进行追诉可以摆脱私人追诉情形中因为私人感情和地域的特殊情况而可能导致的有失公平的诉讼，以保障法律实施的统一。[①] 不过，在由检察机关提起公诉这一制度建立之前，对犯罪行为的起诉，经历了长期的私人起诉的阶段。可以说，现代意义上的由检察机关提起公诉的制度，在西方国家也仅有两百多年的历史。

1. 私人起诉

中世纪的欧洲大陆实行的是一种"弹劾主义"的诉讼制度，"无控诉人，即无审判官"，而有权提起控诉的主体，则仅限于被害人或其家属，其他人不得越俎代庖，更毋庸言由国家代表被害人提起诉讼了。而且，当时在欧洲封建制度形成初期，即便国家知悉特定人涉嫌犯罪，并已对其进行逮捕，但是如果被害人不亲自提起控诉的话，则除了现行犯可以直接审理以外，其余案件的犯罪嫌疑人必须释放。[②] 可见，这一时期，对于犯罪行为，主要是由私人主动提起诉讼，犯罪行为仍然被视为是犯罪嫌疑人与被害人之间的私事，国家未从这种犯罪行为对社会秩序、国家利益造成损害的角度去看待犯罪行为的危害。国家对犯罪危害社会的认识经历了一个不断深化的过程。在早期阶段，国家认为犯罪侵害的只是被害人的利益，因此是否追诉犯罪是被害人个人的权利，国家在此问题上处于一种消极被动的立场，如果被害人不控诉犯罪，则国家也将不予以追究。

中世纪的法国承继了日耳曼法的传统，实行"弹劾主义"的诉讼

---

① 参见张智辉《公诉权论》，载《中国法学》2006年第6期。
② 参见龙宗智《检察制度教程》，中国检察出版社2006年版，第20页。

制度，采取"不告不理"的私诉形式。在私诉制度下，有权提起控诉的仅限于被害人，而如果被害人死亡的话，则只有被害人的家属才有资格提起控诉。① 这种私诉制度将是否提起控诉的权利完全交给与加害行为具有最密切利益关系的主体，从表面上看是对被害人私权的一种尊重和保护，但实质上却可能恰恰无法有效保护被害人的利益，因为被害人可能因忌惮加害人的势力而不敢提起控诉。而且这种私诉制度也仅仅从当事人之间关系这一微观层面来看待加害行为的危害，而未能超出当事人之间的关系从更宏观的角度来认识这种私人之间的加害行为给国家以及社会所带来的损害。如果被害人接受加害人的补偿而选择私了，这可能解决了当事人之间的"私人纠纷"，但是，对于这种"私人纠纷"所产生的负外部性却未能得到消除。国家政权机构存在的正当性将受到挑战和质疑，正常的社会秩序也会因为这种不当的私了而处于极大的不确定性中，因为这种社会秩序将更多的由处于强势地位的众多"加害人"所主导，而非依据公平、平等、自由等基本的价值观所决定。

自中世纪直至19世纪初期，英国国家权力在地方的运行主要依靠非专业化的地方人士进行，包括治安法官、警役、济贫员等，他们主要依靠自身的地位和声望而任职，这种任职主要是出于一种责任，并且职责的履行需要民众的协助和参与。这种国家权力运行方式不同于欧洲大陆其他国家严格的官僚体制，其自身的优点在于可以充分调动民众参与地方公共事务的积极性。这也形成了英国特有的自由观念，即自由不是在国家权力深入干涉民众生活对其进行保护的情况下获得的，而是在个人积极参与公共事务中获得的。② 英国特殊的国家权力运行方式决定了其并没有专门逮捕并起诉犯罪嫌疑人的国家力量。而且英国民众的自由观念也决定了他们认为自己拥有是否针对侵害自身利益的犯罪行为提起诉讼的权利，并且这种权利不应当受到国家的干

---

① 参见石少侠《检察权要论》，中国检察出版社2006年版，第11—12页。
② 参见杨松涛《自由与权力：近代英国刑事私诉与公诉之争》，载《华东政法大学学报》2012年第5期。

涉。因此，在19世纪以前，针对犯罪行为提起诉讼的主体，就主要是受犯罪行为侵害的被害人，被害人需要自行追查犯罪、收集证据并提起诉讼，国家并不会针对犯罪行为提起诉讼。"如果被害人不向官方发出请求，或者放弃对罪犯的追究，官方不会予以过问，也不承担主动追究侵害人刑事责任的义务，甚至可以说，当时根本就不存在公共官员必须调查犯罪，逮捕罪犯并组织证据将之起诉到庭这样一种观念。"[1] 但是，私人提起刑事诉讼制度的实施，需要私人客观上具有能够追查并逮捕犯罪嫌疑人的能力，主观上具有提起刑事诉讼的意愿。然而，在18世纪后期，这两方面的条件都逐渐消失。从客观方面来说，许多罪犯作案后销声匿迹，被害人很难找到他们，而且，很多被害人都是弱势群体，很难去追查原本就处于强势的侵害人。从主观方面来说，许多被害人在侵害人的金钱诱惑或暴力威胁下，也不再具有很强的起诉意愿，往往选择和侵害人进行私了。[2] 私诉制度所具有的这种内在弊端决定其不可能长久存在下去，而必须进行变革。

2. 国家公诉

随着社会矛盾的不断激化，国家对犯罪的本质及其侵害利益的多元性的认识也不断深化，国家认识到，犯罪在形式上侵害的是社会个体成员，但实质上却侵害了整个社会。任何犯罪都破坏了社会秩序和安全状态，危害了国家的统治秩序。因此，国家设立公诉制度，强化对追诉犯罪的主动权和控制权，以维护自身的统治。[3] 作为受到侵害的个体，孤立来看，确实只是一个个体，但是，该个体是社会整体中的个体，而且个体受到的损害首先波及该个体所在的家庭，然后不断向外扩展。无数个受到侵害的个体所组成的群体，其基数必定是一个无法被忽视的数目。如果个体利益无法得到有效保护，甚至其他没有

---

[1] 杨松涛：《自由与权力：近代英国刑事私诉与公诉之争》，载《华东政法大学学报》2012年第5期。

[2] 参见杨松涛《自由与权力：近代英国刑事私诉与公诉之争》，载《华东政法大学学报》2012年第5期。

[3] 参见姜伟等《公诉制度教程》，中国检察出版社2007年版，第4页。

任何利益关系的个体也会担心，自己未来的利益也会遭到同样的损害而无法得到有效保护，造成人人自危的不安，影响社会稳定的根基。"随着人们对犯罪观念的转变，犯罪不再被简单地认为是对私人利益的侵害，而是对国家统治秩序的破坏。封建制国家为了维护自身的专制统治，遂加强了对犯罪的追究。这期间，欧洲大陆国家普遍实行了纠问式诉讼制度。"[1]"纠问制度，深受诟病，因为一来法官独揽追诉审判大权，欠缺监督制衡管道；二来法官自行侦查追诉，心理上早已先入为主，因而，根本不可能无偏颇之虞，更遑论公正客观的裁判了；更甚者，由历史文献可知，当时纠问法官所奉行者，实乃由警察国家精神发展出了的调查方法：不计代价，穷追猛打被告；面对强大但却不公正的纠问法官，被告几无招架之力。为杜绝流弊，改革的刑事诉讼制度将刑事程序拆解为侦查（追诉）、审判两个阶段，由新创之检察官主导侦查程序，原来纠问法官之权力则被削弱为单纯之审判官。"[2]

现代检察制度是西方国家的产物，而西方的检察制度又发端于中世纪的法国。大陆法系国家的检察制度，基本上都沿袭了法国的检察制度。法国自13世纪起王权不断增强，与之相伴随的是司法权也不断向国王集中，这就决定了之前国家在追诉犯罪方面所采取的相对消极主义及"不告不理"的表现形式要逐渐向相对积极主义及国家主动调查、检举犯罪的诉讼方式转变。同时，教会为了镇压犯罪，也开始采用积极主动追究犯罪的诉讼方式，教会法庭还专门设立了"告发官"的职务，负责向教会法庭检举犯罪。而这种"告发官"实际上就已经具有了检察官的职能。而且，教会法庭的"告发官"制度也为世俗普通法庭所借鉴。之前仅代表国王私人处理与诸侯发生的涉及财政、税务和领土方面纠纷的"国王律师和代理人"，逐渐获得了以政府公诉人的身份听取私人告密、进行侦查、提起诉讼、支持控诉、抗议法庭

---

[1] 张兆松：《检察学教程》，浙江大学出版社2009年版，第4页。
[2] 林钰雄：《检察官论》，学林文化事业有限公司1999年版，第15—18页，转引自张智辉《检察权研究》，中国检察出版社2007年版，第31页。

判决等职能，之后逐渐成为专职的国家官员，进而演变成为检察官。①可见，随着国家权力的不断增强，其必然要在犯罪的追诉方面采取更加积极的态度，一方面，这是国家权力增强的表现，要填补之前国家权力缺位的领域。另一方面，这又是巩固国家权力的必然要求，如果完全任由私人掌控犯罪追诉的权力，则那些因为种种原因而未被追诉的犯罪累积到一定程度必然会危及到国家政权的根基。"检察官的称谓始于14世纪初，当时的法兰西王国设立检察官代表国王处理包括追诉犯罪在内的法律事务。作为完整意义上的公诉制度则是由1808年颁布的法国刑事诉讼法典确立的。该法第二十二条至第二十五条具体规定，检察官有权侦查一切犯罪，有权要求警察协助其执行任务；有权向法院提起公诉，并在法庭上代表国家行使律师职务。由此，公诉制度最终形成。"②

针对犯罪行为代表国家向法院提起公诉，是检察机关的基本职责，主要实施于刑事诉讼中。"国家刑事司法活动中，有三种基本的职能，即侦查、起诉和审判。侦查主要是由刑事警察实施，审判由法官负责，而审查起诉、提起公诉、支持公诉及对错误裁判提出抗诉等公诉业务，则由检察官承担。"③"现代社会治理的专业化分工日益发达，对侦查、起诉和审判进行专业化分工，安排不同的专业人员和机构实施这些职能，有利于工作水平的提高，有利于司法的日趋精密。尤其是侦查和起诉，虽然同为控诉职能，工作密切联系甚至有一定交叉，但二者需要的人员素质和知识结构是有重要区别的，是不宜混同的。检察官包揽刑事侦查是强人所难，而警察官员充当法律官员实施起诉审查、实施公诉、支持公诉等实施行为又难免用非所长、力所不逮。因此有必要设置检察官作为对控诉案件进行处置的法律官员。"④在这三种刑事司法活动中，检察机关提起刑事起诉位于"中间环节"，其建立在刑

---

① 参见石少侠《检察权要论》，中国检察出版社2006年版，第12—13页。
② 姜伟等：《公诉制度教程》，法律出版社2002年版，第5页。
③ 龙宗智：《检察制度教程》，法律出版社2002年版，第2页。
④ 龙宗智：《检察制度教程》，法律出版社2002年版，第10—11页。

事警察刑事侦查活动的基础之上，同时又是启动法院刑事审判的前提。此外，检察机关还能够对法院的裁判形成有效制约和监督，防止法院的纠问化。可见，检察机关对于刑事警察和法院都具有制约和监督的权力。"检察官之职责不单单在于刑事被告之追诉，并且也在于'国家权力之双重控制'：作为法律之守护人，检察官既要保护被告免于法官之擅断，亦要保护其免于警察之恣意。"①

我国古代的司法实行的是纠问制度，并没有设立专门的控诉机关。起诉的方式以被害人告诉为主，此外还包括被害人亲属以及一般人的告诉、官吏的举发以及审判机关的纠问等。② 这种司法和行政不分、控审合一的司法制度一直持续到清朝末年。1906年，清政府模仿资本主义国家的"三权分立"制度，建立了立法权、行政权和司法权分立的体制，并按照大陆法系的法律结构模式来改造传统的法律体系：原刑部改为法部，掌管全国司法行政，不再兼理审判；改大理寺为大理院，为最高审判机关并负责解释法律，监督各级审判。同时，各级审判厅相应地设立各级检察厅，由检察机关专门行使公诉权。1907年，清政府颁布了《高等以下各级审判厅试办章程》，对检察机关的主要职权作出了规定，具体包括：刑事提起公诉；收受诉状，请求预审及公判；指挥司法警察官逮捕犯罪者；调查事实，收集证据；充当民事案件的诉讼当事人和公益代表人；监督审判，纠正违误；监视判决的执行。③ 可见，当时所设立的检察厅与现代的检察机关在职能上已经基本上没有什么差别，检察厅的设立也标志着中国在司法制度上实现了控审分离，正式建立起了公诉制度。尽管清政府之后迅速灭亡，但是其所建立的检察公诉制度还是对后来的北洋政府、国民政府产生了深远的影响。

从私人起诉主义向公诉制度转化，是刑事追诉制度发展的趋势，

---

① 林钰雄：《检察官论》，学林文化事业有限公司1999年版，第15—18页，转引自张智辉《检察权研究》，中国检察出版社2007年版，第31页。
② 参见石少侠《检察学新论》，中国检察出版社2013年版，第267页。
③ 参见姜伟《论检察》，中国检察出版社2014年版，第97页。

当今世界各国都主要由检察机关代表国家和社会提起公诉，以作为刑事起诉的主要形式，而私人提起刑事诉讼的范围，则被限定在少数的案件范围之内。① 我国《刑事诉讼法》第一百六十九条规定："凡需要提起公诉的案件，一律由人民检察院审查决定。"第一百七十六条规定："人民检察院认为犯罪嫌疑人的犯罪事实已经查清，证据确实、充分，依法应当追究刑事责任的，应当作出起诉决定，按照审判管辖的规定，向人民法院提起公诉，并将案卷材料、证据移送人民法院。"可以说，提起公诉的权力既是检察机关独享的权力，也是其最先获得的、最为基本的权力。

3. 总结

世界大多数国家都经历了从私人起诉向公诉转变的过程，而检察机关正是该转变过程中的必然产物。公诉之所以取代私人诉讼，主要缘于私人诉讼具有不可克服的缺陷。由被害人行使控诉权，其在起诉能力和起诉斟酌方面都有较大的局限性。从客观方面来看，被害人显然不具有检察官所有的国家权力和司法能力，从而缺乏相应的控诉举证能力。从主观方面来说，被害人容易受到个人感情因素的影响，一方面，被害人容易持有报复心理，从而使其难以保持客观，无法合理斟酌刑事起诉中应当考虑的公共利益因素；另一方面，被害人又容易遭到犯罪嫌疑人的威胁而不敢提起诉讼，或者因为犯罪嫌疑人提供巨额赔偿而选择"私了"，或者因为时过境迁而怠于起诉，而由检察官提起公诉则很容易弥补被害人提起刑事诉讼所具有的种种不足。② 私人诉讼的这种缺陷显然无法通过对私人诉讼本身予以改造而得以弥补，而必须通过引入外部力量才能完全克服。同时，由于国家也普遍认识到犯罪行为不仅仅损害了被害人私人的利益，而且也损害了社会秩序和国家利益，因此国家有必要对犯罪行为进行更加积极的干预，在这种认识改变的背景之下，设立专门的机构即检察机关针对犯罪行为提

---

① 参见龙宗智《检察制度教程》，中国检察出版社 2006 年版，第 9 页。
② 徐静村：《刑事诉讼法》，法律出版社 1999 年版，第 251 页，转引自詹建红《权力的扩展与运行机制的平衡》，载《郑州大学学报》2007 年第 3 期。

起公诉也就是一种历史必然。检察机关最早获得的职能就是针对犯罪行为提起公诉，而且，自其成立以后，公诉权也是检察机关最主要的职权。

二 从公诉到公益诉讼

由于犯罪行为是最具社会危害性的行为，因此，检察机关公诉权的范围，最开始也仅包括犯罪行为。在这一时期，检察机关的职权，实际上就等同于公诉权。"检察权概念提出和形成的初期，检察权的内容基本上限定在代表国家行使公诉权力方面，这时，检察权与公诉权实质含义相重合，概念往往是同义同语使用，如果说有区别的话，也只不过是检察权表于外而公诉权存于内。"[①] 在社会化程度不高，社会成员之间的联系尚不是很密切、仍然处于一种相对闭塞、割裂的状态之下，犯罪行为影响的主体、范围有限，如果说这种犯罪行为损害到了社会公共利益的话，那也更多地是在抽象层面上而言的，在具体层面来看，受其损害的主体是相对特定的。

但是，随着社会化程度的不断提高，一种犯罪行为影响范围的边界得到了无限地扩张，尤其是在网络化程度发达的今天，犯罪行为早可以超越国界而在全世界范围内损害众多不特定主体的利益。对于这种犯罪行为，检察机关享有的公诉权与传统社会中针对犯罪行为提起公诉的权力相比并没有本质的区别。不过，对于那些尚未达到犯罪程度的违法行为，在高度融合的社会中，其对单个主体所造成的损害尽管可能并不是很大，但由于其影响的范围很广，因此，这种损害的总量可能非常高。这种违法行为对社会公共利益以及国家统治同样会造成严重威胁。但是，受这种违法行为损害的单个私主体往往并没有足够的能力和动机去主动进行维权，也就是说，国家和社会并不能通过私主体的这种维权来实现禁止此类违法行为的目的。"在涉及多数人

[①] 王新环：《公诉权原论》，中国人民公安大学出版社2006年版，第4页。

利益而又没有具体的直接的受害者或者个体不愿意或不能维护公共利益时，公共利益保护问题以其深远广泛的影响在社会层面放射开来。""由于公共利益不仅时刻面临受到侵犯的危险，且对于公共利益的侵犯已经到了让人忍无可忍、骇人听闻的地步，公共利益究竟如何来代表成为现代社会必须面对的一个重要问题。"①

对于这种威胁的出现以及呈现出的不断扩大的趋势，国家自然不能置之不理。但是，通过行政机关来维护这种公共利益本身面临诸多问题，一方面，行政机关可能怠于履行维护公共利益的职责，这在实践中并不少见。另一方面，行政机关自身会从事损害公共利益的行为。因此，作为通过提起公诉控告犯罪行为的方式维护社会公共利益的检察机关，就成为代表国家维护那些被犯罪行为以外的其他违法行为所侵犯的社会公共利益的天然代表。但是，传统的检察权显然无法为检察机关维护此类公共利益提供依据，因为传统的检察权主要局限于刑事诉讼中的公诉权。"检察机关的公诉权首先形成于对犯罪行为的国家追诉，但对刑事犯罪的追诉已经不能包含公诉权之刑事的所有形式。从世界范围内看，自检察制度产生至今，检察官的角色已经发生了从'国王的代理人'到'公共利益的看护人'的转变。"② 在社会公共利益保护的巨大实践要求之下，需要对检察机关的职能予以扩展，使其能够承担起保护社会公共利益的职责。"检察机关作为公益代表，其活动范围不应仅限于刑事诉讼领域，应广泛地参与行政诉讼和民事诉讼中涉及公益的活动"，"检察机关应由'以刑为本'向依法全面维护民事诉讼、行政诉讼涉及公益方面拓展"。③

在法国，检察机关可以为保护特定的公共利益而提起诉讼。《法国民法典》规定，对尊卑血亲结婚等违反善良风俗或违反刑事法律规定的婚姻，检察官可以向法院提起婚姻无效的诉讼。《法国民事诉讼

---

① 王秀哲：《检察机关的公诉权与公益诉讼权》，载《法学论坛》2008年第5期。
② 孙洪坤、陶伯进：《检察机关参与环境公益诉讼的双重观察》，载《东方法学》2013年第5期。
③ 王新环：《公诉权原论》，中国人民公安大学出版社2006年版，第170页。

法》第十三编"检察院"对检察院为维护公共利益提起或参与民事诉讼作出了专门的规定。其中，第四百二十一条规定，"检察院得作为主当事人进行诉讼，或者作为从当事人参加诉讼。于法律规定之情形，检察院代表社会。"第四百二十三条规定："除法律有特别规定之情形外，在事实妨碍公共秩序时，检察院得为维护公共秩序，进行诉讼。"[1]在德国，早在颁布1877年民事诉讼条例以前，在莱茵巴伐利西的民事诉讼中就有了检察官参加民事诉讼的先例。现代，德国检察机关除了担负检控犯罪的职能外，在参加民事诉讼方面，则限于确认婚姻无效、婚姻存在与否，以及禁治产案件。[2] 可见，在以法国和德国为代表的大陆法系国家，检察机关所维护的社会公共利益，最开始集中在婚姻等领域，这似乎是私法领域，也不关涉公共利益，但实则不然。"亲属法所调整的部分社会关系，包括婚姻、收养等身份关系，在某些情况之下也被视为是公共利益的一部分，国家可以对其进行干预。以法国、德国为代表的大陆法系国家以及日本的相关立法也表明，在这些国家，亲属法中的相当部分的规范被认为体现了国家对社会公德的调整，这些由亲属法所调整的社会关系虽然属于私法的范畴，但多少都与善良的风俗、社会的公德有关，因此也被视为是公益的一部分。"[3]

在美国，检察机关也可以以国家的名义提起民事诉讼，以维护公共利益。"美国1870年成立司法部后，形成了由总检察长兼任司法部长的制度。在这样的制度下，总检察长身负双重责任，行使双重职权，在美国法制社会生活中扮演着十分重要的角色，与英国总检察长不承担司法行政首长职能的制度有根本区别。"[4] 美国检察机关权力广泛，有权提起和参与整个民事诉讼，尤其是在涉及国家利益和社会公共利

---

[1] 参见韩大元主编《中国检察制度宪法基础研究》，中国检察出版社2007年版，第258—259页。
[2] 金明焕主编：《比较检察制度概论》，中国检察出版社1991年版，第250页。
[3] 王德玲：《民事检察监督制度研究》，中国法制出版社2006年版，第89页。
[4] 张智辉：《检察权研究》，中国检察出版社2007年版，第7页。

益的民事诉讼中发挥着重要作用。美国检察机关在民事诉讼中作为原告，因案件级别不同，检察机关在民事诉讼中作为原告所代表的名义也有所区别，例如，美国司法部部长是以美国的名义提起诉讼，州司法部部长则是以州政府的名义提起诉讼，而各区的检察官则是直接以检察官的名义提起诉讼。[①] 作为公共利益的代表人，美国检察官主要在以下诉讼中发挥重要作用：（1）对纳税人违反税法的行为，检察官可以参加到税务官提起的诉讼中，为联邦政府辩护，也可以自己提起诉讼；（2）在因联邦征用土地而引起的民事纠纷中，检察官可以提起诉讼，并出庭为联邦政府辩护；（3）在有关通过欺诈手段获取抚恤金、养老金的案件中，检察官代表政府起诉追索赔偿；（4）检察官有权对违反"反托拉斯法"而引起的争议提起诉讼；（5）在有关"国民银行法"并且涉及联邦利益或联邦官员的案件中，检察官有权提起并参加诉讼。此外，在有关环境保护的民事案件中，检察官有权提起诉讼。随着历史的发展和需要，"美国检察官也越来越被推向公共利益保护的前台，在社会领域扮演着越来越重要的角色，成为公共利益代表和公共利益保护人。"[②] "检察官是典型的公共利益律师。检察官的'客户'，可以说就是公众。"[③] 在英国，检察总长可以提起公益诉讼。与其他普通法国家一样，在英国，只有检察总长能够代表公众提起诉讼以倡导公众权利，阻止公共性不正当行为，即可以代表公共利益主动请求对行政行为实施司法审查，可以在私人没有起诉资格时帮助私人申请司法审查。[④]

可见，无论是大陆法系国家还是普通法系国家，检察机关都承担起了维护公共利益的职责。"一般来说，在民事法律领域，大陆法系检察机关维护公共利益的功能，最初主要体现在传统公益民事案件，

[①] 参见施业家《检察机关职能研究》，中国地质大学出版社2013年版，第41页。

[②] 段明学：《检察改革论略》，中国检察出版社2016年版，第114—115页。

[③] Alan Vinegrad, *The Role of the Prosecutor: Serving the Interests of All the People*, 28 Hofstra L. Rev. 895, 897 (2000).

[④] 汤维建：《民事检察法理研究》，中国检察出版社2014年版，第107页。

后来逐渐扩展到现代公益民事案件,而英美法系检察机关维护公共利益功能的发挥集中在现代公益民事案件上。"①"虽然不同法系、不同国家对于检察机关的性质和功能存在着不同的认识和制度规定,但是普遍认为,以全体纳税人所支撑的检察机关积极维护公共利益是其应当承担的职责。在民事法律领域,检察机关提起或参与民事诉讼的直接目的是维护公共利益。检察机关通过提起现代型公益诉讼,通过引入司法治理的方式推动公共利益的实现,以法治的方式推进法治,实现司法能动主义,推动公共政策的形成,使社会获得系统的变革。"②检察机关承担维护公共利益的职责,是社会发展对检察机关提出的要求。无论是相对于行政机关还是个人而言,检察机关在维护公共利益方面都具有独特的优势。不同法系的国家都普遍赋予了检察机关提起公益诉讼的职责,也在某种程度上说明检察机关提起公益诉讼具有其必然性,也符合检察制度发展规律。

第二节　公共利益的界定

提起公益诉讼的目的在于保护公益。公益也即公共利益的简称,当然也可以视为是社会公共利益的简称,公共利益与社会公共利益二者之间没有本质的区别,因为公共利益中的"公共",本身就主要是指"社会"层面意义上的公共。尽管对公共利益的界定是一件极为困难的事情,并且在法学界已经有大量的文献对此展开了探讨,但是,对公共利益的界定展开研究还是有必要的,笔者并不试图对公共利益作一个精确的、完美的界定,这超出了本书研究的范围,也超出了笔者的能力,而只是希冀能够对公共利益作一个能够满足我们对检察机关提起公益诉讼所保护的公共利益有深刻认识的界定,这也就达到了在本书研究之下界定公共利益的目的,如果说笔者在这种限定之下对

---

① 韩大元主编:《中国检察制度宪法基础研究》,中国检察出版社2007年版,第260—261页。
② 韩大元主编:《中国检察制度宪法基础研究》,中国检察出版社2007年版,第261页。

公共利益的界定能够对一般意义上公共利益的界定有什么借鉴意义的话,那将令作者感到莫大的荣幸。

一 公共利益与私人利益

与公共利益相对应的一个概念就是私人利益。对于私人利益的界定和理解一般不存在太大问题,因为作为私人的具体存在,我们每个人都对涉及自身的利益有深刻的认识,并时时防备着侵犯自身私利的行为。私人利益本身是一个中性词,并没有不正当之处,相反,法律制度致力于实现的一个重要目标,就是保护私人的正当利益。但是,在不同的国家,由于价值观的不同,对公共利益与私人利益之间关系的认识也可能存在差别,例如有的国家如我国以及其他社会主义国家更强调整体利益,因此公共利益要优于私人利益,当二者发生冲突时,往往强调公共利益高于私人利益;有的国家如美国等资本主义国家则更强调私人利益,对以追求公共利益为名牺牲私人利益的做法保持着高度警惕。

公共利益和私人利益最直观的区别体现在主体的范围上。私人利益的主体是单一的,即单个的个体,[①] 而公共利益的主体,一般认为是不特定的多数人。从理论上来说,公共利益主体范围的上限是可以确定的,即全社会的各个个体之和,但是其下限是多少却是极难确定的,两个个体的利益显然不能称之为是一种公共利益,两百个个体的利益似乎具有了一定的公共利益性质,而两千个个体的利益相比于两百个个体的利益的公共利益性质似乎又要更强一些。当然,这纯粹只是从数量上来考察,直观来看,所包含的个体的数量越多,

---

[①] 也有学者在理解私人利益的主体时,将"私人"理解为社会组织、法人及自然人,而非公民个人或社会个体。参见白彦《民事公益诉讼理论问题研究》,北京大学出版社2016年版,第8页。笔者认为,社会组织可能代表了不特定的主体,因此社会组织所代表的利益可能是一种公共利益,而法人尤其是上市公司,其股东在一定时期内也是不特定的多数,因此也很难将其归为一种私人利益。因此,笔者倾向于从最初始的意义上理解私人利益,即私人利益即个体的利益。

其越有可能是一种公共利益。但是，这并非绝对如此，个体的数量只是影响是否构成公共利益的一个因素，但并非决定性的因素。是否构成公共利益还有其他的影响因素，笔者将在后文中进一步展开探讨。

私人利益有其明确的主体，因此私人利益是具体的、能够被明确界定的。而公共利益的主体具有不确定性，这就决定了公共利益本身具有一定的抽象性。在边沁看来，公共利益甚至因为其笼统性而失去了意义。"共同体的利益是道德术语中所能有的最笼统的用语之一，因而它往往失去意义。"即便是承认公共利益有其意义，其也只是由具体的个体利益组成。"在它确有意义时，它有如下述：共同体是个虚构体，由那些被认为可以说构成其成员的个人组成。那么，共同体的利益是什么呢？是组成共同体的若干成员的利益总和。"[①] 边沁认为，公共利益就是个体利益的集合。如果我们将公共利益进行拆解，就会发现其中所涉及的众多个体，其利益诉求都基本类似，从这种意义上来说，公共利益确实就是不特定的、有着类似利益诉求的主体所代表的这种利益的一种集合。公共利益不是脱离于私人利益的一种超然利益，其必然建立在具体的私人利益基础之上，其实体内容是由私人利益所组成的。当然，公共利益并不是私人利益的一种简单相加，事实上边沁也并没有持有这种观点，他只是强调了私人利益对于公共利益的重要性，"不理解什么是个人利益，谈论共同体的利益便毫无意义"[②]。

私人利益是公共利益的具体表现形式。对事物的熟悉程度将影响我们对其认识的深刻程度，我们对抽象事物的认识，往往需要借助于对与之对应的具体的事物的认识来完成。当我们谈论公共利益时，往往会自然地将其"还原"成具体的私人利益来予以理解，甚至是将自己假想成为其中的一个成员来切身体会所涉及的公共利益。

---

① ［英］边沁：《道德与立法原理导论》，时殷弘译，商务印书馆2000年版，第58页。
② ［英］边沁：《道德与立法原理导论》，时殷弘译，商务印书馆2000年版，第58页。

二 公共利益"公共"的界定

如果从词义来理解公共利益的话,可以将其拆分为"公共"和"利益",并从这两个方面来探究公共利益的含义。不过,相对于"利益"而言,公共利益中的"公共"其实是最难确定的,理论上关于公共利益的各种争论,很多都是围绕什么利益属于"公共"利益而展开的。"由以往迄今,公法学界讨论公益的概念,所注重的地方,并不在于对于利益概念的讨论,而是一律的环绕在所谓公共的概念,及努力来阐明这个概念的问题所在。"[①] 当然,这并不是说对"利益"的界定本身不重要,相反,绝大多数的法律问题都是围绕所涉及的利益究竟是合法利益从而应当得到保护还是非法利益从而应当予以禁止而展开的。而只是说,在公共利益问题上,"利益"本身并不存在较大的不确定性。

对于公共利益中"公共"的界定,德国学者曾作了富有成效的探索。早在1884年,莱乌托尔德(Leuthold)就阐述了其对公共的理解。莱乌托尔德认为,公共利益是任何人,但不必是全体人的利益,并提出了所谓的"地域基础"作为界定人群的标准。按照其观点,公益是一个"相关空间内关系人数的大多数人"的利益,该地域或空间是以地区为划分,且多以国家之(政治、行政)组织为单位。所以,地区内的"大多数人"的利益,就足以形成公益,至于在地区内居于少数人之利益,则称之为个别利益,是必须屈服于大多数人之"平均利益"之下。以这种"大多数人"之利益作公益的标准,则只要居于某区域内之"某种阶级"的人民是居多数的话,那么代表他们所谓的"阶级利益"即可形成公益。[②] 莱乌托尔德在对公共利益进行界定时,指出公共利益并不要求是全体人的利益,并没有刻意追求绝对意义上的全覆盖,而是认识到即便只是部分人的利益,也可能构成公共利益。

[①] 陈新民:《宪法基本权利之基本理论》(上册),元照出版社1999年版,第137页。
[②] 莱乌托尔德的观点,转引自陈新民《宪法基本权利之基本理论》(上册),元照出版社1999年版,第137页。

只不过莱乌托尔德认为这种能够构成公共利益的"部分人",必须是特定区域内的多数人。这种纯粹以人数的多寡或者简单多数作为是否构成公共利益的标准,实际上是对公共利益的一种粗浅的认识。人数的多寡并不是决定是否构成公共利益的唯一因素,简单多数人的利益未必就一定构成公共利益。相反,简单少数人的利益也未必就不构成公共利益。而且,莱乌托尔德所言的多数人,和我们通常意义上所说的多数人,是在不同意义上来使用的。莱乌托尔德所说的多数人,是特定区域内的多数人,从数量上来说,是该区域内超过百分之五十的人。而我们通常意义上所说的多数人,并不是在绝对数量上来说的,而只是描述人数众多,并没有确定一个总的人数并要求超过该总人数的百分之五十。总之,莱乌托尔德以特定区域内的简单多数为标准来界定"公共",这过于简单,并不能揭示出公共利益的真正内涵。

德国学者诺伊曼(Neumann)从公共和利益两个方面来理解公益。诺伊曼将利益分为主观的利益和客观的利益。主观的利益是团体内各个成员直接的利益;客观的利益则相反,不再是各个成员的利益,而是超乎个人利益所具有之重大意义的事物、目的及目标。因此,利益可分为个人直接享有和其他目的所享有两种。对于公益中的"公共"概念,诺伊曼也将其分为两种,一是提出公共性原则,也就是说开放性,任何人可以接近之谓,不封闭也不专为某些个人所保留。二是国家或地方自治团体等所设立,维持之设施所掌握的职务。这是以国家设施之存在及所为是为了公共事务之故。因此,诺伊曼将公益分为主观的公益和客观的公益。主观的公益是基于文化关系之下,一个不确定之多数成员所涉及的利益。客观的公益是基于国家、社会所需要的重要之目的及目标,大多以信赖国家机关或地方自治团体之方式,借着这些机构,以合乎目的性考虑即可达成公益之需求,客观公益就等于国家目的(任务)。[①]

[①] 诺伊曼的观点,转引自陈新民《宪法基本权利之基本理论》(上册),元照出版社1999年版,第138—139页。

诺伊曼关于"公共"的两种区分具有启发意义。首先，诺伊曼提出公共利益具有开放性，任何人都有可能成为公共利益的受益人。正是因为公共利益具有这种开放性，所以尽管我们可能并没有实际进入到公共利益所涉及的场域之中，但由于我们具有进入该场域的潜在可能性，因此，尽管该场域距离我们很远，但我们仍然能够假想自己就身处其中，与该场域中的其他主体"同处于"该公共利益的场域之中。换言之，该公共利益所涉及的场域既包括数量特定的具体的主体，也包括数量不特定的具有进入该场域潜在可能性的其他主体。就任何具体的损害社会公共利益的事件来说，受到损害的具体的主体是确定的，但还包括其他潜在的受到损害的主体，只不过这些潜在的受害主体可能因为种种原因而未进入到该场域，所以在此次具体的损害中并没有遭受到实际的损害，但并不能据此将这些没有受到实际损害的主体排除在公共利益所涉及的主体范围之外。举例以明之，某人携带危险品乘坐某公交车，这显然是对公共利益的一种损害，即便该公交车上仅有一名乘客甚至没有乘客，也不妨碍我们将其认定为是对公共利益的损害，因为在理论上任何人都有可能乘坐该公交车，乘坐该公交车的主体是不特定的。假设危险品爆炸，在该次事故中受到损害的可能只是该公交车上仅有的一名乘客，从具体的损害来看我们可以说这只是对个体的一种损害，但在对该事件的定性方面，显然要将其界定为是对公共利益而非私人利益的损害。再举一例，某单位为本单位职工提供固定线路的通勤车，每条线路的通勤车的乘客每天都基本是固定的，没有陌生的乘客乘坐这种通勤车。假设某线路的通勤车的乘客携带危险品，通勤车在该单位内部道路上行驶时危险品爆炸，造成该通勤车上的人数众多的乘客不同程度的受到损害，这显然只是对该通勤车上这些乘客所构成的这一集体利益的损害，尚不能称作是对公共利益的一种损害，因为被损害的主体实际上是相对固定的，这些主体以外的其他人在实践中是很难乘坐该通勤车的，即便在理论上具有乘坐的可能性，也仅仅是个别主体，而绝不可能像前例中的公交车那样任何主体都有可能乘坐。因此，在通勤车这一例子中，携带危险品所损害的就只是一种集体利益而非公共利益。因此，利益的受益人是否具有开放性，是判断该利益是公共利益还是私人利益的重要依据。只要利益的受益人具有开放性，在理论上人人都可能进入该利益的场域，则该利益就是一种公共利益。事实上，这也是为什么该种利益会受到如此关注的重要原因。因为当该种利益受损时，每个人都可以将自己假想成为其中的受害者，当然这种假想是具有转化成为现实的可能性的，而不是纯粹的假想，也正因为如此，才能够体现出该利益的"公共性"。

其次，诺伊曼从国家和社会目的或任务的角度来界定公益。我国台湾学者陈新民认为，诺伊曼提出这一判断要素，将判断公益的概念，由主观公益的纯粹数量（受益者）标准转为偏向"质"方面的价值标准，也即诺伊曼所称的"客观公益"的公益，是借国家权力和公权力来达成，原则上是肯定公权力所为符合公益。陈新民认为，从现代公益法学的角度来看，虽然不能完全肯定诺伊曼的这种观点，因为公权力所为并不一定就是完全符合公益，否则就不需要有宪法解释以及行政诉讼制度来纠正立法以及行政的不合法行为了，但是，诺伊曼的这种观点却是法治国家理念要求的原则。诺伊曼的这种观点，强调公益的目的决定于"质"的方面，这符合现代宪法理念对公益的认定。由"人"的受益转化为目的的"价值"上，使以后宪法内许多不涉及"多数利益人"的"价值决定"得以具有公益的价值。[①] "公共利益既是价值选择的结果，又是价值选择的目标。"[②] 公共利益的认定既然包含有价值因素，就不可避免的具有主观色彩。从国家层面而言，这种"主观色彩"集中体现为执政党和立法者所采纳并通过法律形式体现出来的包含了公共利益考量的价值目标，例如保护生态环境、保障食品安全等。一旦这种符合公共利益的价值目标被正式确定下来，又会成为公权力机关所努力追求、维护的对象。

[①] 参见陈新民《宪法基本权利之基本理论》（上册），元照出版社1999年版，第140—141页。
[②] 胡鸿高：《论公共利益的法律界定——从要素解释的路径》，载《中国法学》2008年第4期。

三 公共利益的法律保护

在高度集中的经济体制下,在法益结构方面,不仅公民、法人的独立利益被忽视,而且社会利益与国家利益之间也被混为一谈。改革开放以后,不仅公民、法人的利益通过立法被肯定下来,而且,社会公共利益也作为一种独立的利益被肯定下来。这不仅体现在 1982 年《宪法》第五十一条①,而且也体现在 1986 年《民法通则》第七条②以及《民法典》第一百三十二条③中。这表明,社会共利益已经通过立法成为一种独立的法益,而社会公共利益的独立存在也是社会进步的表现。④ 保护社会公共利益已经成为法律的基本法益之一,即便是保护私人利益为主的私法,其也必然要对公共利益予以保护。因为私法所保护的私人利益,作为利益主体的"私人"从理论上来讲也是不特定的主体,只有在具体的案件中才能确定所具体保护的"私人"究竟为何人,在此之前,"私人"都只是抽象意义上的不特定主体。正是在这种意义上,私法也是保护公共利益的法律,只不过其更多的是通过直接保护私人利益的方式来予以实现。如果私人的利益无法得到有效保护,则社会秩序也将受到严重影响,社会公共利益也将遭受损害。对于公法以及经济法等而言,保护社会公共利益就更是其基本目标了。

1. 公共利益的部门法保护

从抽象意义上来说,公共利益是法律所保护的对象,但是,一般意义上对公共利益的法的保护又是通过具体的部门法来予以实现的。

---

① 1982 年《宪法》第五十一条规定:"中华人民共和国公民在行使自由和权利的时候,不得损害国家的、社会的、集体的利益和其他公民的合法的自由和权利。"
② 1986 年《民法通则》第七条规定:"民事活动应当尊重社会公德,不得损害社会公共利益,破坏国家经济计划,扰乱社会经济秩序。"
③ 《民法典》第一百三十二条规定:"民事主体不得滥用民事权利损害国家利益、社会公共利益或者他人合法权益。"
④ 参见王保树《论经济法的法益目标》,载《清华大学学报》2001 年第 5 期。

"由于公共利益具有高度抽象性和内涵的广泛性，为了避免它在法律条文中流于形式或在法律运用中变成空洞的说教，必须藉部门法制度使之内涵明确化，以揭示同为保护公共利益的法律部门间的内在差别。公共利益的含义可以从法所追求的目标上概括得出。如消费者权益保护法表达的公共利益是消费者的整体福利；环境法所表达的公共利益是良好的环境状态。如此等等。"[1] 正是通过不同的部门法从不同的角度和侧重点实现对公共利益的保护，才编织起了一张保护公共利益的完整的"网"。事实上，这也反映出公共利益具有广泛性，存在于并体现在各个领域之中，因此无法通过单一的法律来实现对公共利益的完整保护。"社会利益在不同的社会关系领域或不同的法律部门，各有侧重，也各有其不同的表现。比如在劳动法和消费者法方面，社会利益则侧重于指社会弱者的利益；在环境法和资源法方面，社会利益的含义则侧重于社会资源的合理保存和利用；在刑法和治安法方面社会利益的含义则是以社会秩序的和平与安全为重点。"[2] 公共利益的保护只有通过各个部门法的"通力合作"才能够实现，当然，对于各个部门法而言，实现其所调整的社会关系领域内的公共利益的保护，也就是对整体公共利益保护的最大贡献。公共利益的保护，绝不是仅仅涉及少数几个部门法，也绝非仅仅涉及少数几个领域，可以说，任何部门法都通过不同的方式实现了对社会共利益的保护。从实践来看，立法者可能会在某一时期重点选择某些领域内的具体社会公共利益予以保护，这可能是因为这些领域内的社会公共利益具有保护的紧迫性，例如环境、食品安全领域即是如此。但这并不意味着公共利益仅仅存在于这些领域，那些暂时未被重点保护的社会公共利益并非不重要，而是由于国家在一定时期内的执法、司法资源有限，因此可能暂时无法进行重点保护。但随着实践的发展，国家在保护社会公共利益方面的重心也会而且也应当随之调整。

---

[1] 刘继峰：《反垄断法益分析方法的建构及其运用》，载《中国法学》2013年第6期。
[2] 孙笑侠：《论法律与社会利益——对市场经济中公平问题的另一种思考》，载《中国法学》1995年第4期。

2. 公共利益的保护方式

公共利益自人类社会产生即客观存在。但对公共利益造成实际损害的行为，却只有到了工业化大生产时期才有可能出现。在此之前，"小作坊式"生产的企业虽然也会在抽象意义上对公共利益造成损害，但在具体层面上，受其损害的主体和范围必定非常有限。可以说，此时的公共利益更多是从"质"上而言的，而非从"量"上进行的衡量。受害人与造成损害的企业之间在诉讼能力方面并没有出现显著的差距。受害人仍然可以通过传统的民事诉讼寻求救济。国家也可以仍然依赖于这种方式而无需主动对这种损害行为进行干预，也无需对受害主体提供特别的救济手段。但是，进入工业化大生产时期以后，企业规模增大，受其影响的主体的范围和数量也呈现出明显的扩大和增长，此时的公共利益无论是在"质"还是在"量"上，都已经"名副其实"的成为公共利益。而且，在此阶段，受害人与造成损害的企业之间在诉讼能力方面已经出现了巨大的差距，企业的规模、可动用的资源等都远非单个的受害人所能比拟。单个受害人通过传统民事诉讼的方式很难胜诉。即便能够胜诉，也只能解决企业与该受害人之间"一对一"所造成的损害，对于该企业对该受害人以外的其他受害人所造成的"一对多"的损害，通常无法顺带得到救济。在这种情况下，如果没有相关的公权力机构介入的话，则显然是国家的重大失职，政权的正当性也会受到质疑。因此，国家必须通过相关制度供给来解决此类损害纠纷。

保护公共利益是国家的职责。从国家的角度来看，保护公共利益的方式主要包括立法保护、行政保护和司法保护。立法机关确定公共利益保护的范围以及保护的方式，然后通过立法予以固定。在完成公共利益保护的立法以后，这种"纸面上"的保护要真正落到实处，还需要通过行政机关和司法机关持续性地实施。从这种意义上来说，公共利益的立法保护更多的是一种"静态"的保护，而行政保护和司法保护则更多的是一种"动态"的保护。

行政机关通过主动展开行政执法，查处并纠正损害公共利益的行为，从而实现对公共利益的保护。行政机关在保护公共利益方面具有主动性、及时性、灵活性等优势。但是，行政机关是否是保护公共利益的最佳主体也受到了质疑。"George Stigler 提出了'管制俘虏'理论，指出，为保障公共利益而设立的行政机关往往牺牲公共利益，而讨好被管制企业或者特定的利益集团。第一，企业作为一种利益集团，对政府管制有着特殊的影响力；第二，政府管制者有着各种利己的动机；第三，政府的基本资源是权力，利益集团能够说服政府运用权力为其服务；第四，政府管制者运用自身的权力在社会各个利益集团间进行利益分配。"① 在理论上作为公共利益天然代表的行政机关，在实践中却很有可能成为公共利益的破坏者，并借助于自身保护公共利益的职权，以此作为交换谋取不当的利益。之所以如此，一方面是由于行政机关亦是由具体的人所组成的，无论是行政机关内部的人还是行政机关自身，都具有自身独立的利益，对这种自身利益的追求很有可能是以牺牲公共利益为代价的。另一方面，行政机关往往作为强势一方而出现，即便其存在损害公共利益的行为，其他主体往往很难对其形成有效制约。

保护公共利益的另一种方式就是司法的方式，即通过法院审理相关涉及公共利益的案件，在判决中实现对公共利益的保护。通过司法的方式保护公共利益也具有其独特的优势。为什么要通过诉讼的方式来保护社会公共利益，一个很重要的原因就是诉讼具有严格的规范性，由法官按照诉讼法规定的程序进行审理，并以实体法为依据对被告的行为是否违法、应承担何种责任作出裁判。② 在这种严格的诉讼程序中，各方当事人的主张和理由都可以得到充分的倾听，这种诉讼地位上的平等保证了诉讼双方的实体性权利——主要是相对弱势一方的实体性权利不至于因为这种弱势地位而受到不利影响。此外，公益诉讼方式还能够提前预防损害行为的发生，更好地将违法行为消灭在萌芽

---

① 转引自徐文新《专家、利益集团与公共参与》，载《法律科学》2012年第3期。
② 参见徐全兵《检察机关提起公益诉讼有关问题》，载《国家检察官学院学报》2016年第3期。

状态。"公益诉讼的一大优势是其具有预防功能，即不需要侵害公益行为的现实发生就可以提起诉讼。一般而言，提起公益诉讼的前提既可以是违法行为已经对公共利益造成了现实的损害，也可以是虽未造成现实损害但存在着损害发生的危险甚至是有危险发生之虞。"[①] 但是，司法保护的方式具有被动性，当然，这本身并不是司法保护方式的一种弊端，而是确保司法公正所必需的。司法的这种被动性决定了法院在任何情况下都不能主动对损害社会公共利益的行为进行审理，即便这种行为的违法性十分明显。因此，通过司法的方式保护公共利益，关键在于有合适的主体能够及时将那些损害社会公共利益的行为"投送进"法院，从而使得法院能够对其进行审理。

虽然公共利益的行政保护具有其自身的弊端，司法保护具有独特的优势，但这并不意味着要限制甚至取消行政保护而仅保留司法保护的方式，相反，行政保护仍然是公共利益保护的重要方式。行政保护与司法保护二者之间并非是一种互斥的关系，而是存在紧密的联系。当行政保护本身出现"失灵"的情况时，这种"失灵"的行政保护亦可以成为司法审查的对象，通过司法的方式纠正这种行政"失灵"，使其重新成为保护社会公共利益的重要方式。

第三节　公益诉讼的定义与类型

一　公益诉讼的定义

有学者认为，学界关于公益诉讼的认识基本一致，即所谓公益诉讼乃是指借助于诉讼机制以维护和实现公共利益的活动，分歧主要表现在公益诉讼的外延及模式上。所谓公益诉讼的外延，主要涉及的是，公益诉讼究竟是仅包括行政公益诉讼或民事公益诉讼，还是同时包括

[①] 冯彦君、汤闳淼：《社会法领域适用公益诉讼之证成》，载《社会科学战线》2016年第7期。

这两种公益诉讼。所谓公益诉讼的模式，主要是指提起公益诉讼的主体范围，究竟是仅包括国家机关，还是同时包括法人、其他组织和公民个人。[①] 事实上，这种观点并不完全准确，因为公益诉讼的外延和模式是界定公益诉讼的重要方面，如果学者在这两个方面的观点存在分歧的话，那么尚不能说学界在对公益诉讼的认识方面取得了基本的共识。当然，从最一般通过诉讼方式保护公共利益的意义上来说，学者们确实没有分歧，因为这种意义上的界定是学者们关于公益诉讼定义所能够取得的"最大公约数"。超出这一范围的任何进一步细化地界定，都会显示出不同学者在对公益诉讼的界定中所存在的分歧。有学者认为，应当从诉讼保护的内容、提起诉讼的主体以及诉讼的性质这三个方面来界定公益诉讼。[②] 从主体、客体、形式这三个方面基本上能够涵盖公益诉讼定义的主要内容。接下来，笔者也将首先从这三个方面对公益诉讼展开解析，再在此基础之上归纳总结出公益诉讼的概念。

1. 公益诉讼的提起主体

"只给有足够资格的诉讼当事人以救济，这历来是获取救济的重要限制。这项法律的出发点是：救济是与权利相关联的，因此只有那些自身权利受到威胁的人才有资格获得救济。其余任何人在法院面前都没有这种必要的资格。"[③] "在私法中，这个原则可以从严应用。在公法中，只有这个原则还不够，因为它忽略了公共利益的一面。如果某特定的个人是行政行为的对象，他当然有权对这个行为的合法性提出异议，而他人则无权这样做。但公共当局有许多权力与义务，这些权力与义务与其说影响特定个人的，不如说是影响一般公众的。如果公共机构不适当地批准计划，或给下流电影发许可证展览，那它就是对公共利益做了错事，而没有对任何具体个人做了错事。如果没有人

---

① 参见黄学贤、王太高《行政公益诉讼研究》，中国政法大学出版社2008年版，第34—35页。
② 参见刘学在《民事公益诉讼制度研究》，中国政法大学出版社2015年版，第65页。
③ ［英］威廉·韦德：《行政法》，徐炳等译，中国大百科全书出版社1997年版，第364页。

有过问这件事的资格，那它就可以无视法律而逍遥法外，这种结果会"使法律成为一纸空文"。一个有效的行政法体系必须对这个问题找出某种解决办法，否则法治就会垮台。"① 当然，威廉·韦德是从行政行为的角度来论述在涉及公共利益的情形下，为了有效禁止违法的行政行为，必须赋予某些主体"过问这件事"的资格，从而避免违法行政行为无法得到有效制约，但是，这对于损害社会公共利益的民事行为而言也同样适用，如果仅仅授予受该民事行为损害的当事人以起诉的资格，在该当事人不起诉的情况下，社会公共利益将无法得到有效保护，因此，必须突破传统私法关于救济资格的限制。

公益诉讼的提起主体无外乎相关国家机关、社会组织和个人。学界的争议主要体现为究竟是仅包含其中的一类、两类还是包含所有的主体。有观点认为，提起公益诉讼的主体仅包括国家机关，在我国就是检察院，即检察院代表国家提起。② 持有这种观点的学者并不是很多。大多数学者都认为提起公益诉讼的主体既包括国家机关，也包括社会组织和个人。例如有学者认为，公益诉讼是指任何组织和个人根据法律授权，就侵犯国家利益、社会公益的行为提起诉讼，由法院依法处理违法的司法活动。③ 持有这种观点的学者中，又有部分学者认为提起公益诉讼的国家机关仅包括检察机关。例如有学者认为，公益诉讼是指特定的国家机关（检察机关）、社会组织（或社会团体）和公民个人，根据法律的授权，对违反法律、法规，侵犯国家利益、社会利益或不特定的他人利益的行为，向法院起诉，由法院依法追究其法律责任的活动。④ "按照提起诉讼的主体不同，可以将公益诉讼划分为检察机关提起的公益诉讼、其他社会团体和个人提起的公益诉讼，前者称为民事公诉或行政公诉，后者称为一般公益诉讼。"⑤ 这种观点

---

① ［英］威廉·韦德：《行政法》，徐炳等译，中国大百科全书出版社1997年版，第364—365页。
② 参见《公益诉讼亟待开放》，《人民法院报》2001年6月15日第B01版。
③ 颜运秋：《公益诉讼理念研究》，中国检察出版社2002年版，第52页。
④ 伍玉功：《公益诉讼制度研究》，湖南师范大学出版社2006年版，第17页。
⑤ 崔伟、李强：《检察机关民事行政公诉论》，中国检察出版社2010年版，第14页。

认为能够提起公益诉讼的主体包括国家机关、社会组织和个人，可见其在公益诉讼提起主体方面采取的是广义说，但是在能够提起公益诉讼的国家机关方面，又进行了严格的限定，即仅限于检察机关。

首先，关于相关国家机关是否能够提起公益诉讼是不存在争议的，相反，存在一定争议的反倒是相关国家机关是否是唯一能够提起公益诉讼的主体，以及特定的国家机关的具体范围。笔者认为，不能将提起公益诉讼的权利仅仅授予给相关国家机关。正如有学者提出的，如果认为公益诉讼只能由相关国家机关提起，这实际上假定了这样一个前提，即各级国家机关都能够及时有效地保护相关的权利并代为提起诉讼，但在现实中却并非如此，国家机关并不总是能够对损害公共利益的行为提起诉讼。梁慧星教授认为，"应当畅通公民个人或其他社会组织为维护公共利益而起诉的渠道，即只要违法者的违法行为侵害国家利益或社会管理秩序，对国家或不特定的人的合法权益构成损害或具有损害的可能性，任何组织和个人都有权利起诉。"[①] 事实上，古罗马公益诉讼制度形成的重要原因就是公权力机构无法有效保护公共利益。在罗马的程式诉讼中，有私益诉讼与公益诉讼之分，私益诉讼是指保护个人所有权利的诉讼，仅特定人才可提起；公益诉讼是指保护社会公共利益的诉讼，除法律有特别规定者外，凡市民均可提起。周枏先生指出，古罗马之所以形成了公益诉讼，主要是因为国家机关尚不足以对公共利益提供足够的保护。"现代法关于公共利益的保护，由公务员代表国家履行之。罗马当时的政权机构，远没有近代这样健全和周密，仅依靠官吏的力量来维护公共利益是不够的，故授权市民代表社会集体直接起诉，以补救其不足。"[②] 虽然现代的政权机构相比于古罗马时期要更为健全和周密，似乎能够为公共利益提供足够的保护，从而无需公民来提起公益诉讼，但实则不然，因为在现代社会政权机构发展得更为健全和周密的同时，社会活动和关系也变得更加复

---

① 参见《公益诉讼亟待开放》，载《人民法院报》2001年6月15日第B01版。
② 周枏：《罗马法原论》（下），商务印书馆2014年版，第971页。

杂和多样，同古罗马时期一样，这同样超出了政权机构应对的能力范围。因此，在当今社会，仅仅依靠政权机构——无论是其直接展开执法还是提起公益诉讼——都无法有效为公共利益提供足够的保护，都需要引入社会和私人的力量。

其次，关于社会组织是否能够提起公益诉讼，理论界也没有多大争议。随着社会化程度的不断提高，日益复杂的社会问题无法仅仅依靠政府治理，而是需要引入社会的力量，在更大程度、更多领域实现社会共治。社会组织具有其自身独特的优势。社会组织能够弥补政府失灵所带来的问题，而且，社会组织产生于社会，具有民间性，这使得其相对于政府机构而言具有更大的灵活性。此外，相对于个人而言，社会组织在人力、物力、专业性等方面都要更强，能够为公益诉讼的提起提供更大的支持。"2007年，党的十六届六中全会第一次采用'社会组织'的概念，党的十七大报告正式确立这一概念，主要意图是把民间组织纳入社会建设与管理、构建和谐社会的工作大局。"[①] 在实践中，相关社会组织也被赋予了提起公益诉讼的资格。例如，2012年修订的《民事诉讼法》第五十五条规定："对污染环境、侵害众多消费者合法权益等损害社会公共利益的行为，法律规定的机关和有关组织可以向人民法院提起诉讼。"这是我国首次在法律中正式引入了公益诉讼制度，并将法律规定的有关组织作为提起公益诉讼的主体，此处的有关组织，就是指社会组织。此外，我国2015年1月1日起开始实施的《环境保护法》第五十八条也将"污染环境、破坏生态，损害社会公共利益的行为"纳入环境公益诉讼的范围，并明确规定了可以提起环境公益诉讼的社会组织的主体资格："（一）依法在设区的市级以上人民政府民政部门登记；（二）专门从事环境保护公益活动连续五年以上且无违法记录。"

最后，关于公民个人是否可以提起公益诉讼的问题，存在较大的争议。一方面，赋予公民个人提起公益诉讼的权利具有重要的价值，

---

① 叶阳：《社会组织提起环境民事公益诉讼主体资格辨识》，载《法律适用》2017年第6期。

这可以大大调动众多主体提起公益诉讼的热情，实际上相当于发起了一场保护公共利益的"人民战争"，而公民个人的社会责任感和维权意识也将得到极大的提升和锻炼，这将为社会主义法治社会的建设提供良好的社会基础。"公益诉讼的发起者可以与本案无利害关系，任何人为维护国家、社会利益均可以把侵害公共利益之人推上被告席。因为随着社会的发展，人的自身素质的提高，每一个社会个体不仅仅关心自身的、暂时的、眼前的权益，而且开始关注自身长远利益以及自身利益与社会利益的辩证关系。"① 但是，另一方面，公民个人提起公益诉讼也存在诸多问题，例如可能导致滥诉的风险，不排除某些公民个人并非为了公共利益而是为了一己私利，肆意针对其他企业或个人提起诉讼，这会造成司法资源的极大浪费，而且也损害了其他企业或个人的正当利益。此外，公民个人在专业水平、技术、法律知识等方面一般都存在欠缺，这大大限制了公民个人提起公益诉讼的效果。② 从理论上来看，公民个人的身份不应当成为其提起公益诉讼的障碍。尽管公民个人提起公益诉讼可能存在诸多问题，但只要这些问题能够在制度的框架内得以解决，那么这些问题就不应当成为禁止公民个人提起公益诉讼的决定性因素。事实上，经过实践检验，许多理论上的担忧如"滥诉"的问题被证明并没有人们想象的那么严重。例如，有学者指出，从当时已经实施近一年的环境民事公益诉讼来看，"滥诉"的现象并没有出现。③ 也有学者指出，从试点的情况来看，并没有出现事先预期的公益诉讼案件大量涌现的状态，这似乎在某种程度上佐证了"滥诉"的担心没有必要这种观点。④ 虽然这并不能说明公民个人就一定不会滥诉，但至少也从一个侧面说明，滥诉现象在实践中并不像在理论上想象得那样会大量发生。总之，对于某些尚未被实践检

---

① 王珂瑾：《行政公益诉讼制度研究》，山东大学出版社2009年版，第42页。
② 参见张锋《我国公民个人提起环境公益诉讼的法律制度构建》，载《法学论坛》2015年第6期。
③ 吴宇：《德国环境团体诉讼的嬗变及对我国的启示》，载《现代法学》2017年第2期。
④ 参见胡卫列、迟晓燕《从试点情况看行政公益诉讼诉前程序》，载《国家检察官学院学报》2017年第2期。

验的纯粹理论上的担心与猜想，不应成为是否采取某些制度的决定性因素。当然，从实践来看，至于公民个人是否能够成为提起公益诉讼的适格主体，则是各个国家制度选择的问题。至少就目前来看，公民个人在我国提起公益诉讼还面临法律上的障碍。无论是2012年修订的《民事诉讼法》第五十五条，还是2015年1月1日正式施行的《环境保护法》第五十八条，都没有规定公民个人可以提起公益诉讼。

关于提起公益诉讼的主体，笔者认为，任何主体，只要其提起诉讼的目的和客观效果是为了保护公共利益，那么其就应当是提起公益诉讼的适格主体。当然，对于任何主体而言，其在提起公益诉讼的过程中都不可避免地存在与该主体特征相关的一些问题，但只要这些问题能够在制度的框架内得以解决，那么就不能因为这些问题的存在而绝对禁止其提起公益诉讼。有学者认为应当对公益诉讼作宽泛性地界定，只要起诉人的诉讼请求中包含了公共利益保护的要求，依法行使公益诉权的诉讼方式就可以成为公益诉讼。① 这种观点对公益诉讼的界定十分宽泛，只要求诉讼请求中包含中保护公共利益的内容，就可以将其认定为公益诉讼，对能够提起公益诉讼的主体则没有明确的要求和限定。但大多数的学者在对公益诉讼进行界定时，都强调相关的主体要"依据法律的授权"提起公益诉讼。例如，有学者认为，公益诉讼是指特定的主体根据法律的授权就损害社会公共利益的行为向法院提起的行政诉讼或民事诉讼，为了保证公益诉讼的有序开展，有权提起公益诉讼的主体应当仅限于法律所规定的主体。② 公益诉讼是指任何组织和个人都可以根据法律的授权，对违反法律，侵犯国家利益、社会公共利益的行为，向法院起诉，由法院追究违法者法律责任的活动。③ 毋庸置疑，在实践中，提起公益诉讼必须首先获得法律的授权，否则将于法无据。在此需要说明的是，笔者对公益诉讼定义的探讨，

---

① 参见李卓《公益诉讼与社会公正》，法律出版社2010年版，第40页。
② 参见刘学在《民事公益诉讼制度研究》，中国政法大学出版社2015年版，第65页。
③ 参见韩志红、阮大强《新型诉讼——经济公益诉讼的理论与实践》，法律出版社1999年版，第27页。

是从理论上展开的，这也就意味着对于法律上尚未规定的主体是否能够提起公益诉讼，也将是笔者探讨的内容，在界定时不完全受目前法律的规定，否则就完全是依据现行实践对公益诉讼进行的一种描述了。笔者从理论上对提起公益诉讼的"应然"主体展开讨论，从而以推动现行提起公益诉讼"实然"主体范围的扩大或限缩，这才是理论研究的意义之所在。"'法律没有规定'是一种否认公益诉讼的表面理由。法律来自社会实践，法律自身需要变革，过分强调法律的刚性，忽视法律本身的成长，必然会阻挡社会的进步。"[①] 对提起公益诉讼的主体的研究，要超然于当前法律的规定从理论上展开探讨。国家机关、社会组织和个人在提起公益诉讼方面各有其自身的优势，应当通过制度设计尽可能发挥其各自的相对优势，并将其存在的弊端限制在最低水平。总之，笔者认为这三类主体都有资格提起公益诉讼。

2. 公益诉讼保护的客体

公益诉讼保护的客体也即公益诉讼保护的对象是公共利益，前文已经对公共利益进行了界定，在此不再赘述。但笔者仍然需要对公益诉讼所保护的公共利益是否包含国家利益这一问题予以探讨。通常而言，对于一个民主法治国家而言，其国家利益与社会公共利益之间是一致的。国家存在的意义就是为其绝大多数的国民谋取利益，这种利益通常表现为社会公共利益。尽管在某些情形下，从短期来看，国家利益与社会公共利益之间似乎存在一定的冲突，例如在战争期间国家可能需要对社会公众的权利予以必要的限制，或者减少对社会公众的福利发放等等，但从长远来看，社会公众能够从这种限制或减少中受益，因为如果没有国家的存在，社会公众的这些利益也就失去了基本的保障。如果国家以牺牲社会公共利益为代价而谋取自身独特的利益，则这种国家利益的正当性就存在很大的疑问，这种标榜为民主法治的国家是否确实为一个民主法治国家也就同样存在很大疑问。总之，笔者认为公益诉讼所包含的客体包括社会公共利益和国家利益。也有学

[①] 颜运秋：《公益诉讼理念研究》，中国检察出版社2002年版，"自序"第1—2页。

者认为，至于国家利益是否可以纳入公共利益或者什么样的国家利益可以纳入公共利益，是一个解释论的问题。①

3. 公益诉讼的形式

传统的诉讼包括民事诉讼、行政诉讼和刑事诉讼。公益诉讼也是诉讼的一种，如果与传统的诉讼形式相对应，公益诉讼也可以分为民事公益诉讼、行政公益诉讼和刑事公益诉讼。但是，刑事公益诉讼却并不能单独成为公益诉讼的一种类型，因为刑事公诉本身就具有维护社会公共利益的目的，而且其只能由检察机关提起。公诉不同于公益诉讼，而且刑事公诉排除了非公诉机关提起诉讼的可能性，主体极窄，已偏移了现代公益诉讼的旨趣，因此应将刑事公益诉讼排除在严格的公益诉讼之外。② 因此，公益诉讼实际上仅包括民事公益诉讼和行政公益诉讼两种形式，前者所针对的是民事侵权行为，后者所针对的是行政机关的违法行为或不作为行为。本书将在后文对民事公益诉讼和行政公益诉讼的作具体界定。

4. 公益诉讼的定义

前文从公益诉讼的起诉主体、保护的客体以及诉讼的形式三个方面对公益诉讼的内容展开了探讨，在此基础上，笔者认为可以对公益诉讼作出如下定义：公益诉讼是指相关国家机关、社会组织或个人通过提起民事公益诉讼或行政公益诉讼的方式保护社会公共利益的一种活动。

二 公益诉讼的类型

依据不同的标准，可以对公益诉讼作不同的分类。例如，依据提起公益诉讼的主体的不同，可以将公益诉讼分为国家机关提起的公益诉讼、社会组织提起的公益诉讼和个人提起的公益诉讼。依据公益诉

---

① 参见刘学在《民事公益诉讼制度研究》，中国政法大学出版社2015年版，第65页。
② 参见杨海坤《中国公益诉讼的基本理论和制度》，载《法治论丛》2005年第6期。

讼所保护公益的领域的不同，可以将公益诉讼分为环境保护领域内的公益诉讼、食品安全领域内的公益诉讼、国有资产保护领域内的公益诉讼、消费者利益保护领域内的公益诉讼等等。依据被诉对象的不同，可以将公益诉讼分为民事公益诉讼和行政公益诉讼。由于我国司法实践中公益诉讼主要是依据民事公益诉讼和行政公益诉讼而分别进行制度设计，而且在理论上，民诉法学者和行政法学者也分别从各自的专业领域对民事公益诉讼和行政公益诉讼展开研究，因此，笔者也将主要从民事公益诉讼和行政公益诉讼的角度对公益诉讼的内涵展开进一步剖析。

(一) 民事公益诉讼

有学者认为，民事公益诉讼是指"特定的国家机关、社会团体和相关公民根据法律规定，针对侵犯社会公共利益的民事违法行为，向法院提起民事诉讼，由法院通过司法程序追究违法行为并借此保护和捍卫公共利益的一种法律制度。"[1] 有学者认为，"所谓民事公益诉讼，简单地说就是根据法律规定，特定的国家机关、社会团体或者个人为了维护公共利益而提起的民事诉讼。"[2] 有学者认为，"民事公益诉讼是指法律规定（即授权或认可）的特定主体针对损害公共利益的民事违法行为，依法向法院提起民事诉讼以追究行为人民事责任的制度。"[3] 可见，对于民事公益诉讼的界定，上述学者的观点并没有本质不同，这反映出学者们对于民事公益诉讼的认识还是具有较大共识。民事公益诉讼定义中最为核心的三个要素分别是主体、客体和形式。在主体方面，一般认为民事公益诉讼的起诉主体是法律所规定的特定国家机关、社会团体和个人。需要指出的是，上述学者在对民事公益诉讼的主体进行界定时，采取的都是一种实然法的立场，即从现实法律规定的角度出发进行描述，只有已经获得法律授权的主体才有资格提起民

---

[1] 张艳蕊：《民事公益诉讼制度研究——兼论民事诉讼机能的扩大》，北京大学出版社2007年版，第27页。

[2] 潘申明：《比较法视野下的民事公益诉讼》，法律出版社2011年版，第11页。

[3] 刘学在：《民事公益诉讼制度研究》，中国政法大学出版社2015年版，第68页。

事公益诉讼。至于那些尚未获得法律授权但从理论上来看有必要赋予其提起民事公益诉讼的主体而言，依据前述学者的定义，显然并不是提起民事公益诉讼的适格主体。当然，由于前述学者的定义基本上涵盖了能够提起民事公益诉讼的所有类型主体：国家机关、社会团体和公民，只不过将国家机关限定为"特定的"，因此，笔者在前面所讨论的"实然的"和"应然的"主体的区分，可能就主要集中在"特定的"国家机关这一主体之上。例如，在检察机关被赋予提起民事公益诉讼的资格之前，"特定的"国家机关显然不包括检察机关，尽管从理论上来说有必要赋予检察机关提起民事公益诉讼的资格。

其次，就民事公益诉讼保护的客体来说，其保护的首先应当是公共利益而非私人利益，否则其就不能被称之为公益诉讼。关于公共利益的界定，前文已经作了界定，在此不再赘述。民事公益诉讼保护的客体不仅仅是公共利益，而且还应当是"民事"公益。我国《民事诉讼法》第五十五条第一款规定："对污染环境、侵害众多消费者合法权益等损害社会公共利益的行为，法律规定的机关和有关组织可以向人民法院提起诉讼。"其中明确列举了"污染环境"以及"侵害众多消费者合法权益"方面损害公共利益的情形。《最高人民法院关于审理环境民事公益诉讼案件适用法律若干问题的解释》第一条规定，环境民事公益诉讼案件是针对"已经损害社会公共利益或者具有损害社会公共利益重大风险的污染环境、破坏生态的行为"，因此就环境污染民事公益诉讼而言，其保护的客体为被污染环境、破坏生态的行为所实际损害或极有可能损害的社会公共利益。"《民事诉讼法》的规定对消费者保护领域的公共利益有一个人数的限定——众多消费者的权益。但这不等于说只要是众多消费者权益受到侵害的纠纷都是公益诉讼的客体。因为如此一来，必将把涉及众多消费者权益争议的代表人诉讼与公益诉讼混淆起来。"[①] 消费者人数众多只是构成公益诉讼的一个必要条件，而非充分条件，因为有些侵权行为虽然给人数众多的消

[①] 张卫平：《民事诉讼法》，法律出版社2016年版，第340页。

费者造成了损害，但这些消费者可能是特定的，在这种情况下，针对这种侵权行为所提起的诉讼就仍然是一种私益诉讼，只不过是一起涉及众多消费者的私益诉讼。究竟是公益诉讼还是私益诉讼，与受到损害的主体的人数之间没有必然的联系，关键还是要看受到损害的主体是否是不特定的。实践中损害民事公益的行为不仅仅只有前述两种，因此《民事诉讼法》第五十五条也使用了"等"，以便为民事公益诉讼的范围的拓展提供空间。2017年《民事诉讼法》修订第五十五条增加一款规定了检察机关提起民事公益诉讼的内容。检察机关提起民事公益诉讼的范围与第五十五条第一款规定的内容没有本质的不同，只不过是在第一款的基础上作了进一步具体化的规定，针对的是"破坏生态环境和资源保护、食品药品安全领域侵害众多消费者合法权益等损害社会公共利益的行为"。而且，检察机关提起民事公益诉讼所包含的客体范围也在《英雄烈士保护法》、《未成年人保护法》和《个人信息保护法》等法律中进一步得以拓展，当侵害英雄烈士、未成年人和个人信息的行为同时可能损害社会公共利益时，这种受到损害的公共利益也将成为检察机关提起民事公益诉讼的客体。

最后，就民事公益诉讼的形式而已，顾名思义，显然是通过提起民事诉讼的方式而展开的。不过，有学者指出，乍看起来，民事公益诉讼这一概念本身是一个悖论，因为在大陆法学，民事权益向来被视为是私权、私益，民事诉讼属于典型的私益诉讼，如何能与公益相联结？[1] 不过，随着社会的发展，出现了许多既影响个人利益又具有社会整体指向的"社会问题"，公益与私益的界限变得模糊，面对这些问题，许多国家改造传统诉讼规则以应对公益问题的处理，引入司法力量弥补行政执法之不足，使诉讼承担起执行社会政策的角色，成为现代社会民事诉讼的社会化的重要内容。[2] 通过民事诉讼保护社会公共利益，也就成了社会发展的必然要求。民事公益诉讼仍然要遵循民

---

[1] 巩固：《环境民事公益诉讼性质定位省思》，载《法学研究》2019年第3期。
[2] 巩固：《环境民事公益诉讼性质定位省思》，载《法学研究》2019年第3期。

事诉讼的一般规则。例如,虽然在民事公益诉讼中,为了确保公共利益不受侵犯,原告方的处分权往往要受到一定的限制,但是,"民事公益诉讼终究是民事诉讼,实行处分原则,不实行国家全面的强制的干预。虽然有关司法解释规定了和解、调解和自认等自由处分应受到一定限制,但毕竟未完全排除处分原则的适用"。① 尽管民事公益诉讼相对于普通民事诉讼而言具有自身的特征,例如在诉讼目的上具有公益性,原告资格也具有特殊性,通常与案件没有直接的利害关系,对处分权主义和辩论主义的适用也会进行适当的限制,判决效力具有扩张性,更加重视诉讼的政策形成功能,② 等等,但民事公益诉讼所具有的这些特殊性并不足以改变其民事诉讼的本质,仍然是在民事诉讼这一"底色"上显现出来的特殊性。

(二) 行政公益诉讼

有学者认为,"行政公益诉讼是指公民、法人或其他社会组织以及特定的国家机关,针对国家行政机关或其他社会公共部门不依法履行法律规定的职责而损害公共利益的行为提起的行政诉讼。"③ 有学者认为,"行政公益诉讼是指当行政主体的违法作为或不作为对公共利益造成侵害或有侵害之虞时,公民、法人或其他组织以及检察机关为维护公共利益而向法院提起的行政诉讼。"④ 也有学者对行政公益诉讼进行了广义和狭义的区分,认为广义的行政公益诉讼,"是指公民、法人或者其他组织,认为行政主体的作为或者不作为违法,对国家利益、社会公共利益或者他人利益造成侵害或者可能造成侵害的,皆可以根据法律的规定向人民法院提起的行政诉讼",而狭义的行政公益诉讼,"是指公民、法人或者其他组织,认为行政主体的作为或者不作为违法,对国家利益、社会公共利益或者他人利益造成侵害或者可能造成侵害,但对其自身合法权益并未构成或者不具有构成直接侵害

---

① 朱金高:《民事公益诉讼概念辨析》,载《法学论坛》2017年第3期。
② 参见刘学在《民事公益诉讼制度研究》,中国政法大学出版社2015年版,第73—74页。
③ 黄学贤、王太高:《行政公益诉讼研究》,中国政法大学出版社2008年版,第42页。
④ 王珂瑾:《行政公益诉讼制度研究》,山东大学出版社2009年版,第53页。

之可能的，可以根据法律的规定向法院提起的行政诉讼。"① 而广义与狭义的区别，在于狭义的行政公益诉讼明确排除了对起诉主体自身的合法权益造成损害的情形，换言之，广义的行政公益诉讼既包括主观诉讼也包括客观诉讼，而狭义的行政公益诉讼则仅包括客观诉讼。

从上述行政法学者对行政公益诉讼的界定可见，关于行政公益诉讼的定义，行政法学者之间仍然存在一定分歧。例如，在行政公益诉讼的起诉主体方面，有观点认为，公民、法人或其他组织以及特定的国家机关可以提起行政公益诉讼，并且有学者将"特定的国家机关"特定为"检察机关"。事实上，在2015年全国人大常委会授权最高人民检察院在部分地区开展公益诉讼试点之前，行政公益诉讼的实践就已经展开了，提起行政公益诉讼的原告既有公民个人和社会组织，也有检察机关，例如，2000年严正学诉椒江区文体局拒不履行法定职责案，2009年中华环保联合会诉贵州省清镇市国土局不依法履行职责案，2014年贵州省金沙县检察院诉金沙县环保局行政不作为不履行职责案等。② 不过也有学者认为，能够提起行政公益诉讼的主体为"公民、法人或者其他组织"，显然没有将相关国家机关纳入其中，而其在对广义的公益诉讼进行界定时，又将起诉的主体范围规定为"包括国家机关在内的任何组织或者个人"，③ 至于其为什么在对行政公益诉讼进行定义时将"国家机关"从起诉主体中排除出去，其并没有作明确的交代。由相关国家机关——当然在实践中主要是检察机关——提起行政公益诉讼具有其独特的优势，能够对行政机关形成有效的制约。另外，赋予相关国家机关提起行政公益诉讼的资格，这既是其享有的一种权力，也是其承担的一种法定职责。对于行政违法行为或者行政不作为行为，公民、法人或者其他组织提起行政公益诉讼，只能表明这些主体具有社会责任感，这是他们享有的一种权利，但不能强迫实际上也无法强迫这些主体提起行政公益诉讼。但如果相关国家机关应

---

① 杨建顺：《〈行政诉讼法〉的修改与行政公益诉讼》，载《法律适用》2012年第11期。
② 参见黄学贤《行政公益诉讼回顾与展望》，载《苏州大学学报》2018年第2期。
③ 参见杨建顺《〈行政诉讼法〉的修改与行政公益诉讼》，载《法律适用》2012年第11期。

当提起却未提起行政公益诉讼，则是其失职的表现。因此，赋予特定国家机关提起公益诉讼的权力，可以确保在公民、法人或其他组织未提起行政公益诉讼的情况下不至于出现因原告的缺位而导致无人提起行政公益诉讼的情形。

2017年我国《行政诉讼法》修正最终规定了由检察机关提起行政公益诉讼。但是，根据《行政诉讼法》第二十五条，能够提起行政公益诉讼的主体则仅限定为检察机关，这不同于《民事诉讼法》第五十五条，根据《民事诉讼法》第五十五条，"法律规定的机关和有关组织"也可以提起民事公益诉讼。"在制度实践中，立法机关采纳的是行政公益诉讼提起主体的单一化理论，并且这个单一主体就是检察机关。"[①] 有观点认为，行政机关违法行使职权或者不履行法定职责造成国家利益或者社会公共利益受到损害的现象并没有得到明显改观，因此仅仅将检察机关作为唯一提起行政公益诉讼的主体并不能满足保护公共利益的实际需求。[②] 笔者认为，提起行政公益诉讼的主体不宜过窄，损害社会公共利益的违法行政行为或者行政不作为行为，必然也会损害具体的行政相对人及相关公民、法人或其他组织的利益，这些主体自然可以《行政诉讼法》第二十五条第一款提起行政私益诉讼，但如果能够同时允许这些主体附带提起公益之诉，则无疑对于公共利益的保护又多了一种期待与可能。即便是那些并未直接受到违法行政行为或行政不作为行为损害的相关主体，允许其提起行政公益诉讼，亦更有利于公共利益的保护和对行政机关的监督，毕竟，检察机关在实践中并不可能顾及所有的损害社会公共利益的违法行政行为和行政不作为行为，而且，这也有助于培养这些主体的"公民"意识。

行政公益诉讼保护的客体是公共利益。行政机关是保护公共利益

[①] 练育强：《争论与共识：中国行政公益诉讼本土化探索》，载《政治与法律》2019年第7期。

[②] 参见练育强《争论与共识：中国行政公益诉讼本土化探索》，载《政治与法律》2019年第7期。

的天然机构，当然前提是行政机关能够依法积极行使职权。一旦行政机关违法行使职权或者不作为，则公共利益自然也就无法得到有效保护。在这种情况下，由相关主体提起行政公益诉讼，督促行政机关依法积极履行职权，以及时全面保护受到损害或可能受到损害的公共利益。"行政公益诉讼制度的创设主要是为了保护特定领域的公共利益，以弥补行政诉讼制度的不足。行政诉讼制度赋予相对人诉权，以保护自己的合法权益，而当公共利益受到侵害时，由于相对人缺位，无法纠正违法行为，行政公益诉讼授权国家监察机关来启动监督程序。"① 根据我国《行政诉讼法》第二十五条的规定，检察机关提起行政公益诉讼——前提是行政机关不听取检察机关所提出的检察建议仍然不依法履行职责——所保护的是因生态环境和资源保护、食品药品安全、国有财产保护、国有土地使用权出让等领域负有监督管理职责的行政机关违法行使职权或者不作为而侵害的国家利益或者社会公共利益。从表述来看，检察机关提起行政公益诉讼所保护的就不仅仅是社会公共利益，而且也包括国家利益。但是在我国二者并不冲突，不存在违背社会公共利益的独立的国家利益，我国是社会主义国家，《宪法》第二条明确规定"中华人民共和国的一切权力属于人民"，国家以保护和追求最广大人民群众的利益为根本，国家利益本身就代表了公共利益。此外，提起行政公益诉讼针对的不仅包括已经发生的损害公共利益的行为，而且也针对尚未发生但可能损害公共利益的行为。对尚未损害社会公共利益但存在这种可能性的行政违法行为或不作为行为提起诉讼，应当是行政公益诉讼的本质要求。

行政公益诉讼针对的是行政机关的违法行为，这种违法行为又包括违法作为和违法不作为两种。不管是在哪一种情形之下，社会公共利益都因行政机关的这种违法行为而遭受损害。而且，这种行政违法行为也是对权力运行机制的极大破坏，损害了法律的尊严。当然，行政公益诉讼并不是监督制约行政违法行为的唯一方式，但其他监督方

---

① 薛刚凌：《行政公益诉讼类型化发展研究》，载《国家检察官学院学报》2021年第2期。

式往往存在失灵的情况，正是因为此，才使得行政公益诉讼的建立有其必要性。"虽然在行政诉讼之外，我们不乏有对行政机关的各种监督机制，但从现实生活中频繁曝光的食品安全、环境污染等事件来看，这些监督机制事实上大多处于失灵状态。如果任由这些违法行为发展而不加以纠正，不仅不利于促进依法行政、严格执法，加强对公共利益的保护，也会严重损害法律的尊严与权威，最终侵害每一位社会成员的合法权益。"① 需要指出的是，尽管提起行政公益诉讼是纠正行政违法行为的重要方式，但建立行政公益诉讼制度并不是要取代其他制约行政违法行为的机制，而是要与其他机制实现互补，发挥各自的制度优势，共同纠正损害社会公共利益的行政违法行为。"诉讼是一种更规范、公正、权威的救济途径，但却也是一种成本相对较高的途径。设置行政公益诉讼制度，绝不意味着对行政公益的救济首先或主要地依赖于它，而是仅仅将它作为一种可能的途径、备用的途径、最终的途径，以确保公正的最终实现。"② 事实上，检察机关提起行政公益诉讼制度本身也并不是以最终提起诉讼为目的，而是设置了检察建议程序。只有在行政机关仍然不依据检察建议依法履行职责的情况下，检察机关才会为了保护社会公共利益而依法向人民法院提起诉讼。在行政公益诉讼开展初期，检察机关内部有不少人认为公益诉讼就是要诉诸法庭，对此，最高人民检察院党组提出了"诉前实现维护公益目的是最佳司法状态"的理念，要求检察机关发出检察建议后努力协调促进落实，绝大多数案件都在诉前阶段得以解决，据统计，2018 年以来，行政公益诉讼检察建议 98.9% 都可以在诉前即得到有效整改。③

---

① 薛刚凌：《建立行政公益诉讼制度促进依法行政》，载最高人民检察院民事行政检察厅《民事行政检察指导与研究》，中国检察出版社 2015 年版，第 179—180 页。

② 胡卫列、迟晓燕：《从试点情况看行政公益诉讼诉前程序》，载《国家检察官学院学报》2017 年第 2 期。

③ "坚持以人民为中心，把公益诉讼这项党和国家的重大民心工程抓实抓好——全国人大常委会调研组视察调研公益诉讼检察工作侧记"，2022 年 1 月 14 日，载最高人民检察院网站：https：//www.spp.gov.cn/tt/202201/t20220114_541661.shtml。

第四节　检察机关提起公益诉讼的制度优势与价值

提起公益诉讼的主体较为广泛，包括国家机关、社会组织和个人。但是，相对于其他主体而言，由检察机关提起公益诉讼具有其独特的制度优势和价值，这也是为什么我国建立检察机关提起公益诉讼制度的原因之所在。

一　检察机关提起公益诉讼可有效解决立案难问题

相关社会组织和个人提起公益诉讼面临的一个首要问题就是立案难。尚且不论相关社会组织和个人的诉讼理由是否充分，如果立案都存在巨大障碍，则通过提起公益诉讼来维护社会公共利益的目的就根本不可能得以实现。例如，虽然《环境保护法》已经明确规定社会组织是提起环境公益诉讼的适格主体，而且立案登记制度也在全国法院开展开来，但在实践中社会组织提起环境公益诉讼仍然面临诸多困难。2015年8月，宁夏中卫市中级人民法院就以主体不适格为由裁定不受理中国生物多样性保护与绿色发展基金会提起的"腾格里沙漠污染"环境公益诉讼。其背后的原因，有学者认为是因为，对于环境公益诉讼这一新生事物，部分法院仍然持有"环境问题不归我管，归政府管"的习惯性思维，不愿意承担"政治责任"，因而极力寻求法律规定的"漏洞"以阻止或者延缓社会组织对具有较大影响的环境案件提起诉讼。[1] 此外，地方保护主义和部门保护主义往往会对司法进行不当干预，因为环境公益诉讼的被告往往都是地方政府招商引资的重点企业，能够为地方提供大量的税收，一旦这些企业成为环境公益诉讼的被告，则会间接影响地方政府的利益，因此，受案法院的裁判权会

---

[1] 参见李艳芳、吴凯杰《论检察机关在环境公益诉讼中的角色与定位》，载《中国人民大学学报》2016年第2期。

受到行政机关的不当干预，从而不得不将提起环境公益诉讼的公民或社会组织拒之门外，从而造成环境公益诉讼立案难的问题。① 应该来说，环境污染所造成的损害通常较为明显，而社会组织选择提起公益诉讼的环境案件往往更具有典型性，对于这些损害社会公共利益明显的案件，尚存在立案难的问题，其他损害社会公共利益案件立案的难度就更大了。由检察机关提起公益诉讼，能够有效地解决这一问题。当然，这并不是说可以解决公民个人和相关社会组织提起公益诉讼的立案难问题，而是说可以从整体上解决公益诉讼立案难的情况。"检察机关与法院同属司法机关，具有不受行政机关干涉的独立法律地位，由检察机关提起环境公益诉讼有利于减轻法院的疑虑，分担法院的'政治责任'，帮助法院尽快进入角色"。② 此外，在检察机关被赋予提起公益诉讼资格后，当检察机关提起公益诉讼时，法院再也无法以主体不适格这一理由不立案了。当然，有些社会组织和个人提起公益诉讼之所以存在立案难的问题，也与其无法提出具体的诉讼请求和提供充分的事实依据有关。作为原本是提起公诉的检察机关，其在提起公益诉讼时，相对于社会组织和个人，显然在提出诉讼请求和事实依据方面更具优势。"检察机关是代表国家维护国家法律统一正确实施的，其有能力正确提出诉讼请求及事实根据，也有能力确保提出的诉讼请求不会偏离维护国家利益、社会公共利益的轨道。"③

不过需要指出的是，对于行政公益诉讼而言，由于我国确定了由检察机关作为提起的主体，因此其他主体提起行政公益诉讼反而面临更大的立案难问题，甚至是完全无法立案。例如，在王理清诉青岛市环境保护局崂山区分局行政不作为一案中，一审、二审法院都以其不具有诉讼主体资格为由裁定驳回，再审中，山东省高级人民法院也依

---

① 参见颜运秋《我国环境公益诉讼的发展趋势——对新〈环境保护法〉实施以来209件案件的统计分析》，载《求索》2017年第10期。
② 李艳芳、吴凯杰：《论检察机关在环境公益诉讼中的角色与定位》，载《中国人民大学学报》2016年第2期。
③ 张春玲：《检察机关提起公益诉讼制度的理解与完善》，载《中国检察官》2016年第11期。

据《行政诉讼法》第二十五条驳回了再审申请。①那么，是否可以通过解释的方式来赋予个人和其他组织等提起行政公益诉讼的资格呢？我国《行政诉讼法》第二十五条第一款规定："行政行为的相对人以及其他与行政行为有利害关系的公民、法人或者其他组织，有权提起诉讼。"公民或其他组织等提起行政公益诉讼，通常而言是在向相关行政机关进行投诉，对行政机关的处理不满意或者行政机关未处理的情况下提起行政公益诉讼的。损害社会公共利益的行为自然也会覆盖到具体的公民或者相关组织。因此，如果行政机关不处理或者投诉人认为处理结果未保护其合法权益，则投诉人"与行政行为有利害关系"。从这种意义上来看，公民和其他组织提起行政公益诉讼可以从《行政诉讼法》第二十五条第一款中寻找到法律依据。但是，根据《最高人民法院关于适用〈中华人民共和国行政诉讼法〉的解释》第十二条第五项的规定，属于行政诉讼法第二十五条第一款规定的"与行政行为有利害关系"，涉及投诉的，必须是"为维护自身合法权益向行政机关投诉，具有处理投诉职责的行政机关作出或者未作出处理的"这一情形。其中明确规定是"为维护自身合法权益"所进行的投诉，也就意味着不能是为了维护公共利益而进行投诉。但是，损害社会公共利益的行为往往也会损害具体公民或相关组织的自身利益，这也符合司法解释第十二条第五项的规定。这是否意味着公民或相关组织仍然能够提起行政公益诉讼？根据行政诉讼理论与实践，"只有行政机关据以作出具体行政行为的法律规范的目的在保护公共利益的同时，也保护特定的个人利益，此时特定主体才有资格基于个人利益而请求行政机关履行职责"，"如果法律规范的目的仅仅是为了公共利益，那么不特定的个人是不享有诉权的，只有在法律规范具有保护特定共谋利益的目的时，才存在个人的合法权益"。②因此，如果仅仅是

---

① 参见曹奕阳《检察机关提起环境行政公益诉讼的实践反思与制度优化》，载《江汉论坛》2018 年第 10 期。

② 罗冠男：《我国行政诉讼准入标准的变化与演进》，载《中共中央党校（国家行政学院）学报》2021 年第 3 期。

因为公共利益受损并具体反射到个体公民和相关组织的话，那么公民和相关组织仍然无法依据《行政诉讼法》第二十五条第一款提起行政公益诉讼。可见，《行政诉讼法》第二十五条第四款仅规定检察机关提起行政公益诉讼，并不是公民和相关组织无法提起行政公益诉讼的原因。我国《行政诉讼法》之所以没有将提起行政公益诉讼的主体扩大到公民和相关组织，主要还是担心这会造成滥诉问题。司法资源有限，无序地、不加以限制地启动行政公益诉讼程序，必将造成恶诉、滥诉和司法资源的浪费，甚至会产生以公益诉讼谋求私益的可能。① 尽管如此，仍然存在某些确实是以维护公共利益为主要追求目标且具有相应诉讼能力的公民或相关组织，不加区分地完全禁止，不利于发挥这些主体的积极性和保护社会公共利益的特殊价值。

总之，检察机关提起公益诉讼，不仅可以有效解决民事公益诉讼立案难的问题，而且还可以解决因公民和相关组织无法提起行政公益诉讼而导致的行政公益诉讼无法立案的问题。尽管检察机关提起公益诉讼制度不会直接解决公民和相关组织提起公益诉讼立案难的问题，但是从总体上而言，作为提起公益诉讼的当然主体，之前民事公益诉讼和行政公益诉讼立案难的问题，将因检察机关能够提起公益诉讼而得到很大缓解。

二 检察机关提起公益诉讼更具有可期待性

当前，提起公益诉讼是检察机关所承担的法定职责。这就意味着，对于那些损害社会公共利益的行为，只要其位于检察机关提起公益诉讼的法定领域之内，检察机关都应当依法提起公益诉讼，否则将是检察机关的一种失职。"检察机关是宪法所确立的专门性的法律监督机关，监督公共利益不受非法侵害是其神圣职责，而其他社会团体或组

---

① 参见丁国民、贲丹丹《环境行政公益诉讼提起主体之拓展》，载《东南学术》2021年第6期。

织则有可能基于各种因素无力、懈怠或推诿提起公益诉讼，但这种现象不应也不会发生在检察机关身上。"① 但对于公民个人以及大多数的社会组织而言，提起公益诉讼并不是其法定职责，更多地是出于他们的社会责任感。他们提起公益诉讼能够带来正外部性，社会以及其他主体都能够因此而受益。但是，任何人不能强迫他们提起公益诉讼，当他们基于各方面因素的考虑而选择不提起公益诉讼时，这是其权利和自身利益的体现，理应得到尊重和保护，尽管这在客观上并不利于社会公共利益的保护。可见，公民个人以及大多数的社会组织提起公益诉讼具有较大的不确定性，如果将社会公共利益的维护完全或主要寄托在这种方式之上，则社会公共利益将很难得到有效保护，因为这并不是一种常态化的机制，因此我们也不能对这种方式抱有太大的期望。例如，在2015年提起环境公益诉讼的社会组织共有10家，而民政部门统计的符合环境公益诉讼原告主体资格条件的社会组织大约有700多家。② 这表明，仅有约1.43%的社会组织提起了环境公益诉讼，绝大多数的社会组织都"保持沉默"，这显然不利于公共利益保护。

而检察机关提起公益诉讼则不一样，它不能像公民个人以及大多数社会组织那样享有选择是否提起公益诉讼以及针对此种还是彼种行为提起公益诉讼的自由，而是应当依据法律规定严格履行提起公益诉讼的职责。"检察机关会忠于职责，其他组织可能会基于种种理由不提起公益诉讼，但检察机关基于职责要求不会以任何理由拒绝提起公益诉讼；检察机关会依法履职，检察机关提起公益诉讼属于法定职责，不会掺杂任何私利动机。"③ 当然，这是一种理想的状态，在实践中并不排除有的检察机关怠于履行职责而不提起公益诉讼，但即便是对于这些检察机关而言，其也要面临各种形式的制约，从而促使其纠正违反法律职责的行为，重新由其或由其他检察机关提起公益诉讼。检察

---

① 汤维建：《检察机关提起公益诉讼试点相关问题解析》，载李如林主编《检察智库成果》，中国检察出版社2017年版，第280—281页。
② 参见孙茜《我国环境公益诉讼制度的司法实践与反思》，载《法律适用》2016年第7期。
③ 杨克勤：《法治供给侧改革下的检察改革》，载《法制与社会发展》2017年第4期。

机关提起公益诉讼有明确的法律依据，遵循严格的法律程序，是一种制度化的保护公共利益的机制。我们可以对检察机关提起公益诉讼有更大的期待性。事实上，我们也可以从数据方面看到公民个人和大多数社会组织与检察机关在提起公益诉讼方面的巨大差异。"据统计，我国自2000年到2013年间审结的环境公益诉讼案件总计不足60起。环境公益诉讼案件总体数量不多，规模效应不大，并没有对环境司法主流化做出重要的贡献，产生重大影响。"[1] 而且，这些数量有限的案件中，还有部分案件是由检察院和行政机关提起的。例如2007年，贵阳市"两湖一库"管理局诉天峰化工公司污染水源，2008年，贵阳市检察院诉熊金志等破坏植被等。[2] 因此，在这不足60起的公益诉讼案件中，真正由公民个人或社会组织提起的案件数量就要更少了。2017年6月30日，最高人民检察院召开新闻发布会，总结通报了检察机关自2015年两年以来开展公益诉讼试点工作的主要情况，据介绍，试点地区检察机关两年内共办理了生态环境和资源保护领域案件6527件。[3] 2021年第一季度，全国检察机关共立案办理公益诉讼案件32914件，其中生态环境资源领域立案17951件，占立案总数的54.5%。[4] 这与公民个人和社会组织在2000年至2013年间提起的环境公益诉讼案件数量形成了鲜明对比。提起公益诉讼案件的数量是衡量公共利益是否得到有效维护的重要指标，无法达到一定数量的公益诉讼，显然无法涵盖到受损害的公共利益。检察机关在提起公益诉讼方面的制度化是公民个人和社会组织所无法比拟的，这也是检察机关提起公益诉讼的一大优势。

---

[1] 杨朝霞：《环境司法主流化的两大法宝：环境司法专门化和环境资源权利化》，载《中国政法大学学报》2016年第1期。

[2] 参见杨朝霞《环境司法主流化的两大法宝：环境司法专门化和环境资源权利化》，载《中国政法大学学报》2016年第1期。

[3] "最高检举行'全面实施检察机关提起公益诉讼制度'发布会"，2017年6月30日，载国务院新闻办公室网站：http://www.scio.gov.cn/xwfbh/qyxwfbh/document/1557150/1557150.htm.

[4] "最高检：今年一季度公益诉讼检察办案数量大幅上升"，2021年5月5日，载中国新闻网：https://www.chinanews.com.cn/gn/2021/05-05/9470513.shtml.

三 检察机关提起公益诉讼具有法律专业性的优势

法律诉讼活动是一项专业性的活动，不经过专门的法律训练不可能胜任。检察机关是我国的法律监督机关，拥有专业的法律人才，在长期提起刑事公诉的活动中，检察机关人员积累了丰富的诉讼经验，这对于其熟练地推动公益诉讼进程具有至关重要的作用。准确把握起诉条件，提出合理的诉讼请求，制作符合要求的起诉书，充分做好出庭准备，在庭审中进行举证质证等，这都需要起诉人具有良好的法律专业知识，否则将严重影响诉讼活动的正常进行。"检察机关是法律监督机关，具有专业的法律人才，可以承担调查取证、出庭起诉等一系列任务。检察机关拥有法定的调查权，相比较其他团体、组织等能够较好地解决调查取证和举证困难的问题。"[①] 调查取证的权力对于提起公益诉讼至关重要，公民个人和相关社会组织提起公益诉讼胜诉率不高的一个重要原因，就是这些主体不享有调查取证的权力，从而使得其无法获得重要的事实证据。而检察机关则不面临这种障碍，依法调查取证是其享有的权力。例如，最高人民检察院 2015 年 12 月 16 日通过的《人民检察院提起公益诉讼试点工作实施办法》第六条规定，人民检察院在提起民事公益诉讼时，可以采取多种方式调查核实污染环境、侵害众多消费者合法权益等违法行为、损害后果涉及的相关证据及有关情况。人民检察院调查核实有关情况，行政机关及其他有关单位和个人应当配合。第三十三条规定，人民检察院在提起行政公益诉讼时，可以采取多种方式调查核实有关行政机关违法行使职权或者不作为的相关证据及有关情况。人民检察院调查核实有关情况，行政机关及其他有关单位和个人应当配合。[②]《最高人民法院、最高人民检察院关于检察公益诉讼案件适用法律若干问题的解释》第六条也对人

[①] 吕天奇：《检察机关公益诉讼制度基本问题研究》，载《社会科学研究》2016 年第 6 期。
[②] 《人民检察院提起公益诉讼试点工作实施办法》，2016 年 1 月 7 日，载最高人民检察院网：https://www.spp.gov.cn/spp/flfg/201601/t20160108_110652.shtml。

民检察院的调查取证权进行了规定:"人民检察院办理公益诉讼案件,可以向有关行政机关以及其他组织、公民调查收集证据材料;有关行政机关以及其他组织、公民应当配合;需要采取证据保全措施的,依照民事诉讼法、行政诉讼法相关规定办理。"① 不过,也有学者指出,检察机关提起环境行政公益诉讼时,存在着不专业的问题,诉讼请求内容粗放,主要表现为"诉讼请求针对的具体行政行为不明确,履职方式、时间、标准和事项等残缺不齐甚至避而不谈。"② 不可否认,这也是制度发展过程中所暴露出来的问题。检察机关在提起行政公益诉讼时,也有一个不断探索的过程。当然,这并不能成为为检察机关的不专业性开脱的理由。尽管如此,也仍然不能否定这样一个事实,那就是检察机关的法律专业性通常都要比普通社会组织、公民更强。

不过,提起公益诉讼所需要的专业知识,不仅仅包括法律方面的专业知识,还包括与公益诉讼所涉及的具体领域的相关非法律方面的专业技术知识,例如环境污染领域内污染程度的认定等,检察机关在这些方面可能并不擅长,远远比不上环境保护部门以及环境保护组织。正如有学者所指出的,检察机关不具备提起环境公益诉讼的专业知识与能力,因为环境纠纷中包含了大量的科技因素,需要采用专门的证据收集方法和技术手段,这是检察机关所欠缺的。环境纠纷所涉及的科学不确定性问题需要环境保护方面的政策性判断,检察机关在这方面与环境保护机关相比不够专业。总之,环境纠纷解决的专业性决定了检察机关并非是提起环境公益诉讼的最佳主体。③ 检察系统内部人员也承认,我国公益诉讼涉及领域专业性强、技术要求高,而检察机关无法同时具备各类专业人才,在办案过程中面临着取证难、认定难、

---

① 《最高人民法院、最高人民检察院关于检察公益诉讼案件适用法律若干问题的解释》,2020年12月28日,载最高人民检察院网站:https://www.spp.gov.cn/xwfbh/wsfbt/202012/t20201230_504430.shtml#2.

② 田亦尧、徐建宇:《环境行政公益诉讼的诉讼请求精准化研究》,载《南京工业大学学报》2021年第5期。

③ 吕忠梅:《环境司法理性不能止于"天价"赔偿:泰州环境公益诉讼案评析》,载《中国法学》2016年第3期。

鉴定难等问题。① 事实上，不仅仅是环境纠纷，在传统的刑事公诉领域，一些犯罪行为的专业性也越来越强，给检察机关带来了挑战。"金融犯罪在呈多发性趋势发展的同时，也呈现出规避性、复杂性和手段的高度专业化等特点，此外在证据收集以及案件定性方面相较于其他案件也有更高的要求，其犯罪处理的难度与发生频率之高对检察机关的司法工作提出了挑战。""监管部门虽然处在防范金融犯罪的首要环节，但由于它们缺乏法定的采取强制措施以及调查取证等权力，即便发现犯罪线索，也只能在简单初查后将涉案材料或相关线索移送公安机关或检察机关进行处理；而检察机关虽然具有法定的侦查权力，但由于缺乏金融方面的专业知识而无法对该类犯罪进行有效地办理。"②可见，检察机关面临的法律以外专业技术知识的挑战不仅仅局限于公益诉讼领域，在传统刑事公诉领域亦存在。

但显然不会有人因为传统刑事公诉领域内出现的这种专业知识挑战而认为不适宜由检察机关提起公诉。对于这种挑战，应当通过增强检察机关自身能力来予以应对，而不是简单地否定检察机关提起公诉或公益诉讼的资格。例如，针对金融犯罪案件专业化日益增强的现象，检察机关采取了相应的应对措施，探索金融检察的专业化应对之策。北京在2004年成立了金融犯罪公诉组，通过业务细分、加强人员培训、强化案件类型化处理以及提出专业性的检察建议等方面的举措，以加强金融检察业务的专业化建设。经过多年的探索与实践，北京在金融犯罪公诉专业化建设方面已经取得了初步成效，培养了一批办理专业类金融犯罪案件的专家型、专门型公诉人，产生了良好的示范效应。③ 笔者认为，公益诉讼领域内所涉及的非法律方面的专业性知识，与传统公诉领域内所涉及的非法律方面的专业性知识，没有本质上的

---

① 林舒婷、丁叶山：《完善公益诉讼专家辅助人制度》，载《检察日报》2018年9月14日第3版。
② 范卫国、王婷婷：《论我国金融检察专业化发展及制度设计》，载《湖北行政学院学报》2014年第1期。
③ 参见范卫国、王婷婷《论我国金融检察专业化发展及制度设计》，载《湖北行政学院学报》2014年第1期。

区别，都可以通过增强检察机关自身专业能力的方法来予以应对。例如，甘肃省检察院在长城保护行政公益诉讼案件办理过程中，据甘肃省文物局相关工作人员介绍，检察官向其借阅了不少文物考古方面的书籍，经过学习，检察官"都快成为文保专家了"。① 这也从一个侧面说明，对于检察官而言，专业技术知识不会成为其提起公益诉讼的障碍，其通过学习是可以在较短时期内跨越这种暂时性障碍的。

此外，检察机关还可以通过引入外部资源，通过专家辅助人制度借助"外脑"来提高检察机关提供公益诉讼的专业性。② 2018 年 4 月 3 日，最高人民检察院制定了《最高人民检察院关于指派、聘请有专门知识的人参与办案若干问题的规定（试行）》，以更好地利用外部专家的智力支持。该规定第十二条、第十三条还专门对公益诉讼案件中检察机关指派、聘请有专门知识的人协助开展相关工作作出了具体规定。③ 在庭审前以及庭审中，检察机关可以借助于有专门知识的人来弥补自身在某些领域专业性不足的问题。事实上，在实践中，检察机关在公益诉讼案件办理中早已普遍借助"外脑"。例如在 2015 年 9 月公益诉讼试点工作不久，江苏省徐州市检察院就从中国矿业大学、市环保、国土等单位选聘 50 名资深专家学者成立了全国首家公益诉讼专家库，通过专家辅助人——即"有专门知识的人"提供专业咨询意见，解决环境损害修复费用问题，同时，专家出庭就专业技术问题进行解释，实现专家辅助人提供技术支撑与诉讼程序的无缝对接，保证庭审效果。④

总之，对于公益诉讼活动的进行，笔者认为法律专业知识相较于

---

① 柴春元、南茂林：《长城内外是故乡——检察公益诉讼助力长城保护系列报道之破题篇》，载《检察日报》2021 年 12 月 20 日第 1 版。

② 参见刘磊、张潾深《环境公益诉讼检察权的双重职能定位与优化路径》，载《江苏行政学院学报》2021 年第 1 期。

③ 《最高人民检察院关于指派、聘请有专门知识的人参与办案若干问题的规定（试行）》，2018 年 4 月 4 日，载最高人民检察院网站：https://www.spp.gov.cn/zdgz/201804/t20180404_373479.shtml。

④ "专业问题交给'有专门知识的人'，检察机关借力'外脑'辅助办案"，2018 年 4 月 18 日，载最高人民检察院网站：https://www.spp.gov.cn/zdgz/201804/t20180418_374858.shtml。

非法律的专业技术知识而言更为重要，对于后者，检察机关可以通过自身内部的持续改革而不断予以提升，或者在必要的时候引入"第三方"力量，由相关的外部专家提供专业性意见。换言之，检察机关在提起公益诉讼过程中所面临的非法律专业技术知识的挑战是可以在不花费很大代价的情况下予以克服的。但是对于大多数公民个人和社会组织而言，获得像检察机关那样丰富的法律知识和诉讼经验却极为困难。因此，相比较而言，检察机关在提起公益诉讼方面相较于公民个人以及社会组织要更具有优势。

四　检察机关提起公益诉讼有利于公共政策的形成

公益诉讼不同于传统私益诉讼的一个重要方面就在于，公益诉讼所涉及的纠纷在大多数情况下并非体现为原被告之间的私人纠纷，而是以代表广大利益受损害的社会公众而其自身却没有遭受直接损害的原告与被告之间的一种纠纷。日本学者谷口安平将这种纠纷称之为一种新型纠纷。"在当代，社会的发展不断地产生出新的纠纷，其中相当一部分被提交给法院要求得到解决。这样的现象首先大量发生于美国。在那里，民事案件经常被分为两种形态，而且就新发生的纠纷特点以及法院应当采取的对策展开热烈地讨论。新型诉讼被区别于所谓'纠纷解决模式'的一般民事诉讼，而称之为'行为调查模式'或'公共诉讼'、'制度改革诉讼'等，其特征简单说来就是涉及大量利害关系者的公共政策问题发生争议并要求法院对此作出法律判断。"[①]只要是诉讼，就是以解决纠纷为主。这种新型诉讼也不例外，只不过这种新型诉讼并不止于纠纷的解决，而是在此基础上实现超越纠纷解决的、更大的社会功能。"相对于以调整个人之间利害冲突为基本对象的传统民事诉讼来说，这种以处理牵涉多数人或集团间错综复杂的

[①] ［日］谷口安平：《程序的正义与诉讼》，王亚新、刘荣军译，中国政法大学出版社1996年版，第19—20页。

利害关系为特征的新型案件大大扩展了诉讼的功能，从而具有在社会上发生更广泛和更直接影响的效应。"[①] 有学者认为，公益诉讼不同于私益诉讼的一个重要方面，就是通过提起公益诉讼，可以形成适应于未来社会发展的公共政策，也有利于对现行法进行修改完善，从而促进法制的进步。而检察机关提起公益诉讼，则有助于更直接、更明确地彰显公益诉讼的这一功能，由此突出诉讼中的重点内容和主要目标。另外，由于检察机关与人民法院同属于法律共同体，具有共同的政策理解力和法律把握力，因而更容易在公共政策方面达成高度一致的共识，而不致使公益诉讼陷入私益纷争的纠缠之中。[②]

检察机关提起公益诉讼，不满足于要求法院对具体纠纷作事后个别的解决，更注重促进公共政策形成功能的有效发挥。由于公益诉讼的裁判内容通常可以作为已经获得公认的社会价值，而对行政机关、强力部门或垄断集团造成某种社会压力，促使行政权、影响立法权形成更有利于公共利益的公共政策。[③] 从某种意义上来说，公益诉讼只是一种形式或者一种手段。检察机关提起公益诉讼，就诉讼本身而言当然是追求胜诉的结果，但超出诉讼来看，则是希望实现超出个案正义的普遍正义。而这种普遍正义首先需要通过公共政策来予以体现，当这种公共政策经历时间的检验以后，才有可能上升为法律。当然，体现普遍正义的公共政策和法律往往不是通过检察机关提起一次公益诉讼就能够得以形成或修改的，而是需要检察机关坚持不懈地提起公益诉讼才有可能得以实现。正如前文所述，检察机关提起公益诉讼相较于个人和社会组织而言是一种更加制度化和可以被期待的方式，正是在这种制度化的公益诉讼活动之中，才有可能经过不断检验而提炼形成体现普遍正义的公共政策和法律。

不过，也有学者对我国公益诉讼形成公共政策提出了质疑，认为

---

① ［日］谷口安平：《程序的正义与诉讼》，王亚新、刘荣军译，中国政法大学出版社1996年版，第19—20页。
② 参见汤维建《检察机关提起民事公益诉讼势在必行》，载《团结》2009年第3期。
③ 参见崔伟、李强《检察机关民事行政公诉论》，中国检察出版社2010年版，第18—19页。

与美国不同，由于我国是一个有着深厚大陆法系传统的国家，司法权不仅没有超越行政权的权威，而且司法权本身能管辖的范围相当有限，这就决定了即使在我国以法律的形式确立了公益诉讼制度，也不可能依靠这个制度来制定和改变我国的公共政策，更不用说创设宪法性权利以实现社会变革了。[①] 应该说，美国模式是一种非常直接的方式，也反映出司法权在美国社会中的特殊地位。固然，由于司法制度的不同，我国不可能像美国那样由法院直接通过判决对公共政策产生重大影响，但司法对于公共政策的影响并非仅仅只有美国模式这样一种方式。在我国，通过法院不断审理公益诉讼案件，在一次又一次的审理中不断积累共识，当这种共识在更大的范围内得到广泛承认时，就有可能成为一种公共政策而被确定下来，甚至能够对现有法律中的不合理部分进行修改。如果说美国公益诉讼对公共政策的影响更多地是通过一次重要判决而实现"巨变"的话，那么在我国，公益诉讼对公共政策的影响则更多地将呈现出循序渐进的景象，是一个由量变到质变的过程。但殊途同归，两种不同的方式最终都能够实现对公共政策的影响。

五　总结

公益诉讼本身具有巨大的社会价值，但公益诉讼价值能否发挥，取决于其是否能够常态化地展开。正如法谚云"徒法不足以自行"，对于公益诉讼而言亦是如此。尽管公益诉讼具有重大价值，但是如果其始终处于"休眠"状态，或者只是零星地被提起，则其所具有的价值也只可能停留在理论上，于社会而言并没有带来实际价值。因此，由"谁"来提起公益诉讼就至关重要。从理论上来说，不应当限制提起公益诉讼的主体范围，国家机关、社会组织和公民个人都应当有资格提起公益诉讼，各类主体都有其自身的优势。但相较于其他主体而

[①] 曾于生：《关于公益诉讼的若干理论问题反思》，载《华东师范大学学报》2012年第6期。

言，检察机关提起公益诉讼所具有的优势尤为明显和巨大，可以有效解决公益诉讼立案难的问题，更具有可期待性和法律专业性，而且在推动公共政策的形成方面也更具优势。决策者已经认识到检察机关提起公益诉讼所具有的这种优势，因此也才在法律上正式确立了检察机关提起公益诉讼的制度。检察机关提起公益诉讼的两年试点以及正式确立该制度以后的诉讼实践已经证明并将继续证明检察机关提起公益诉讼制度的巨大价值。但是，我们也应当认识到，检察机关提起公益诉讼制度的确立只是一个起点，该制度仍然有许多值得进一步完善的地方，其中最为明显的就是当前检察机关提起公益诉讼的领域仍然比较狭窄。尽管在确立该制度的初期，将检察机关提起公益诉讼限定在有限领域内是可以理解的，但是随着实践的发展，这种限定必然无法满足保护公共利益的要求，也无法发挥出检察机关提起公益诉讼制度的最大价值。公共利益绝非仅仅局限于生态环境、食品安全、国有资产保护等少数领域，市场竞争秩序的维护等也同样关乎公共利益。如何推动检察机关提起公益诉讼制度的进一步完善，是今后面临的更大的挑战。

第二章 我国反垄断法实施机制及其面临的困境

在我国，反垄断法的实施主要包括反垄断法的行政实施即反垄断行政执法，以及反垄断法的司法实施即反垄断民事诉讼以及反垄断行政诉讼。但是，我国反垄断法条文规定主要以反垄断行政执法设计为主，反垄断法专门设置了第六章，对反垄断执法机构对涉嫌垄断行为的调查作出了专门的规定。第七章法律责任的规定，也主要以行政责任为主。我国反垄断法的司法实施，主要体现在《反垄断法》的第六十条规定的民事诉讼和民事责任以及第六十五条规定的行政诉讼中。

我国反垄断执法机构已经查处了大量具有重要影响力的案件，反垄断民事诉讼也不断增加，即便是反垄断行政诉讼也已破冰并且案件数量不断增多。但是，这可能只是一种假象，表面下可能掩藏着更大的危机。目前的反垄断法实施都是各自为政，彼此之间并不是一个有机的整体。尽管反垄断行政执法机构在中央层面已经实现了统一，这似乎解决了之前反垄断执法权"三家分立"所存在的问题，但实际却可能并非如此。之前所存在的问题可能在统一执法机构中得以继续延续，将之前各独立机构之间的分立，以统一机构内部各职能部门之间的分立的形式继续存在。

第一节　我国反垄断法实施机制概述

反垄断法主要通过两种方式得以实施，一是反垄断行政执法，二是反垄断诉讼。其中，反垄断诉讼又包括反垄断民事诉讼和反垄断行政诉讼这两种情形。反垄断民事诉讼是指受垄断行为损害的当事人向法院提起的民事诉讼。反垄断行政诉讼是指因不满反垄断执法机构所作出的决定或者因行政机关滥用行政权力排除限制竞争而向人民法院提起的行政诉讼。当事人提起反垄断行政诉讼主要目的在于通过司法手段推翻反垄断执法机构作出的行政决定，或者撤销行政机关的行政垄断行为。依据当事人提起反垄断诉讼主要是追求私人利益还是公共利益，又可以将反垄断民事诉讼区分为反垄断民事私益诉讼和反垄断民事公益诉讼，将反垄断行政诉讼区分为反垄断行政私益诉讼和反垄断行政公益诉讼。

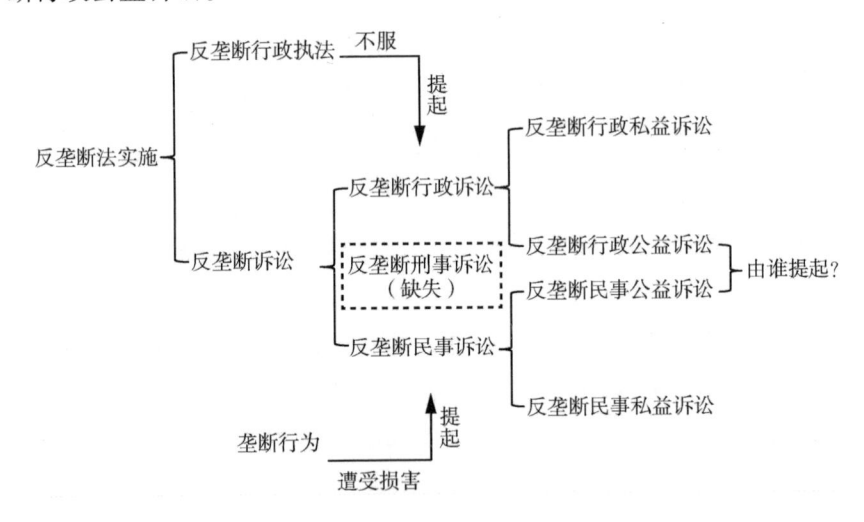

图 2－1　反垄断法实施机制

一　反垄断行政执法

反垄断行政执法，是指相关行政机构依据反垄断法的授权，依据行政执法程序对垄断行为展开调查，并依法作出行政处罚或不予处罚决定等的一种法律适用活动。反垄断行政执法是反垄断法实施的重要方式，除了美国以外，世界上大多数国家和地区的反垄断法大多都依赖这种实施方式，这种方式也被称之为行政模式。主要依赖行政机构实施反垄断法的方式之所以被称之为行政模式，"是因为执行反垄断的行政机构不仅有权对案件进行调查和审理，而且有权像法官那样对案件作出裁决，包括被告不执行裁决时有权对其进行行政制裁。这即是说，行政机关在反垄断执法中充当了检察官和法官的双重角色。"[1] 兼具"检察官"和"法官"的双重角色使得行政机关在反垄断法的实施方面具有独特的优势，一方面，行政机关可以主动对涉嫌垄断的行为展开调查，具有很强的主动性，可以克服司法被动性在某些情况下所具有的局限性。另一方面，行政机关可以直接对案件作出行政决定，使得案件的查处具有很高的效率，而不像司法模式下行政机构只能向法院提起诉讼，最终由法院作出判决，从而大大影响了案件的审结效率。当然，行政执法模式所具有的上述优势同时也可能蕴含着某种劣势，即行政执法可能出现错误或者违法的情形，并且可能无法有效得到司法的审查。有学者认为，基于以下几个方面的原因，司法审查对行政裁决的影响是有限的：第一，进入司法审查的案件即便存在适用法律不当或者认定事实严重失误的问题，但有严重问题的案件毕竟是少数；第二，在司法审查中，法院掌握的信息一般不会超过行政执法机关；第三，按照"不告不理"的原则，法院要推翻行政执法机关的裁决，首先需要向法院提出申诉的原告，而与行政裁决的总数相比，向法院提出申诉的案件比例很小；第四，司法审查的时间一般很长，很多原告为此望而却步。[2] 尽管如此，大多数国家还是选择反垄断行政执法的模式，我国亦不例外。

---

[1] 王晓晔：《反垄断法》，法律出版社2011年版，第325页。
[2] Michal S. Gal, The Ecology of Antitrust Preconditions for Competition Law Enforcement in Developing Countries, http://ssrn.Com/abstract=665181. 转引自王晓晔《反垄断法》，法律出版社2011年版，第325—326页。

二 反垄断诉讼

反垄断诉讼，是指当事人通过向法院提起诉讼的方式来解决与垄断相关的法律纠纷。根据被诉对象的不同，反垄断诉讼可以分为反垄断民事诉讼和反垄断行政诉讼。同时，依据当事人提起诉讼追求的主要是私人利益还是公共利益，可以将反垄断诉讼分为反垄断公益诉讼和反垄断私益诉讼。以此为标准，又可以进一步将反垄断民事诉讼划分为反垄断民事私益诉讼和反垄断民事公益诉讼，将反垄断行政诉讼划分为反垄断行政私益诉讼和反垄断行政公益诉讼。

（一）反垄断民事诉讼

反垄断民事诉讼，是指当事人因自身的合法权益遭受到垄断行为的损害，从而向法院提起诉讼，以追究涉嫌从事垄断行为的主体的法律责任的一种制度。当事人提起反垄断民事诉讼的依据体现在我国2022年《反垄断法》第六十条条第一款，该款规定："经营者实施垄断行为，给他人造成损失的，依法承担民事责任。"

反垄断民事诉讼是我国反垄断法实施的重要方式。据统计，自反垄断法2008年实施至2017年底，全国法院共受理垄断民事一审案件700件，审结630件。垄断民事案件数量总体上呈现出增长的趋势，垄断民事案件涉及的行业或领域非常广泛，除了传统行业以外，互联网领域的垄断纠纷案件也不断涌现。垄断案件中，垄断协议案件和滥用市场支配地位案件并存，不过滥用市场支配地位案件所占的比例非常之高，达到了90%之多。需要注意的是，尽管垄断民事案件数量较多，但原告的胜诉率却很低。①

在过去十余年的反垄断民事诉讼中，可以说反垄断私益诉讼与反垄断公益诉讼是并存的。但反垄断公益诉讼主要集中在反垄断法实施

---

① 参见"反垄断民事诉讼十年：回顾与展望"，2018年8月28日，http：//ip. people. com. cn/n1/2018/0828/c179663 - 30255146. html。

初期，当时许多律师提起反垄断诉讼，其损害赔偿请求往往是象征性的，主要并不是为了追求私益。"在《反垄断法》实施初期，很多诉讼案是由法律的专业人士提起的，他们提起诉讼的目的并不是为了维护自身权益，而是想试探和检验《反垄断法》实施的具体规则和适用标准，同时也希望能够引起轰动性的社会关注。"① 无论是试探《反垄断法》的实施规则，还是希望引起社会关注，从某种意义上来说都是有助于公共利益的。随着反垄断法实施的不断深入，这类诉讼的数量开始减少，真正因受垄断行为损害而提起的、旨在维护自身利益的反垄断私益诉讼案件数量不断增加。虽然在这些反垄断私益诉讼中，原告除了维护自身的私益以外，还可能附带地提出维护社会公共利益的诉求，例如在杨志勇诉中国电信滥用市场支配地位案中，原告不仅请求法院判令被告赔偿自己所遭受的损失，还请求法院判令被告普遍性地停止滥用市场支配地位行为，② 但是，这种附带提起公益诉讼请求的案件相对来讲还是比较少，而且公益诉讼请求也很难得到支持。垄断行为给社会公共利益造成了损害，但并非所有损害社会公共利益的垄断行为都能够得到反垄断执法机构的查处，或者能够通过私人提起反垄断民事私益诉讼附带提起公益诉讼的方式追究其法律责任，因此必须建立独立的反垄断公益诉讼制度。2022年6月24日，修改后的《反垄断法》第六十条在2008年《反垄断法》第五十条的基础上增加一款，规定："经营者实施垄断行为，损害社会公共利益的，设区的市级以上人民检察院可以依法向人民法院提起民事公益诉讼。"这是我国反垄断诉讼制度的重大突破，引入检察机关提起反垄断民事公益诉讼制度，能够解决我国反垄断民事诉讼主体缺位的问题，必然能大大推动我国反垄断民事诉讼的发展，更好地维护社会公共利益。

（二）反垄断行政诉讼

涉及垄断的行政诉讼包括两类，一类是指针对行政机关滥用行政

---

① 王闯：《中国反垄断民事诉讼概况及展望》，载《竞争政策研究》2016年第3期。
② （2015）沪高民三（知）终字第23号民事判决书。

权力排除限制竞争行为即行政垄断而提起的行政诉讼，这是反对行政垄断而提起的行政诉讼。另一类是指行政相对人因不服反垄断行政执法机构作出的决定而向法院提起诉讼，意在借此推翻对自己不利的反垄断行政执法决定，这是反对反垄断行政执法而提起的行政诉讼。这两类诉讼针对的对象存在根本性的差别，但都是反垄断法实施的一种方式。有学者将前一种行政诉讼称之为"反行政垄断诉讼"，将后一种行政诉讼称之为"反垄断行政诉讼"或"反垄断行政执法诉讼"。① 为了更加准确地区分这两种行政诉讼，本书认为前一种诉讼应称之为"针对行政垄断提起的行政诉讼"，后一种诉讼应称之为"针对反垄断执法机构提起的行政诉讼"。为了与反垄断民事诉讼对应，本书仍然将这两种行政诉讼统称为反垄断行政诉讼。

　　需要指出的是，"针对反垄断执法机构提起的行政诉讼"还包括当事人向反垄断执法机构进行举报，但反垄断执法机构并未展开相应的反垄断执法，当事人因而向法院提起行政诉讼的情形。反垄断执法机构决定不根据当事人的投诉而展开相应的反垄断执法，从广义来看，这也是反垄断执法机构的一种反垄断执法，只不过是一种不展开反垄断执法的执法决定。例如，云南佩洛仕珠宝有限公司诉国家工商行政管理总局一案即是此种类型。② 反垄断执法机构不接受当事人的举报而展开反垄断执法，其不可避免地会对当事人所举报的涉嫌垄断行为展开初步调查并得出相应的结论，只有当其认定不构成垄断行为时，才可能作出不予调查的决定，当事人也才可能对此提起行政诉讼。因此，针对反垄断执法机构提起的行政诉讼，事实上细分可以包括两种行政诉讼，即针对反垄断执法机构所作出的反垄断行政处罚决定书或针对反垄断执法机构不展开反垄断调查的决定而提起的行政诉讼。这两种行政诉讼的提起主体存在明显不同。针对反垄断执法机构作出的反垄断行政处罚决定书提起行政诉讼的，基本上都是被反垄断执法机

---

　　① 参见王岩《反垄断行政诉讼中的若干问题探析》，载《电子知识产权》2015 年第 8 期；应品广《论经济法理念对行政诉讼体制的冲击和渗透》，载《学术探索》2011 年第 1 期。
　　② （2017）京 01 行初 543 号行政判决书。

构认定其行为构成垄断行为的当事人，例如，黔东南州驾考协会不服贵州省市场监督管理局作出的行政处罚决定书，遂诉至贵阳市中级人民法院及贵州省高级人民法院，请求撤销贵州省市场监管局作出行政处罚决定书。①而针对反垄断执法机构作出的不予展开反垄断调查决定提起行政诉讼的，基本上都是涉嫌从事垄断行为的经营者之外的其他可能受到垄断行为损害的相关主体，例如刘知之等因不服国家市场监督管理总局未对武汉市出租汽车暨汽车租赁协会涉嫌从事垄断行为展开反垄断调查而提起行政诉讼。②

当事人也可能因为相关机构涉嫌滥用行政权力排除限制竞争行为而向法院提起行政诉讼。我国《行政诉讼法》第二十五条第一款规定："行政行为的相对人以及其他与行政行为有利害关系的公民、法人或者其他组织，有权提起诉讼。"《最高人民法院关于适用〈中华人民共和国行政诉讼法〉的解释》第十二条第一项规定，"被诉的行政行为涉及其相邻权或者公平竞争权的"，属于《行政诉讼法》第二十五条第一款所规定的"与行政行为有利害关系"。依据司法解释，只有当被诉行政行为涉及其公平竞争权时，行政行为相对人以外的其他主体才能够提起行政诉讼，按此理解，受到行政垄断行为间接损害的、与行政垄断受益人没有直接竞争关系的消费者和其他经营者等，显然无权针对该行政垄断行为提起行政诉讼，因为并不会涉及这些主体的"公平竞争权"。针对行政垄断提起的行政诉讼的原告，主要为受行政垄断损害的、与行政垄断受益人具有竞争关系的经营者，作为行政垄断的受益者，其自然不会提起行政诉讼。例如，在深圳市斯维尔科技有限公司诉广东省教育厅、广联达软件股份有限公司侵犯公平竞争权纠纷案中，广东省教育厅在省赛中指定广联达软件作为独家参赛软件，排除了斯维尔软件参与竞争的权利，广州市中级人民法院认为，广东省教育厅并不能举证证明其在涉案的赛项中指定独家使用第三人的相

---

① （2019）黔行终532号行政判决书。
② （2020）京行终2090号行政裁定书。

关软件经正当程序，系合理使用行政权力，因此构成滥用行政权力排除限制竞争行为。① 2017年6月28日，广东省高级人民法院经过再审维持原判。② 在该案中，广联达是行政垄断的受益人，而斯维尔所享有的公平竞争权显然受到该行政垄断行为损害，因此其提起行政诉讼，而广联达作为第三人，则极力证明涉案行为并没有损害竞争，并不构成行政垄断。

反垄断行政诉讼也可以划分为反垄断行政私益诉讼和反垄断行政公益诉讼。由于反垄断行政诉讼包括"针对行政垄断提起的行政诉讼"和"针对反垄断执法机构提起的行政诉讼"两种类型，因此这两种类型的行政诉讼又可以分别细分为私益诉讼和公益诉讼。上文已经对这两类行政诉讼中的私益诉讼展开了详细分析，在此仅分析这两类诉讼所涉及的公益诉讼，即针对行政垄断提起的行政公益诉讼，以及针对反垄断执法机构提起的行政公益诉讼。

首先，针对行政垄断提起的行政公益诉讼。正如上文所述，针对行政垄断提起行政私益诉讼尚有主体的限制，受到行政垄断行为间接损害的、与行政垄断受益人没有直接竞争关系的消费者和其他经营者无权提起行政诉讼，对于公益诉讼而言，这些主体更是无权提起诉讼。受行政垄断损害、与行政垄断受益人具有竞争关系的经营者，虽然其能够针对行政垄断提起行政私益诉讼，但往往不会单独提起公益诉讼。或者说对于这些有权提起行政诉讼的主体而言，私益诉讼和公益诉讼是很难区分开来的，其主观上旨在提起私益诉讼，当胜诉时，如果涉及公共利益，则客观上又能对公共利益形成保护。

其次，针对反垄断执法机构提起的行政公益诉讼。相关主体针对反垄断执法机构提起行政公益诉讼，仍然要依据我国《行政诉讼法》第二十五条第一款规定来判断其是否具有起诉资格。如果相关

---

① （2014）穗中法行初字第149号行政判决书。
② （2015）粤高法行终字第228号行政判决书。

主体并不是反垄断执法的相对人，或者与反垄断执法的相对人没有直接竞争关系，则其无法针对反垄断执法机构提起行政诉讼，包括行政公益诉讼。对于反垄断执法的相对人，或者与反垄断执法的相对人具有直接竞争关系的主体，其就有权针对反垄断执法机构提起行政私益诉讼。同样地，这些主体提起的私益诉讼本身也能够在客观上起到保护公益的效果，但这些主体主观上不具有单独提起公益诉讼的动机。

2022年《反垄断法》修改，虽然规定了检察机关提起反垄断民事公益诉讼制度，但却并没有规定检察机关提起反垄断行政公益诉讼制度。从制度的完备性角度来说是有缺失的。当然，此次修法能够引入检察机关提起反垄断民事公益诉讼制度本身就是一个很大的进步，在渐进式改革思路的指引下，也应当积极推动检察机关提起反垄断行政公益诉讼制度的引入。

(三) 反垄断刑事诉讼

如果与传统的三大诉讼相对应，反垄断诉讼也应当包括反垄断刑事诉讼。但是我国2008年《反垄断法》对垄断行为并没有规定刑事责任。尽管2008年《反垄断法》第五十二条中有刑事责任的规定，但这并非针对垄断行为本身，而是针对那些对于反垄断机构依法实施的审查和调查等公务行为不予以配合的行为，这种规定无法有效实现逻辑自洽。[①] 这就意味着，无论经营者所从事的垄断行为造成了何种损害，都不会构成犯罪。就法律责任的严重程度而言，刑事责任是最为严重的一种法律责任，而民事责任和行政责任则显然都是要远远轻于刑事责任的责任形式。只有当那些严重到一定程度，具有严重社会危害性的行为，其责任承担方式才会由民事责任或行政责任转化为刑事责任。任何行为，当其质或量达到一定程度时，都有可能构成被课以刑责的行为。就我国的刑事立法而言，存在重

---

① 参见谭袁《反垄断法责任制度探讨——刑事责任制度的缺失》，载《西部法学评论》2012年第4期。

"质"而轻"量"的倾向。所谓重"质",也就是说,一种行为,如果其对特定对象造成了非常严重的损害,则有可能构成犯罪,例如盗窃罪即是如此。① 所谓轻"量",是指如果一种行为给单个的不特定对象造成的损害较小,但不特定的对象数量众多,使得造成的总体损害数量仍然很大,这种行为却反而可能不构成犯罪。虽然某些垄断行为如垄断协议可能只具有很小的社会危害性,但是我们不能否认同样存在着另外一些具有严重社会危害性的垄断协议,这些垄断协议所造成的损害,并不轻于我国《刑法》第一百八十条所规定的情节严重的内幕交易行为,也不会逊于《刑法》第一百八十一条所规定的造成严重后果的编造并传播证券、期货交易虚假信息的行为,等等。从哲学的角度来看,量变积累到一定的程度就会发生质变。当垄断行为的危害性积累到一定程度,达到了入罪的标准时,就应当追究其刑事责任。否定垄断行为入罪的可能性,实际上也就是否定量变向质变转变的可能,是违背唯物辩证法的基本规律的。总之,由于我国2008年《反垄断法》没有规定垄断行为的刑事责任,因此反垄断法实施缺失反垄断刑事诉讼这种方式。不过,2021年10月23日全国人大常委会所公布的《〈反垄断法〉(修正草案)征求意见稿》增加一条作为第六十七条,规定"违反本法规定,构成犯罪的,依法追究刑事责任。"2022年6月24日,全国人大常委会通过了新修正的《反垄断法》,这一条最终能够得以保留,这意味着我国引入了反垄断刑事责任,对于垄断行为,亦有可能构成犯罪。但是,垄断行为是否构成犯罪,仍然需要《刑法》予以明确规定,但就目前而言,垄断行为并未入罪。

---

① 依据我国《刑法》第二百六十四条,盗窃公私财物,数额较大的,就能够构成盗窃罪。而根据《最高人民法院、最高人民检察院关于办理盗窃刑事案件适用法律若干问题的解释》,"盗窃公私财物价值一千元至三千元以上"就被视为是"数额较大"。因此,盗窃公私采取达到一千元以上就有可能构成犯罪。

第二节 我国反垄断行政执法面临的困境一：存在不作为且无法得到有效纠正

一 反垄断执法存在不作为

在我国《反垄断法》实施初期，反垄断执法机构存在不作为的情形并且广受批评。"在涉及行政机关或者国有企业时，反垄断法实施机关的消极不作为还导致了在国有企业经营者集中控制、行政性垄断规制等方面反垄断'纸面上的法'与'行动中的法'相背离的等乱象。"[①] 例如商务部未对电信行业中的经营者集中展开反垄断审查，包括中国网通与中国联通的合并、中国铁通与中国移动的合并等。国家发改委虽然对中国民航信息网络股份有限公司代表国内多家航空公司联手抬高票价的行为展开调查，但最终不了了之。国家发改委就宽带接入对中国电信和中国联通展开反垄断调查，以垄断企业作出承诺匆匆结案，但国家发改委没有对承诺是否足以弥补垄断损害、恢复市场有效竞争进行论证和说明。有学者认为，是传统经济观念和体制约束严重阻碍了竞争执法。在反垄断干预机制上，无法依据市场客观的规制要求设立统一、独立、权威的反垄断执法机构，导致反垄断行政执法权分散化、低层次、不利于反垄断行政机构摆脱其他政府部门和利益集团的干扰和影响，作出独立、科学、公正的干预决策。[②] 不过，也有学者认为，恰恰是三家执法机构之间相互"竞争"，才促使了反垄断法的执法活动。[③] 但是，即便确实存在这种执法竞争，其价值已经在不断弱化，这在滴滴和快滴、滴滴和优步的经营者集中案件中就已经显现出来了。尽管商务部曾在滴滴与优步合并两年之后表示要继续调查，但仍然没有实质性进展和审查结论。而且，新成立的国家市

[①] 叶卫平：《反垄断法的价值构造》，载《中国法学》2012年第3期。
[②] 方小敏：《中国经济转型中的国家干预界限研究》，载《南京大学学报》2013年第1期。
[③] 万江：《中国反垄断法、理论、实践与国际比较》，中国法制出版社2015年版，第296页。

场监督管理总局似乎也没有对此案继续展开调查和开展执法的可能性。鉴于此，有学者得出结论认为"毋庸置疑，反垄断执法机关在该案中陷入了执法困境"。①

判断是否存在不作为，既可以以执法为零作为标准，也可以以实践中所存在的垄断行为对反垄断执法的要求作为标准。如果以前者为标准，则反垄断机构哪怕只有一次执法，也不能被称之为不作为。如果这仅有的一次执法影响力还很大，则非但不能称之为不作为，还有可能被大肆宣扬为执法的典范。如果以后者为标准，则即便反垄断执法机构查处了多起影响力重大的案件，却对实践中存在的其他垄断行为视而不见，或者因为其他方面的原因而拒绝展开执法，则依然不能掩盖其不作为这一事实。虽然反垄断执法机构执法数量是判断其是否存在不作为的重要标准，但不是唯一的和决定性的标准。真正的标准应当是：对于应当依据反垄断法展开执法的涉嫌垄断行为，反垄断执法机构是否积极主动地、动用其可动用的执法资源展开执法。其中，该标准又涉及主观和客观两个方面。从主观方面来看，反垄断执法机构是否积极主动地展开执法。从客观方面来看，反垄断执法机构是否拥有展开执法的必要资源。我国反垄断执法机构存在的执法不作为，主要有两方面的原因，即客观不能和主观故意。

1. 客观不能。充足的执法力量和执法资源是保证执法有效展开的基础。"巧妇难为无米之炊"，即便反垄断执法机构有展开反垄断执法的宏伟计划，但如果没有足够的执法力量和执法资源作保障，亦无异于纸上谈兵。我国反垄断执法机构囿于自身执法力量的单薄，无法对某些垄断案件展开执法。在成立国家市场监督管理总局之前，中央的三个反垄断执法机构的执法人员都只有二三十人，与美国、欧盟等司法辖区数百人的反垄断执法人员相比自然相差甚远。② 即便是新成立

---

① 孙晋：《谦抑理念下互联网服务行业经营者集中救济调适》，载《中国法学》2018年第6期。

② 参见万江《中国反垄断法、理论、实践与国际比较》，中国法制出版社2015年版，第258—263页。

的国家市场监管总局，其执法人员也主要是来自于之前三个反垄断执法机构，因此数量上没有实质变化。据笔者了解，国家市场监督管理总局反垄断各司约有 40 名职员。根据《国家市场监督管理总局 2019 年度部门预算》，2019 年"市场监管执法"的预算数约为 3.4 亿元人民币，相比于 2018 年的执行数还减少了 7869 万元。① 这也要远远少于美国和欧盟反垄断执法机构的经费。而且，"市场监管执法"不仅仅包括反垄断，还包括不正当竞争监管、侵犯商标专利知识产权和制售假冒伪劣行为监管、产品质量监管、食品安全监管等等，因此，国家市场监督管理总局反垄断各司的预算要远远少于 3.4 亿元。总之，无论是从执法人员数量还是部门经费方面来看，国家市场监督管理总局反垄断各司都要远远少于美国和欧盟的反垄断执法机构。这在客观上限制了我国反垄断执法机构执法活动的展开。并且，从我国政治体制的实践和惯例来看，反垄断各司的人员编制和经费预算也不可能在短期内得到显著增加。

2. 主观故意。在实践中还有许多垄断行为，是为反垄断执法机构所注意到的，但反垄断执法机构基于案件的复杂难易程度、案件的影响力等方面的因素的考虑，而故意选择不展开执法，或只是象征性的展开执法，"虎头蛇尾"，最终不了了之。之前商务部对滴滴与快滴合并案的审查，以及国家发改委对中国电信、中国联通等的查处，都属于这种情形。之所以出现这种情况，是因为反垄断执法机构也是由具体的执法人员组成的，他们既面临来自体制内部的晋升和考核的压力，也面临来自社会的监督与评价。这就决定了反垄断执法机构在有限执法人员和执法资源约束的情况下，就会选择执法的对象。"集中有限的执法资源查处大案要远比查处数量虽然众多但影响力要小得多的案件更能够引起社会的注意，例如对于五粮液茅台案件大多数人都会有所耳闻，但对于吉林省三家水泥企业从事价格垄断被罚的案件知悉的人应该就要少得多。"②

---

① 《国家市场监督管理总局 2019 年度部门预算》，http://www.samr.gov.cn/kjcws/cwxx/201904/W020190402651505079459.pdf.

② 谭袁：《中国反垄断执法中立性辨析》，载《首都师范大学学报》2017 年第 3 期。

那些被反垄断执法机构故意"放弃"的垄断案件，是反垄断执法机构故意不作为的一种表现。"政府机关通常来说是立场是比较官僚的，会逐渐丧失处理破坏法律政策行为的必需的积极性和调和性。"[①]

二 反垄断行政执法不作为的类型化分析

一般而言，作为就是行为人积极地有所"为"；不作为就是行为人消极地有所"不为"。但是在行政法上，行政主体的"为"与"不为"却存在着实体与程序之分，因为行政法与其他部门法有着显著不同的特征，就是行政程序与行政实体的并重，行政程序法已成为行政法中日益重要的组成部分。[②] "任何行政行为都是两方面的统一：一方面是其实体内容，另一方面是其程序形式。行政主体在行政行为的实体内容上可能会表现出'为'与'不为'；在行政程序上也可能会表现为'为'与'不为'。""行政实体内容是通过行政程序来实现的。如果行政主体在程序上是消极地'不为'，那么在实体内容上肯定就是什么也没做，因而它只能是一种行政不作为。但是，如果行政主体在程序上是积极的'为'，那么它反映的实体内容则可能是'为'，也可能是'不为'。"[③] 依据上述行政法理论，我们对反垄断执法机构的不作为也可以从实体和程序两个方面予以分析。

首先，从程序方面来看，反垄断执法机构的不作为是指反垄断执法机构对于行政相对人提出的反垄断执法请求不予受理，或者虽然受理，但是却不展开调查，或者虽然受理、调查，但却故意拖延调查的进程，这些都是程序上的不作为。我国《反垄断法》第四十六条规定："反垄断执法机构依法对涉嫌垄断行为进行调查。对涉嫌垄断行为，任何单位和个人有权向反垄断执法机构举报。反垄断执法机构应

---

① [德] 海茵·盖茨：《公共利益诉讼的比较法鸟瞰》，载 [意] 莫洛·卡佩莱蒂编《福利国家与接近正义》，刘俊祥等译，法律出版社2000年版，第94页。
② 周佑勇：《行政不作为判解》，武汉大学出版社2000年版，第35—36页。
③ 周佑勇：《行政不作为判解》，武汉大学出版社2000年版，第36页。

当为举报人保密。举报采用书面形式并提供相关事实和证据的，反垄断执法机构应当进行必要的调查。"其中第一款规定的是反垄断执法机构主动对涉嫌垄断行为展开调查。在这种情形之下虽然没有行政相对人提出反垄断执法的请求，但是如果反垄断执法机构主动发现或者通过新闻媒体等报道而获知涉嫌垄断行为的线索，却仍然不启动调查程序，则也是一种程序上的不作为。第二款规定的是单位和个人举报涉嫌垄断行为的权利。与此相对应，第三款规定如果单位和个人的举报采用了书面形式并且提供了相关的事实和证据，则反垄断执法机构应当进行必要的调查。该款规定具有一定的强制性，反垄断执法机构在此种情形下是"应当"而非"可以"展开调查。之所以如此规定，是为了防止反垄断执法机构漠视那些具有较大可能性被证实的涉嫌垄断行为，通过督促反垄断执法机构在特定的情形下展开反垄断调查，尽可能地避免具有较大可能性违反反垄断法的涉嫌垄断行为逃脱法律的制裁。"采取书面形式并提供相关事实和证据的，表明举报情况可信程度较高，实施垄断行为的可能性大，法律特别要求反垄断执法机构应当进行必要的调查，这属于义务性规定，反垄断执法机构必须遵守。"[①] 事实上，这种强制性规定也是对举报人的一种鼓励，可以调动举报人的积极性。当然，这种强制性的调查也不是没有限度的，为了防止恶意举报的情形，同时也是考虑反垄断执法机构执法资源的有限，因此反垄断执法机构所展开的是一种"必要的"调查，这又给予了反垄断执法机构一定的自由裁量权，至于什么是"必要的"，由反垄断执法机构自行判断。在第四十六条第三款之下，如果相关单位和个人进行了书面举报并且提供了相关的事实和证据，但反垄断执法机构却并没有展开必要的调查，或者虽然展开了调查，但在调查中故意拖延或者远远没有达到必要的程度，这些都是程序方面不作为的具体体现。在判断反垄断执法机构是否存在程序方面的不作为时，程序的阶段越

[①] 全国人大常委会法制工作委员会经济法室：《中华人民共和国反垄断法条文说明、立法理由及相关规定》，北京大学出版社2007年版，第230页。

早越容易判断。例如，如果举报人具备第四十六条第三款规定的情形，但反垄断执法机构却根本就不展开调查，相较于反垄断执法机构虽然展开调查但却没有达到必要的程度而言，显然在前一种情形下更容易认定反垄断执法机构存在程序方面的不作为。

其次，从实体方面探讨反垄断执法机构的不作为问题，则反垄断执法机构在程序上必然是作为的，否则将无法进入到从实体上判断反垄断执法机构是否存在不作为的阶段。我国《反垄断法》第五十二条规定："反垄断执法机构对涉嫌垄断行为调查核实后，认为构成垄断行为的，应当依法作出处理决定，并可以向社会公布。"如果涉嫌垄断行为经过调查确实构成垄断，则反垄断执法机构"应当"而非"可以"作出处理决定，反垄断执法机构在此种情形之下并不享有自由裁量权，不得对确实构成垄断的行为不依法作出处理决定。当反垄断执法机构依据程序对涉嫌垄断行为展开调查以后，根据反垄断执法机构认定的情况、涉嫌垄断的行为是否真正构成垄断以及反垄断执法机构是否作出了相应的执法决定[①]，从逻辑上可以具体细分为以下八种情形，见表2-1。不过，在第5、7种情形在实践中却并不大可能出现，反垄断执法机构一方面认定被调查对象的行为不构成垄断行为，另一方面又对被调查对象作出行政处罚等执法决定，这过于明显地违背了法律，以至于在实践中不太可能出现。

表2-1　　　　反垄断执法机构实体方面的作为与不作为

类别情形	反垄断执法机构认定	是否真正构成垄断行为	反垄断执法机构是否作出行政处罚等执法决定	性质
1	构成	构成	作出	依法作为
2	构成	构成	未作出	违法不作为

[①] 需要说明的是，笔者在此处所指的作出相应的执法决定，是指反垄断执法机构作出行政处罚或其他对被调查对象不利的执法决定，而不包括对被调查对象有利的执法决定例如认定被调查对象不构成垄断行为，否则又需要将"反垄断执法机构是否作出执法决定"细分为"是否作出对被调查对象不利的执法决定"和"是否作出对被调查对象有利的执法决定"两种情形，从而使得情形更加复杂，

续表

类别 情形	反垄断执法 机构认定	是否真正构成 垄断行为	反垄断执法机构 是否作出行政处罚等 执法决定	性质
3	构成	不构成	作出	执法错误式的作为
4	构成	不构成	未作出	执法错误式的不作为
5	不构成	构成	作出	——
6	不构成	构成	未作出	执法错误式的不作为
7	不构成	不构成	作出	——
8	不构成	不构成	未作出	依法不作为

在上述八种情形中，在实体方面构成不作为的包括第二、四、六、八种情形。在这四种情形中，反垄断执法机构最终都没有对涉嫌垄断行为作出行政处罚等行政执法决定。第二种情形和第八种情形都是反垄断执法机构对涉嫌垄断行为认定正确的情况下不作为，只不过第二种情形是应当作出而未作出因此是违法的不作为，而第八种情形是不应当作出而未作出因此是依法展开的不作为。第四种情形和第六种情形都是反垄断执法机构对涉嫌垄断行为认定存在错误的情况下的不作为，都是执法错误式的不作为。由于第八种情形是反垄断执法机构依法进行的不作为，因此，真正会造成损害的——无论是损害市场竞争秩序本身还是损害行政权本身——就只有第二、四、六这三种情形。由于第四种情形和第六种情形都是反垄断执法机构对涉嫌垄断行为认定的错误，因此也是反垄断执法机构的一种乱作为，对这两种情形，笔者将在后文中的反垄断执法机构的乱作为部门展开详细讨论。因此，反垄断执法机构实体方面的不作为就主要指第二种情形，即反垄断执法机构在正确认定事实上确实构成垄断的行为为垄断行为的情况下，却并不对其作出行政处罚等行政执法决定。在程序方面，则主要是指反垄断执法机构不依法对涉嫌垄断的行为展开调查。但是，对于反垄断执法机构在程序方面和实体方面存在的这种不作为，在实践中却很难进行有效制衡，从而使得这种违法的不作为行为无法得到有效纠正。

三 反垄断执法机构不作为无法得到有效纠正

（一）程序方面的不作为无法得到有效纠正

反垄断执法机构程序方面的执法不作为又可以依据是否有相关主体进行举报而划分为两种情形，接下来也结合这两种情形展开分析。

首先，没有相关主体进行举报的情况下反垄断执法机构在程序方面不作为。对于客观存在的垄断行为，如果反垄断执法机构在程序上并不主动展开反垄断执法，这种不作为将无法得到有效纠正。因为对于此种情形之下的反垄断执法，除非反垄断执法机构主动对外披露，否则外界很难知晓其是否已经注意到实践中所存在的垄断行为，因而也就更加无从知晓其事实上所存在的执法不作为。既然反垄断执法机构事实上所存在的执法不作为都不为外界所知，自然也就没有相关主体针对这种不作为寻求救济，因此无法得到有效纠正。

其次，有相关主体进行举报情况下反垄断执法机构在程序方面的不作为。在这种情形之下，尽管存在举报人或者新闻媒体的督促，从而能够对反垄断执法机构形成一定的压力，但这并不意味反垄断执法机构的这种不作为就能够因此而得到有效纠正。主要有以下两个方面的原因：一方面，反垄断执法机构会以执法资源不足进行"抗辩"。"从经验上看，执法资源的丰裕程度常常与执法的规则化紧密相关，前者越是充分，日常监管就越是到位，反之则日常监管越是缺位。"[①]但是，执法资源本身并不是一个可以精确量化的事物，以执法资源不足为由来解释反垄断执法机构为什么未能展开反垄断执法并不能完全令人信服。如果执法资源不足可以成为反垄断执法机构解释为什么未展开反垄断执法的理由，那么，某些经济相对欠发达地区的反垄断执法案件为什么反而要比经济发达地区的反垄断执法案件更多？不过，由于并没有明确的标准能够准确判断反垄断执法机构所掌握的执法资

---

① 吴元元：《双重博弈结构中的激励效应与运动式执法》，载《法商研究》2015年第1期。

源与完全查处市场上存在的垄断行为所需要的执法资源之间究竟有多大的空缺,因此往往无法对反垄断执法机构提出的这种抗辩进行有效反驳。另一方面,垄断协议案件和滥用市场支配地位案件反垄断执法并不像经营者集中反垄断审查那样具有相对明确的时间限制,[①] 这就使得反垄断执法机构即便是在相关当事人举报的压力之下而不得不展开反垄断调查,其也可以采取敷衍的策略,只是在形式上对外作出展开调查的姿态,而实质上却仍然停滞不前。我国反垄断执法机构在垄断案件查处的信息披露方面并没有建立起成熟的制度,在案件调查的启动、案件查处的重要节点等方面的信息披露都尚停留在零星的新闻报道上,只是在案件最终查处结束作出执法决定以后才在其网站上对外进行披露。而欧盟委员会,美国司法部、联邦贸易委员会,以及德国联邦卡特尔局等多个司法辖区在反垄断执法的信息披露方面都要更加完整、全面、及时,能够做到自案件调查之日起至最终作出执法决定全流程的重要节点都及时披露相关信息。由于我国反垄断执法机构启动反垄断调查时并不负有对外进行信息披露的义务,因此,即便有相关当事人进行了举报,至于反垄断执法机构是否真正启动了调查程序也往往无法为外界所知,反垄断执法机构在启动调查程序方面的不作为也就无法得到有效纠正了。

(二) 实体方面的不作为无法得到有效纠正

反垄断执法机构实体方面的不作为有两个前提条件,即反垄断执法机构认定涉嫌垄断行为构成垄断,以及涉嫌垄断行为客观上确实是垄断行为。反垄断执法机构未作出相关行政执法决定只是一种形式上的最终表现。但是,由于这两个前提条件很难外在地得以完全地确认,因此,反垄断执法机构实体方面的这种不作为也就很难得到有效纠正。

首先,就反垄断执法机构认定涉嫌垄断行为构成垄断这一前提条

---

① 但修正的《反垄断法》第三十二条引入了"停表"制度以后,经营者集中反垄断审查的期限也并非绝对固定。

件而言，除非反垄断执法机构主动向外进行披露，否则外界很难知晓其所持有的立场。虽然对于某些涉嫌垄断行为而言，社会各界可能对其是否构成垄断展开了广泛的讨论，或者形成了认为构成垄断的共识，但是这并不代表反垄断执法机构就一定会持有相同的观点，而且反垄断执法机构的执法具有独立性，不受社会舆论的影响。反垄断执法机构认定涉嫌垄断行为构成垄断，通常只能从反垄断执法机构发布的反垄断执法决定看出，这是一种事后的观察。在反垄断执法机构作出此种执法决定之前，关于反垄断执法机构对于所查处涉嫌垄断行为所持有的立场，往往处于一种保密状态。反垄断执法机构的工作人员可能会通过媒体透露出一定的信息，但这并不能完全代表反垄断执法机构。事实上，对于正在调查的涉嫌垄断行为，我国反垄断执法机构总是三缄其口，甚至将其视为是敏感事件，从而不会轻易在调查过程中透露出其对所查处案件的看法。总之，外界很难通过反垄断执法决定以外的其他公开途径了解到反垄断执法机构对于涉嫌垄断行为是否构成垄断的态度。

其次，就涉嫌垄断行为是否在客观上确实构成垄断这一前提条件，往往也存在很大的争议而难以确定。垄断行为的认定涉及大量的专业分析，需要在掌握大量证据的基础上进行综合判断。虽然我们可以在理论上简单地指出涉嫌垄断行为事实上是否真的构成垄断，但在实践中的判断却并非如此简单。即便相关当事人能够证明反垄断执法机构认定涉嫌垄断行为构成垄断，从而以反垄断执法机构未作出行政处罚等行政执法决定而向法院提起行政诉讼，也很难得到法院的支持。

由于以上两个前提条件都很难证明成立，因此也就难以从形式上或外观上证明反垄断执法机构在认定涉嫌垄断行为构成垄断，并且该涉嫌垄断行为事实上确实构成垄断的情况下，仍然不针对该垄断行为作出行政处罚等行政执法决定。既然都无法证明反垄断执法机构存在这种实体方面的不作为，更毋庸言对其进行有效制约并予以纠正了。

第三节　我国反垄断行政执法面临的困境二：存在乱作为且无法得到有效纠正

行政乱作为，实质上是一种行政违法行为。这种行政违法行为可以表现在行政执法的方方面面，例如在行政执法过程中不遵守法定程序，不保障甚至损害行政相对人的合法权益等等。这些情形下的行政乱作为，其实都是行政执法人员主观故意为之。当然，行政执法乱作为还可能表现在执法的结果上，即将原本不违法的行为认定为违法，或者将违法的行为认定为不违法。这种结果上的乱作为既有可能是行政执法人员主观故意为之，也有可能是其主观并无此意但由于执法能力不足等原因而导致的执法错误。由于反垄断执法相对于总体的行政执法数量而言所占比例非常之低，这就决定了基本上每一个垄断案件的行政执法都会受到远远高于普通行政执法的社会关注，因此，反垄断执法机构故意乱作为将会受到很大的抑制，从而可能性将比较小。此外，反垄断执法的对象是涉嫌从事垄断行为的经营者，这些经营者往往并不像普通行政执法对象所具有的那种弱势地位，相反，这些经营者无论是在财力还是在维护自身利益的手段方面都很强，如果反垄断执法机构存在故意乱作为的情形，将会受到这些经营者的有力反击，而且风险也很大。因此，反垄断执法机构故意乱作为的可能性比较小。鉴于此，笔者在此所讨论的反垄断行政乱作为，主要是指由于执法人员的执法能力不足、案件复杂等客观方面的原因而导致的，不包括反垄断执法人员主观上故意而为之的乱作为情形，也不包括反垄断执法机构工作人员滥用职权、玩忽职守、徇私舞弊、泄露商业秘密等行为。

一　反垄断执法机构乱作为的表现

从执法结果来看，反垄断执法机构的乱作为主要包括两种情形，即错误地将原本为正当的竞争行为认定为垄断行为,国外学者将其称之为"false positive",以及错误地将原本为垄断的行为认定为正当的竞争行为,国外学者将其称之为"false negative"。弗兰克·H.伊斯特布鲁克大法官指出,反垄断执法机构对垄断行为的认定不可能百分之百的准确,失误是无法避免的;这些失误可以分为两类:一是false positive,即有效的竞争性行为被误认为是反竞争的,从而被反垄断执法机构禁止;二是false negative,即垄断行为被反垄断执法机构认定为正常的商业行为。[1] 国内学者有将"false positive"和"false negative"翻译为"积极失误"和"消极失误",[2] 也有学者将其翻译为"假阳性"和"假阴性"。[3] 笔者将"false positive"和"false negative"分别翻译为"误查"和"漏查"。[4] 错误地将垄断行为判定为不违法,这会产生弱化或者降低法律标准的效果。随着错误判定为不违法的频率不断上升,潜在的被告将拥有更少的动机去遵从法律标准。而错误地将非垄断行为判定为违法,这会提高法律标准。随着错误判定为违法的频率不断上升,甚至那些遵从标准的潜在被告都会被迫去改变他们的行为,以便减少被认定为违法的风险。[5]

(一)反垄断执法机构的误查

反垄断执法机构的误查,是指反垄断执法机构针对涉嫌垄断行为展开执法,经过反垄断调查和分析以后认定其构成垄断,但事实上该涉嫌垄断为属于正当的竞争行为。反垄断执法机构的这种误查造成了

---

[1] See Frank H. Easterbrook, *The Limits of Antitrust*, Texas Law Review, No. 63, 1984, pp. 1 – 40. 转引自丁茂中《反垄断法实施中的"积极失误"与"消极失误"比较研究》,载《法学评论》2017年第3期。

[2] 参见丁茂中《反垄断法实施中的"积极失误"与"消极失误"比较研究》,载《法学评论》2017年第3期。

[3] 参见李剑《中国反垄断法实施中的体系冲突与化解》,载《中国法学》2014年第6期。

[4] 当然,从字面上来看,"误查"可以同时包含"false positive"和"false negative"这两种情形。错误地将原本为垄断的行为认定为正当的竞争行为,严格来说也是一种"误查"。但是,"误查"从中文的内在含义来讲,主要还是侧重于指错误的执法给执法对象造成了损害,主要含有将正确的认定为错误的从而导致冤枉的情形。而且,"误查"与"漏查"同时使用,也不会造成混乱。

[5] 参见李剑《中国反垄断法实施中的体系冲突与化解》,载《中国法学》2014年第6期。

市场竞争中的"冤案",并将引发一系列的不良后果。就反垄断执法机构的这种误查而言,其可能发生在垄断协议、滥用市场支配地位以及经营者集中的案件之中。例如,就垄断协议案件而言,反垄断执法机构可能将原本属于《反垄断法》第二十条具有豁免情形的协议仍然认定为垄断协议而加以禁止,这不仅使得达成这些协议的经营者无法实现其目的,而且社会利益也会因为这种错误的执法而无法享受到这种协议所带来的好处。就滥用市场支配地位案件而言,反垄断执法机构可能没有考虑具有市场支配地位的经营者所提出的正当理由,或者错误地认定经营者具有市场支配地位。就经营者集中案件的审查而言,反垄断执法机构可能会错误地认定集中对于市场竞争会产生排除、限制竞争效果。

反垄断执法机构的误查将会造成严重的损害。首先,对于受到这种误查直接损害的经营者而言,他们会遭受两方面的损害。一方面,这些被误查的经营者无法实现其欲通过被反垄断执法机构所禁止的行为而达到的目的,另一方面,这些被误查的经营者还将面临反垄断执法机构所处以的行政处罚。如此"一减一增",即减少了其预期所实现的利益,增加了其原本不应支付的行政处罚,从而使得被反垄断执法机构误查的经营者面临双重的损害。其次,对于社会而言,也会因这种误查而遭受损害,一方面,社会无法享受到被错误禁止的正当竞争行为所带来的好处,另一方面,那些与被误查的经营者具有竞争关系的经营者将从这种误查中获得不当的保护,从而可能造成"劣不能汰"的结果,这种非正常的现象不利于社会的发展。再次,反垄断执法机构的这种误查,对于行政执法本身也会造成损害,它损害了行政执法的权威性,会削弱社会各界对反垄断执法机构的信任。

(二)反垄断执法机构的漏查

反垄断法执法机构的漏查,是指原本具有排除、限制竞争效果的垄断行为被反垄断执法机构错误地认定为合法的竞争行为而得以继续存续。反垄断执法机构的漏查,表明其并没有认识到被漏查行为对市场竞争秩序所造成的损害。如果将反垄断执法比作一张网的话,那么在此种情形下，这张网的网格是如此大，以至于垄断行为得以逃脱从而成为"漏网之鱼"。反垄断执法机构的漏查代表了反垄断执法的一种"失灵"，对于已经进入到反垄断执法机构审查中的涉嫌垄断行为，最终仍然被反垄断执法机构认定为不违反反垄断法，这不仅使得被漏查的经营者得以逃脱处罚，而且还使得其他从事类似行为的经营者也可以继续"肆无忌惮"地从事垄断行为，甚至还会促使或鼓励那些尚未从事该类行为的经营者开始效仿这种行为。可以说，反垄断执法机构的这种漏查无异于给被调查的经营者以及市场上其他类似的经营者提供了一个"保护伞"，也可以说变相地为此类行为"背书"。反垄断执法机构的漏查，同样可能发生在垄断协议、滥用市场支配地位和经营者集中情形中。

　　反垄断执法机构的漏查并不会给被调查的经营者造成损害，相反，这些经营者还是这种漏查的"受益者"，其原本应当遭受行政处罚的行为得以逃脱制裁，而且还可以继续从垄断行为之中获得不当之利，如此"一免一增"，无异于获得了双重的不当利益。而垄断者在此种情形之下所获得的这种不当利益，即为市场其他主体以及社会之不当损失。结合具体的垄断行为而言，在被漏查的垄断协议情形下，主要是达成垄断协议的经营者的交易相对方会受到损害，最典型的即为消费者，此外还包括上下游的经营者，他们原本都能够享受到竞争所带来的好处，但在被漏查的情形下，将不得不继续遭受达成垄断协议的经营者的盘剥。在被漏查的滥用市场支配地位情形下，与具有市场支配地位的经营者具有交易关系的交易相对人将不得不继续接受不合理的交易条件，而与具有市场支配地位的经营者具有竞争关系的经营者，则很有可能被逐出市场。在被漏查的经营者集中情形下，与集中的经营者具有竞争关系的经营者，将不得不面临一个因集中而势力大增的经营者甚至是垄断者，必然将处于更加不利的竞争地位。总之，凡是之前能够享受竞争好处的相关主体，都会因为反垄断执法机构的这种漏查，而不得不继续承受垄断之苦。

二 反垄断执法机构的乱作为无法得到有效纠正

反垄断执法机构的乱作为即误查和漏查行为，既可以是在反垄断执法机构认识到执法错误的情况下主动予以纠正，也可以是在受这种乱作为行为不利影响的相关主体寻求救济的情况下被动予以纠正。但是，一般而言，反垄断执法一般都需要展开大量的专业分析，因此反垄断执法机构不太可能草率作出执法决定。一旦反垄断执法机构作出执法决定，往往代表其具有十足或者非常大的把握，对自身执法决定的正确性具有很大的信心。因此，反垄断执法机构通常并不会主动纠正其自认为正确但实际上为错误的乱作为行为。鉴于此，笔者接下来将从被动纠正的维度展开分析。对于反垄断执法机构的乱作为，相关主体可以通过申请行政复议或提起行政诉讼的方式来寻求救济。

（一）反垄断执法机构的误查无法得到有效纠正

在反垄断执法机构误查的情形下，被误查的经营者原本正当的竞争行为被认定为垄断行为而遭到禁止，其正当利益遭到了损害，因此，被误查的经营者是最有可能针对这种误查行为寻求救济的主体。虽然被误查的经营者可以通过提起行政复议或行政诉讼的方式来寻求救济，但是这两种方式在实践中都很难真正发挥作用。

首先，就行政复议而言，受理行政复议的机构，是反垄断执法机构的本级人民政府，或者反垄断执法机构的上级主管部门。由于反垄断执法的专业性、技术性等特征，反垄断法执法机构的本级人民政府事实上并不能对反垄断处罚的正确与否作出实质性判断。就经营者向反垄断执法机构的上级主管部门进行申诉来看，如果经营者对中央反垄断执法机构作出的处罚决定不服，则应当向该部门提起行政复议，其效果不容乐观，因为正如前文所述，反垄断执法决定的作出往往是经过其"深思熟虑"后作出的，除非存在非常明显的错误或者有非常强有力的证据能够证明其错误，否则反垄断执法机构通常不会轻易否定其已经作出的执法决定。而且，实践中经营者也未寻求过这种救济。

如果经营者对省级反垄断执法机构作出的处罚决定不服，则应当向中央反垄断执法机构提起行政复议。省级反垄断执法机构在展开反垄断执法时，往往都会通过各种方式与中央反垄断执法机构展开沟通，或者是在中央反垄断执法机构的指导下展开执法。《市场监管总局关于反垄断执法授权的通知》明确规定："省级市场监管部门要在立案后10个工作日内，将立案情况向总局备案；立案前可以就相关事宜与总局沟通。在拟作出销案决定、行政处罚事先告知、行政处罚决定、中止调查、恢复调查和终止调查决定，以及拟对滥用行政权力排除限制竞争行为提出依法处理建议前，要将案件有关情况和文书草稿向总局报告，接受总局的指导和监督。案件调查和处理中的其他重大或者疑难事项，要及时向总局报告。"① 可见，尽管省级市场监管部门无需再获得国家市场监督管理总局的个案授权就可以展开执法，但其仍然需要在执法的全过程中与国家市场监督管理总局进行沟通，接受国家市场监督管理总局的指导和监督。因此，省级市场监督管理部门最终作出的执法决定，可以说仍然体现了国家市场监督管理总局的意志，二者的立场是相同的。因此，经营者向国家市场监督管理总局申请行政复议，其也基本上不可能推翻省级市场监管部门所作出的执法决定。

其次，就行政诉讼而言，如果经营者对反垄断执法机构作出的决定或者对行政复议不服的话，可以提起行政诉讼。对于垄断协议以及滥用市场支配地位案件，经营者可以直接提起行政诉讼。根据反垄断律师的统计，自《反垄断法》实施以来，截止到2017年，因不服反垄断执法机构作出的处罚决定而提起行政诉讼的案件一共只有五起。② 其他经营者之所以没有提起行政诉讼，确实有可能是认可反垄断执法机构所作的处罚决定，但也不能排除有些经营者仍然因为忌惮反垄断执法机构的权威而不敢提起行政诉讼的可能性。并且，在这五起案

---

① "市场监管总局关于反垄断执法授权的通知"，2019年1月3日，载国家市场监管总局网站：https：//gkml.samr.gov.cn/nsjg/bgt/201902/t20190217_289791.html。

② 微信公众号"反垄断实务评论"：《〈反垄断法〉实施十周年回顾：不服处罚决定的行政诉讼案件综述》，2019年10月16日。

件中，原告全部都败诉。这也会进一步打击经营者提起行政诉讼的积极性。

(二) 反垄断执法机构的漏查无法得到有效纠正

在反垄断执法机构存在漏查的情形下，逃脱处罚的经营者自然不会提出异议。因此只可能通过受该垄断行为损害的当事人的维权行为而得以纠正。如果受该垄断行为损害的当事人基于诉讼成本等方面的原因而不选择维权，则该垄断行为可能在很长时期内都无法得以纠正。即便能够通过反垄断执法机构自我纠错或其他主体的维权而得以最终得以纠正，但在被纠正之前该垄断行为将一直持续并造成损害。

反垄断执法机构的漏查，从最终结果来看，仍然是一种不作为，只不过这种不作为更多地并非是由反垄断执法机构主观故意造成的。因此，反垄断执法机构的漏查，与前述的反垄断执法的不作为具有一定的相似性，其难以得到有效纠正的论证，可参见前文关于反垄断执法机构不作为难以得到有效纠正部分。在此不再赘述。

第四节 我国反垄断民事诉讼面临的困境

反垄断民事诉讼是目前最主要的反垄断法司法实施方式，但其自身也存在诸多问题，严重限制了其价值的发挥。由于垄断行为的影响具有不确定性，不仅使得一些主体难以获得提起诉讼的资格，或难以证明损害的存在，而且"搭便车"的心理以及诉讼成本的存在也使得一些分散的小额大规模损害难以通过诉讼的方式得以遏制。[1]

一 反垄断民事诉讼自身存在诸多障碍

(一) 当事人提起反垄断民事诉讼的积极性不高

相比于被告而言，原告往往势力薄弱，处于相对弱势的地位。"在

---

[1] 刘水林：《反垄断法实施的协商制研究》，载《法商研究》2015年第3期。

反垄断法私人诉讼中，原、被告存在显著的力量差异。被告往往是相关行业中的垄断性企业，不管是对行业的了解、对资源的调动还是对相关行为的掩盖，都居于绝对的优势地位。事实上极为不平等的双方当事人却被放在假定双方平等（或者说差异不显著）的程序框架之中，让双方进行'角力'，这无疑会成为程序进行的极大障碍。"①

此外，垄断行为所具有的特性决定了原告起诉的积极性不高。垄断行为通常具有整体损害量大、受损主体众多但单个主体受损有限的特点，在较高的诉讼成本面前，许多受垄断行为损害的主体放弃提起诉讼，从而使得大量的垄断行为无法进入司法审判程序。但是，"如果通过对原告的激励来'纠正'这种不平衡，如证据制度的改变、巨额的惩罚性赔偿，同样会产生问题。对原告过度倾斜会造成对被告的不公平，使大企业遭受不必要的滋扰。"② 美国通过确定直接购买者诉讼资格的方式来解决这一问题。

(二) 原告举证责任重

反垄断民事诉讼遵循的仍然是传统民事诉讼"谁主张谁举证"的规则，然而，由于垄断行为的特殊性，使得原告往往很难成功举证。例如就垄断协议而言，其本身就具有隐秘性，除非达成协议的主体主动公开，否则其他人基本不可能获得达成垄断协议的证据。就滥用市场支配地位而言，原告需要就被告在相关市场内具有市场支配地位和滥用市场支配地位承担举证责任，但相关市场的界定以及市场支配地位的认定涉及大量复杂的技术、经济分析，对于原告而言是一个巨大的挑战。总之，由于原告的举证困难，导致了原告在反垄断民事诉讼案件中较高的败诉率。

虽然当事人可以在反垄断执法机构作出处罚决定以后再针对垄断者的垄断行为提起诉讼，从而可以大大减轻举证责任，但是，这在实

---

① 李剑：《反垄断私人诉讼困境与反垄断执法的管制化发展》，载《法学研究》2011年第5期。

② 李剑：《反垄断私人诉讼困境与反垄断执法的管制化发展》，载《法学研究》2011年第5期。

践中运行得并不理想。为了更好地掌握垄断行为的线索、更快地查处垄断行为,大多数国家反垄断法都规定了宽恕制度。虽然申请宽恕的经营者可能得到反垄断执法机构的减轻或免除处罚,但如果随后将面临相关当事人所提起的"跟进诉讼"的话,则经营者申请宽恕的积极性将大受打击。为了消除经营者的这种担忧,反垄断执法机构通常都会不披露申请宽恕的经营者所从事垄断行为的具体信息,因此相关当事人将无法针对这些经营者提起"跟进诉讼"。

二 反垄断民事诉讼并不能有效实现其价值目标

从理论上来看,反垄断私人诉讼包括两方面的价值目标,一是补偿垄断行为的受害者,二是威慑垄断者。但是,反垄断私人诉讼在实践中却并不能很好地实现这两方面的目标。

(一)反垄断私人诉讼并不能很好地实现其补偿价值

垄断损害包括两种,一种是静态的损害(static injuries),一种是动态的损害(dynamic injuries)。所谓静态的损害,主要是指由于垄断者滥用市场支配力收取过高的价格而给消费者造成的损害。所谓动态的损害,主要是指垄断者阻碍创新或者研发新产品而造成的损害。[①]从理论上来说,反垄断私人诉讼能够补偿这两种类型的损害,但实际上却并非如此,两种损害都未能得到很好的补偿。受垄断高价损害的消费者包括两类,一类是因为垄断高价而选择放弃购买的消费者,另一类是继续购买并支付过高价格的消费者。前一类消费者所遭受的损害是一种无谓的损害(deadweight loss),因为该交易原本会发生,这会导致社会资源的错配,消费者不得不购买次优的产品而非垄断产品,这会使得社会资源流向生产次优产品的经营者。后一类消费者遭受的损害实际上是一种从消费者到垄断者的财富转移,这种财富转移在一

---

① Daniel A. Crane, *the Institutional Structure of Antitrust Enforcement*, Oxford University Press, 2011, p. 164.

些司法辖区——至少在美国——并不被认为是一种损害或在经济上是无效率的。相比于证明自身因为垄断高价而从来没有购买过垄断产品，证明自身购买了垄断产品但支付了更高的价格要更为容易些。① 因此，那些提起垄断损害赔偿诉讼的私人，往往都是后一类消费者，那种自始因为垄断高价就未购买垄断产品的消费者所遭受的损害显然就无法得到有效补偿。

即便承认反垄断法保护第二类消费者，即反对垄断者收取过高的价格，② 但其是否能够真正实现这一目标也存在很大疑问，因为收取高价具有非常广泛的分散性特性，并且很难鉴别出到底谁是真正的经济受害者。考虑到相关经济关系的复杂性以及多变性，事实上很难或不可能确定到底是哪个主体真正遭受到了经济损害。③

即便能够确定真正遭受经济损害的群体，但是要确定该群体中的哪些个体遭受了损害并对其赔偿，这将耗费大量的人力物力，为此而产生的行政费用可能都已超过损害赔偿的费用。因此，在扣除律师费用以及行政费用以后，每一个消费者所能够获得的补偿实际上是可以忽略不计的，尽管对消费者造成的整体损害非常大。④ 正如波斯纳指出，除了大型的机构购买者，否则集团诉讼将是一种错觉。因为无法轻易地确定并对比如数年前支付过高价格购买牙刷的消费者进行补偿。因此，波斯纳建议应当由司法部提起诉讼以寻求获得全部的损害赔偿以及适当的民事罚款（当时以及现在，司法部只有在美国政府自身作为垄断行为的被害者如支付了过高的价格时才能够提起损害赔偿诉

---

① Daniel A. Crane, *the Institutional Structure of Antitrust Enforcement*, Oxford University Press, 2011, p. 165.

② Robert H. Land, *Wealth Transfers as the Original and Primary Concern of Antitrust: The Efficiency Interpretation Challenged*, 34 Hastings L. J. 65 (1982). Land 教授在这篇引证率非常高的论文中通过对美国反垄断立法的历史进行研究之后提出，立法者制定反垄断法的主要目的在于禁止从消费者到生产者的财富转移。

③ Daniel A. Crane, *the Institutional Structure of Antitrust Enforcement*, Oxford University Press, 2011, p. 167.

④ Daniel A. Crane, *the Institutional Structure of Antitrust Enforcement*, Oxford University Press, 2011, p. 168.

讼），并且所有的实际损害赔偿以及民事罚款都应当上缴国库。[1]

  Land 教授和 Davis 教授曾经对 40 个私人反垄断诉讼的案件展开研究，[2] 其中在 Augmentin 案中，所涉及的消费者数量大概为 80 万，而能够获得的损害赔偿扣除律师费以后为 713.4 万美元，因此每个消费者所能够获得的赔偿金额将只有 8.9 美元。当然，本案中的 80 万消费者中只有 6.5 万人提出了索赔请求，如此一来，每个消费者能够获得的赔偿金额将达到 109 美元左右，这可能对于许多消费者而言都不是一笔小的数额。但是，正如 Crane 教授提出的，80 万消费者中只有 6.5 万消费者也即 8% 的消费者获得了损害赔偿，这能说是一种成功的反垄断私人实施吗？也许这 6.5 万提出索赔请求的消费者是受到该垄断行为损害最为严重因而最需要损害赔偿的消费者，当然也有可能是因为他们有时间和受教育程度来提起索赔请求。相反，剩余的 92% 的消费者就只能自行承担损失了。[3]

  反垄断私人诉讼也不能很好地补偿动态损害。虽然对静态损害的估算可能是值得怀疑的，但经济学家毕竟还是有可能计算出多支付的价格的总量。相反，测算并量化动态效率损害通常是不可能的，绝大多数情况下都只是一种猜测。例如，假设微软公司阻碍多平台的 Java 编程系统的发展，以避免其能够与微软的 Windows 操作系统相竞争。结果，微软成功地保持了其在操作系统市场上的主导性地位，并能够向消费者收取垄断性价格。消费者多支付的价钱也即静态损害的一部分，是能够被量化的，并且能够在诉讼中以损害赔偿的形式体现出来。但是，相较于这种静态损害，更大的损害可能是丧失了一种如果没有微软阻碍 Java 编程系统将会产生的一种未知的技术创新。由于这种动态损害很难被证明，因此很少会有原告提起诉讼以寻求获得对动态损

---

  [1] Richard A. Posner, *Oligopoly and the Antitrust Laws: A Suggested Approach*, 21 Stanford Law Review 1562, p. 1590 (1968).

  [2] Robert H. Lande, Joshua P. Davis, *Benefits from Private Antitrust Enforcement: An Analysis of Forty Cases*, 42 U. S. F. L. Rev. 879 (2008).

  [3] Daniel A. Crane, *the Institutional Structure of Antitrust Enforcement*, Oxford University Press, 2011, pp. 169–170.

害的补偿。而且，即便有原告提起这种诉讼，法院一般也不会支持其诉讼请求。要证明如果没有被告的行为将会产生竞争性的创新，其推测性太强，以至于无法达到民事诉讼所要求的证明标准。[①]

（二）反垄断私人诉讼无法对垄断者产生足够的威慑力

至于反垄断私人诉讼的另外一个价值目标即对垄断者产生威慑力，其在实践中的效果也不容乐观。在美国，反垄断私人诉讼能够威慑的，主要是企业的高管。但是，反垄断诉讼程序的日益冗长以及高管任期的日益缩短这两个趋势会使得未来反垄断损害赔偿诉讼对企业高管的威慑力大打折扣。[②] 在我国，反垄断法私人诉讼对企业高管的这种威慑力更弱。此前，我国反垄断法对实施垄断行为的主体实行的是单罚制，即只制裁从事垄断行为的经营者，而不制裁经营者的直接负责人员，对于行业协会亦是如此。[③] 尽管《反垄断法》修订在垄断协议法律责任中引入了双罚制，但即便反垄断执法机构处罚了经营者的相关负责人，这种个人罚仍然能够转嫁给经营者。而且，对于滥用市场支配地位和经营者集中，仍然实行的是单罚制。这些直接负责人员是垄断行为的直接发动者，在垄断行为的实施中也发挥着主要作用，同时，他们又能够从垄断行为中获得巨大的好处，但他们却无需为垄断行为承担实质性的法律责任。这二者之间的巨大失衡，使得经营者的直接负责人员具有很大的动力去从事垄断行为。

三 反垄断民事诉讼无法有效保护社会公共利益

私人提起反垄断诉讼的目的，主要在于寻求损害赔偿，主观上并不具有禁止垄断行为的意愿。不能寄希望于通过私人提起反垄断私益

[①] Daniel A. Crane, *the Institutional Structure of Antitrust Enforcement*, Oxford University Press, 2011, p. 174.

[②] Daniel A. Crane, *the Institutional Structure of Antitrust Enforcement*, Oxford University Press, 2011, p. 175.

[③] 孙晋：《我国〈反垄断法〉法律责任制度的缺失及其完善》，载《法律适用》2009年第11期。

诉讼的方式来达到普遍禁止垄断行为的公益目的。对私人提起的反垄断民事私益诉讼，法院只会在当事人双方之间的关系之内来分析所涉及的垄断问题，判决自然也就仅对诉讼双方具有效力。例如，在吴小秦诉陕西广电网络传媒滥用市场支配地位案件中①，原告就仅请求法院解决自己与被告之间的纠纷。然而，垄断行为尤其是滥用市场支配地位行为往往损害的是不特定多数主体的利益，虽然在个案中原告可能胜诉，但判决也只可能支持原告所提出的停止针对原告实施滥用市场支配地位行为并赔偿原告所遭受损失的诉讼请求。对于那些没有提起诉讼的当事人而言，将继续遭受垄断行为的损害。在该案中，尽管最高人民法院最终确认被告滥用了市场支配地位，但这也只救济了原告的利益。由于原告并没有请求被告普遍性地停止滥用行为，因此陕西广电的其他 450 万用户将继续遭受到这种滥用行为的损害。

当然，在实践中也有原告不仅请求被告赔偿自己所遭受的损失，而且也请求被告普遍性地停止侵权行为，这就在客观上也保护了其他与原告处于同一地位的利益阶层。这其实就是因扩散性利益的争议而引发的诉讼，即现代型诉讼。正如德国汉堡大学的盖茨教授所指出的，在现代型诉讼中，"原告不仅主张自己的利益（多数的场合是很小的权利），而且还尝试排除与原告处于同一立场的利益阶层的人们的扩散的片段性利益的侵害（但从整体来看，或许并不是那么广泛的侵害），这是该诉讼的特点所在。"② 例如在杨志勇诉中国电信滥用市场支配地位案中，原告不仅请求法院判令被告赔偿自己所遭受的损失，还请求法院判令被告普遍性地停止滥用市场支配地位行为。一审法院承认原告提起的该诉讼体现了一定的公益精神，但以自然人并非我国《民事诉讼法》中公益诉讼的适格原告，不是直接利害关系人，从而未支持原告的诉讼请求。③ 因此，即便原告在私益诉讼中提出了包含

---

① （2016）最高法民再 98 号再审民事判决书。
② ［德］海茵·盖茨：《公共利益诉讼的比较法鸟瞰》，载［意］莫洛·卡佩莱蒂编《福利国家与接近正义》，刘俊祥等译，法律出版社 2000 年版，第 66 页。
③ （2015）沪高民三（知）终字第 23 号民事判决书。

有公益诉讼的请求，法院也不会对这种涉及公益的损失请求予以支持。事实上，即便私人提出纯粹的公益诉讼，其也会因为主体不适格而被驳回起诉，张湟诉广州铁路（集团）公司案即是如此。①

　　退一步而言，即便法院支持原告在私益诉讼中提出的公益诉讼请求，在实践中，也并不是所有受垄断行为损害的当事人都会选择提起反垄断民事诉讼，因为尽管垄断行为损害的主体众多，但单个主体所遭受的损害却并不必然很大，相反，通常情况下都很小。正如波斯纳法官所举的一个例子一样，"假设牙刷制造商们已合谋实行价格垄断。数以百万计的消费者因此而受到利益损害；累积成本可能是巨大的；而每个消费者所受的损失可能只有几分钱。"② 虽然波斯纳法官所举的这个例子有一些极端，在实践中受垄断行为损害的消费者所遭受的损害可能并不只有几分钱这么少，但一般而言也没有大到足以激励消费者提起反垄断诉讼的程度。而且，正如波斯纳法官所指出的，即便是判令被告向众多的消费者赔偿损害——在上述例子中，每个消费者将只能得到几分钱——被告为此而支出的成本可能要远远超出其损害赔偿总额。"从经济学的角度看，最为重要的是要使违法者承担违法成本——这就达到了诉讼的分配宗旨——而不是要求他向其受害者支付损害赔偿。"③

　　垄断行为涉及的不仅仅是诉讼双方当事人之间利益的问题，而是呈现出一种"点对面"的形态。而反垄断民事诉讼所解决的仍然只是"点对点"的纠纷，很难对受"点"损害的"面"的利益给予充分保护。

四　反垄断民事诉讼存在被"各个击破"的问题

　　在我国现行的反垄断民事诉讼案件中，有很多案件都是以原告撤

---

① （2017）粤民申 3470 号民事裁定书。
② ［美］理查德·A. 波斯纳：《法律的经济分析》，蒋兆康译，中国大百科全书出版社 1997 年版，第 742 页。
③ ［美］理查德·A. 波斯纳：《法律的经济分析》，蒋兆康译，中国大百科全书出版社 1997 年版，第 742 页。

诉而终止的。笔者在"中国裁判文书网"中进行搜索，共查询到44份法院同意原告提出撤诉申请的裁定书。其中有的裁定书中详细列明了原告提出撤诉的理由，例如在华冠通讯与交互数字公司垄断定价纠纷案中，原告华冠公司提出撤诉申请时称："本案立案后，被告遂与原告就本案争议内容展开和解谈判，经过双方多次磋商讨论，于近日达成庭外和解"。① 而有的裁定书则并没有列明原告提出撤诉的理由，例如在泰州世纪缘宾馆诉泰州华润公司滥用市场支配地位案中，裁定书只写明：本院在审理本案中，"原告泰州世纪缘宾馆有限公司于2015年11月4日向本院提出撤诉申请。"② 在这些案件中，不排除被告确实存在垄断行为的可能。但是，由于原被告之间通过协商——更多情况下是被告主动寻求与原告协商，如前述第一个案件即是如此——而最终达成了和解，从而促使原告撤诉。在现行的民事诉讼制度之下，撤诉被认为是当事人的一种诉讼权利，法院一般都会准许。原告可能在与被告的协商中实现了损害的补偿，但是同样受该垄断行为损害的其他主体则可能因该案的终结而继续遭受垄断行为的损害。

第五节 我国反垄断行政诉讼面临的困境

一 反垄断行政诉讼案件数量少

反垄断行政诉讼是反垄断行政执法接受司法审查的最为重要的形式。但这种司法审查的启动有赖于当事人对反垄断执法机构所作的执法决定不服而提起诉讼。但当事人基于各方面的原因，可能并不会提起这种诉讼，从而使得反垄断执法失去了得到司法审查的机会。司法对反垄断行政执行的规制之路并不顺畅。③

当然，反垄断行政诉讼案件数量少本身并不一定就说明反垄断法

---

① （2014）苏知民初字第0002号民事裁定书。
② （2014）宁知民初字第261号民事裁定书。
③ 杨军：《反垄断行政执行的司法规制途径》，载《法律适用》2018年第15期。

的实施遇到了困境,毕竟,只有相关当事人对反垄断执法机构的行政执法决定不服时,才会提起反垄断行政诉讼。而当前反垄断行政诉讼案件数量少,可能说明相关当事人对反垄断执法机构的执法感到满意,因此选择不提起反垄断行政诉讼。如果是这种情形的话,那么恰恰反映出反垄断执法的效果非常好。不过,上述情况只是可能的情形之一,还有另外一种可能,即相关当事人对反垄断执法机构的执法并不服,但是其仍然选择不提起反垄断行政诉讼。之所以如此可能有多方面的原因,例如,相关当事人可能忌惮反垄断执法机构的权威而不敢提起反垄断行政诉讼,尤其是对于某些经营者而言,可能会将提起反垄断行政诉讼视为是对反垄断执法机构的一种冒犯,担心即便是胜了诉讼,在今后的经营过程中仍然不可避免地受到反垄断执法机构的监管,会因此而受到反垄断执法机构的"特殊关照",权衡之后而选择放弃提起反垄断行政诉讼。再如,相关当事人可能会基于诉讼成本、诉讼时间等方面的考虑而不提起反垄断行政诉讼。依据提起行政诉讼的主体以及行政诉讼的价值,可以将行政诉讼分为主观诉讼与客观诉讼两种。所谓主观诉讼,是指受行政行为损害的利益受损方为了维护自身的利益而提起诉讼。所谓客观诉讼,是指为了监督行政机关依法行政而提起的诉讼。提起主观诉讼主要是为了维护行政相对方的私益,而提起客观之诉则主要是为了维护公益。[1] 对于那些受反垄断执法直接损害的利益受损方而言,其提起反垄断行政诉讼这种主观诉讼时尚且会考虑诉讼成本和诉讼时间等,提起客观诉讼的当事人更是会考虑诉讼成本和诉讼时间这些因素,从而大大降低了这些当事人提起反垄断行政诉讼的动机。

不过,随着反垄断执法的案件越来越多,尤其是涉案金额越来越高,经营者被处罚的金额也将越来越高,这对被处罚的经营者的利益影响也越来越大,因此,正常而言反垄断行政诉讼案件也将不断增多。[2]

---

[1] [英] L. 赖维乐·布朗、[英] 约翰·S. 贝尔:《法国行政法》,高秦伟、王锴译,中国人民大学出版社2006年版,第172—173页。

[2] 参见刘克江《论反垄断行政纠纷解决的程序问题》,载《中国法律评论》2019年第6期。

事实上，我国已经出现了一些反垄断行政诉讼的案件，例如海南裕泰科技饲料有限公司因不服海南省物价局认定其构成纵向垄断协议并对其处以20万元行政处罚而向法院提起诉讼。① 2020年4月，国家市场监督管理总局对三家原料药企业滥用在中国注射用葡萄糖酸钙原料药销售市场上的市场支配地位的行为处以共计3.255亿人民币罚款。其中两家原料药企业分别于2020年6月和7月向北京市一中院提起诉讼。2021年11月22日，北京市高级人民法院提级审理该案。②

二 司法无法对反垄断执法进行有效审查

就广义而言，行政与司法都是法的执行。然而二者执行的方式和目的却存在不同。行政的目的在于实现国家的政策和目标，因而以统筹、决策和执行为特征，以"治事"为中心，它对法律的遵守和执行，可以说是附属为之；而司法的功能在于维护和恢复法的秩序，它以中立、判断和救济为特征，它将抽象的法规适用于具体的事件，以决定合法违法或确定权利义务关系，即以法的适用为中心。③ 因此，尽管行政和司法都是法的实施的方式，但二者并非是平等意义上的实施形式，行政最终要受到司法的审查，因此行政要受到司法的制约。当然，这并不是说所有的行政在现实中都要逐一受到司法的审查，一方面并没有这种必要，因为显然只有部分行政是违法的，另一方面，这也远远超出了法院的审查能力。因此，司法对行政的审查，并不是绝对意义上的审查，而是强调具有这种审查的可能性。而使这种可能性变为现实的，就是行政相对人提起行政诉讼。但正如上文所述，相关当事人提起反垄断行政诉讼的动机并不强，这就使得反垄断执法很

---

① 关于该案的相关分析可参见吴佩乘《反垄断法中纵向垄断协议的解释学澄清》，载《知识产权》2018年第11期。

② "药企不服3亿罚单，状告市场监管总局"，2021年11月28日，https://new.qq.com/omn/20211128/20211128A00Y7H00.html。

③ 参见史尚宽《司法权与法官的涵义之演进》，载《宪法论丛》，1973年台北荣泰印书馆印行，第305页，转引自颜运秋《公益诉讼理念研究》，中国检察出版社2002年版，第68—69页。

难进入司法审查之门。

即便相关当事人愿意提起反垄断行政诉讼,即反垄断执法能够进入司法审查之门,也并不意味反垄断执法能够受到有效的司法审查。正如有学者指出的,反垄断执法有其自身的特点,这决定了对其审查并非易事。法院在对反垄断执法进行审查的过程中面临诸多困境。第一,反垄断立法规定的不确定性强,法院进行司法审查的具体标准并不是很明确;第二,反垄断执法具有专业性,法院难以对其进行有效审查;第三,司法权与反垄断执法之间的关系很复杂,法院不容易把握审查的强度。[1] 反垄断执法具有专业性已经成为各界的共识,这种共识的形成有助于各界认真、谨慎对待与反垄断相关的事务,加大资源的投入和反垄断业务能力的提升。但是,一旦形成这种共识,就会出现泛化的倾向,认为所有与反垄断相关的事务都具有很强的专业性。实则不然,垄断行为也有简单与复杂之分,也正因为如此在反垄断法中才有"本身违法原则"和"合理原则"之分。对于那些明显损害竞争的垄断行为,很容易判断其违法性,因此可以直接适用"本身违法原则"。然而,"专业性"的标签往往会使得反垄断执法被神圣化,从而无法被视为是普通的行政执法而受到司法的审查。此外,"法院和反垄断执法机关之间存在巨大的资源差异,也使法院倾向于以形式审查替代实质审查。"[2] 这些因素都有可能使得法院在对反垄断执法展开司法审查时表现出更大的谦抑性,尊重反垄断执法机构的执法决定而非对其提出反对意见,从而使得司法审查流于形式,主要停留在纸面上。

三 反行政垄断诉讼面临巨大困难

与反垄断民事诉讼案件数量相比,反垄断行政诉讼案件的数量则

---

[1] 游钰:《论反垄断执法的司法审查》,载《中国法学》2013年第6期。
[2] 李剑:《反垄断私人诉讼困境与反垄断执法的管制化发展》,载《法学研究》2011年第5期。

要少得多。具有较大社会影响力的案件包括山东省23家会计师事务所不服山东省工商局对垄断协议行为的处罚提起的一系列行政诉讼，以及海南省裕泰科技饲料公司不服海南省物价局对其达成的纵向价格垄断协议作出的行政处罚决定书而向法院提起诉讼。① 有学者收集了165份反垄断行政诉讼裁判文书，具体参见表2-2。② 由该表可见，反垄断行政诉讼案件仍然相对较少，而且原告胜诉率很低，尤其是针对反垄断执法所提起的行政诉讼，胜诉率为零。

表2-2　　　　　　　　反垄断行政诉讼案件

年份/数量	行政执法	举报	行政垄断	申请执行	总计
2014年	2	1	6	3	12
2015年	0	2	7	0	9
2016年	23	4	12	0	39
2017年	25	6	12	0	43
2018年	19	9	11	0	39
2019年	4	10	8	1	23
小计	73	32	56	4	165
实际案件数量	7	17	40	2	66
原告胜诉的实际数量	0	1	9	0	10

实践中，也有当事人针对行政机关涉嫌滥用行政权力排除限制竞争行为提起诉讼，然而，当事人胜诉的可能性非常之小，法院会以各种理由驳回当事人的起诉。

通化市绿宝医疗废物处理有限公司诉梅河口市卫生健康局等行政行为违法一案是一起典型的行政垄断案件，被告通过发布行政性文件的形式，要求该市各级医疗机构均需要将所产生的医疗废物交由其指定的佰利洁公司进行处理，这实际上就相当于是限定了各医疗机构的交易对象，剥夺了原告的交易机会。虽然被告声称这并未强制要求各

---

① 关于该案的报道，详见"海南法院：首例纵向垄断协议行政案审结"，http://www.chinaiprlaw.cn/index.php?id=5133.
② 参见侯利阳《我国反垄断行政诉讼的困境及因应》，载《法学》2022年第1期。

医疗机构必须与佰利洁公司进行交易，各医疗机构仍然具有选择的自由，但显然这种自由事实上并不存在，作为行业主管机构，一旦其指定了特定的公司，其管辖范围内的医疗机构通常情况下必然会遵照执行，从实际效果来看也得到了印证。法院回避了这一问题，这也是因为被告的解释过于牵强，法院并不愿意以此为理由来支持被告的观点。[①] 法院仍然是回到最为"保险"的路径上来，即以原告的诉讼请求没有法律和事实依据予以驳回。不可否认，被告确实未对原告直接作出强制性具体行政行为，但作为被告所指定的经营者的竞争者，原告仍然受到这种具体行政行为的间接影响，原告与该行政行为具有法律上的利害关系，因此法院认为被告发布的指导性文件对原告没有法律上利害关系的结论是错误的。

可喜地是，在上诉中，二审法院纠正了一审法院的部分错误认定。[②] 二审法院认为，虽然被上诉人所发布的文件从形式上看上属于抽象行政行为，但从其具体内容来看，该文件内容明确针对具体的行政相对人即梅河口市各级、各类医疗卫生机构而作出，具有明确的行为要求，因此该文件实为行政行为，具有可诉性，纠正了一审法院的错误认定。另外，关于上诉人与本案是否具有利害关系问题，二审法院指出，被上诉人所发布的文件要求医疗卫生机构将医疗废物交由佰利洁公司处理，而上诉人与这些医疗机构存在合同关系，因此，虽然上诉人并非是该行政行为的相对人，但应当认定其与本案具有利害关系，其有权提起行政诉讼，一审法院的认定存在错误。但令人遗憾地是，二审法院对于该行政行为的合法性认定存在明显错误。二审法院依据《反垄断法》第一条而认定反垄断法的立法目的是维护消费者利益和社会公共利益，上诉人所主张的权益并不属于反垄断法所保护的法益。

二审法院对反垄断法的规定作了极为狭隘的理解，仅仅因为《反

---

① （2019）吉 0581 行初 8 号行政判决书。
② （2020）吉 05 行终 15 号行政判决书。

垄断法》第一条中未明确规定保护竞争者的利益，就认为竞争者的利益不在反垄断法所保护的利益范围之内。确实，如果竞争者因为竞争对手公平、合法的竞争而遭受损害，则这种损害将不会受到反垄断法的保护，这也是"竞争法保护竞争而不保护竞争者"的根本之义；如果竞争者因为行政机关合法正当的行政行为而遭受到了损害，这种损害同样无法得到反垄断法的保护。但是，如果竞争者是因为竞争对手的垄断行为或者因为行政机关滥用行政权力排除限制竞争行为而遭受到了损害，则显然其利益应当得到反垄断法的保护，这也正是反垄断法反对垄断行为以及行政垄断的重要目的。二审法院的这种认定是错误的。此外，二审法院还认为，被上诉人的行为不符合《反垄断法》第三条所规定的三种垄断行为，因此本案不适用《反垄断法》，而是适用《医疗废弃物管理条例》。二审法院的这种认定也存在严重错误，不可否认，被上诉人的行为确实不属于《反垄断法》所规定的三种垄断行为——尽管这往往被许多人所混淆——但是，我国《反垄断法》（2008年）第八条明确规定："行政机关和法律、法规授权的具有管理公共事务职能的组织不得滥用行政权力，排除、限制竞争。"而且，第五章明确对"滥用行政权力排除、限制竞争"作出了专门规定。行政机关滥用行政权力排除限制竞争的行为显然属于《反垄断法》所调整的对象，应当适用《反垄断法》。二审法院的这种认定也凸显出当前许多地区法院在反垄断法方面的知识极为匮乏。该案也明显地显示出在实践中，受行政垄断行为损害的主体提起反行政垄断诉讼由于种种原因而很难得到法院的支持。

第六节 总结

作为反垄断法实施重要方式的反垄断行政执法，存在不作为的可能，这在实践中已经有所暴露，但是这种不作为很难得到有效纠正。反垄断行政执法还存在乱作为的可能，具体包括误查和漏查两种情形，这两种乱作为的情形对市场竞争造成了严重损害，但是，无论是误查还是漏查也都难以得到有效纠正。作为反垄断法司法实施最主要方式的反垄断民事诉讼，其自身存在诸多障碍，从而限制了反垄断民事诉讼的提起和进展。事实上，反垄断民事诉讼并不能有效实现其价值目标，也无法有效保护社会公共利益，而且还存在被"各个击破"的问题，不应对通过反垄断民事诉讼的实施维护市场竞争秩序抱有过高的期望。作为反垄断法司法实施的另外一种方式，即反垄断行政诉讼，其在实践中能够发挥的价值更小，一方面是因为反垄断行政诉讼案件数量本身很少，另一方面是因为司法无法对反垄断执法展开有效地实质审查。尽管我国反垄断法实施目前已有十余年的时间，各界都普遍认为反垄断法的实施已经走出了最初三、四年的低谷，尤其是经历了2013年、2014年的反垄断执法高潮之后，目前已经呈现出欣欣向荣之势。但这种繁荣的表面之下，隐藏着反垄断法实施存在的危机，现行的反垄断法实施机制遭遇到了瓶颈。但是，我国反垄断法实施目前所面临的上述困境无法简单通过内部改革而得以突破，因为虽然反垄断行政执法和反垄断民事诉讼都具有特殊性，但其各自都仍然是行政执法与民事诉讼的下位制度。对下位制度进行改革，必然涉及对上位制度的诸多调整，"牵一发而动全身"，难度很大，且很难在短期内完成。但反垄断法的实施却须臾不得停滞，且必须尽快突破上述瓶颈，因此只能借助于外部制度的引入，进行"增量改革"。

第三章 检察机关提起反垄断公益诉讼的法理基础、现实需求及制度价值

检察机关提起公益诉讼制度已经在我国确立,在制度价值理念上与同样保护社会公共利益的反垄断法具有一定的契合之处,为突破我国反垄断行政执法与反垄断民事诉讼所面临的瓶颈提供了一种制度上的可能性。检察机关提起反垄断公益诉讼对于完善反垄断行政执法与反垄断民事诉讼具有重要价值。

第一节 检察机关提起反垄断公益诉讼的法理基础

一 我国检察机关是公共利益的代表

"'社会'并不能被简单当成实在法意义上的权利义务主体,这样,'社会'如果不经过进一步的特别拟制(由法律建构代表机制)就仅具有虚幻法律主体意义——保护公共利益也许只是行政执法的反射性后果或者私人维护自身权益或许(但不一定)兼具的客观公益后果,而不是'社会人'的主观努力和必然具有的效果。"[①] 社会公共利益的保护如果仅仅依靠行政机关的执法或者私人诉讼所附带的不确定性客观后果,将具有极大的不确定性。行政机关虽然是保护公共利益

---

① 赵红梅:《经济法的私人实施与社会实施》,载《中国法学》2014年第1期。

的当然机构，但是抽象的行政机关这一主体仍然是由具体的人员所构成的。既然如此，行政机关就不可能成为绝对的"利益超然"主体，其自身也具有维护自身私益的考量，也即"利益部门化"，这会严重影响行政机关保护社会公共利益的立场。同样地，私人提起诉讼给社会公共利益的保护带来的"溢出"效应，只能被视为是社会公共利益保护的一种补充，而不能成为被依赖的主要方式。因此，社会公共利益保护的职责，应当由能够代表"社会"的相关机构来承担。"检察机关的活动首先是代表国家利益，以国家的名义进行的。其次，检察权不仅具有国家代表性，同时还具有公益代表性。当公共利益遭受损害时，检察机关就应当为维护和恢复这种利益而实施必要的行为。"[1]在我国，检察机关是维护公共利益的天然代表。我国检察机关自建国之日起就一直在探索保护社会公共利益的实践。

检察机关提起公益诉讼在建国初期的实践探索，"主要是根据建国初期我国建立的检察机关代表国家利益、人民利益提起和参与民事诉讼、行政诉讼的制度"。[2]新中国成立以后，我国确立了检察机关参加民事行政诉讼活动的制度。1954年《中华人民共和国人民检察院组织法》第四条规定："地方各级人民检察院，依照本法第二章规定的程序行使下列职权：……（六）对于有关国家和人民利益的重要民事案件有权提起诉讼或者参加诉讼。"可见，检察机关担负起了参与诉讼维护公益的职能，应该说从制度上有基本的依据，但仍然存在不足。"这一时期检察机关尽管被赋予参与民事、行政诉讼的广泛权力，但由于新中国成立初期的法律还不完备，完整系统的诉讼法当时尚无暇予以认真讨论，在检察机关提起诉讼维护公益方面只是一些原则性规定，尚无细致完备的程序规定。"[3]尽管如此，检察机关还是依据相关规定展开了相关的司法实践活动。在最高人民检察院的指导下，各地

---

[1] 张兆松：《中国检察权监督制约机制研究》，清华大学出版社2014年版，第31页。
[2] 徐全兵：《检察机关提起公益诉讼有关问题》，载《国家检察官学院学报》2016年第3期。
[3] 最高人民检察院民事行政检察厅编：《检察机关提起公益诉讼——实践与探索》，中国检察出版社2017年版，第32—33页。

检察机关积极努力参与和提起民事诉讼工作。①

1978年检察机关恢复重建之后，1979年《人民检察院组织法》没有再规定民事行政检察制度。之后1989年《行政诉讼法》、1991年《民事诉讼法》都相继规定了人民检察院有权对民事审判和行政诉讼进行法律监督的原则，但是在分则部分只规定了检察机关抗诉的具体条款，而没有规定检察机关提起民事和行政公益诉讼。②尽管法律上没有明确为检察机关提起公益诉讼提供依据，但是由于当时社会经济体制改革过程中出现了大量的国有资产流失案件，损害了国家利益和社会公共利益，因此，检察机关开始主动探索通过提起诉讼的方式防止国有资产流失保护社会公共利益。③可以说这一时期检察机关提起公益诉讼是实践先行，这也是由当时改革的大背景所决定的，也反映出当时检察机关不拘泥于具体的授权性规定，在法律未明确禁止的范围内以实践需要为导向，积极开展提起公益诉讼的实践探索。

河南省方城县检察院起诉该县工商局擅自出让房地产致使国有资产流失一案，即是改革开放以后由检察机关提起的第一起公益诉讼案件，产生了广泛而深远的影响。④检察机关提起公益诉讼之所以首先发生在国有资产流失领域，也与国有资产流失案件的特殊性密切相关。⑤国有资产流失案件的特殊性决定了由检察机关提起诉讼的必要性，也体现出了由检察机关通过提起公益诉讼的方式保护国有资产的独特优势。许多地方检察院纷纷以此为契机，针对国有资产流失案件

---

① 参见田凯《人民检察院提起公益诉讼立法研究》，中国检察出版社2017年版，第4页。
② 参见田凯《人民检察院提起公益诉讼立法研究》，中国检察出版社2017年版，第4页。
③ 徐全兵：《检察机关提起公益诉讼有关问题》，载《国家检察官学院学报》2016年第3期。
④ 案情介绍参见孙彩虹《检察机关提起国有资产流失公益诉讼制度研究》，载《河南师范大学学报》2009年第2期；最高人民检察院民事行政检察厅编《检察机关提起公益诉讼——实践与探索》，中国检察出版社2017年版，第33—34页。
⑤ 李浩：《关于民事公诉的若干思考》，载《民事行政诉讼中检察权配置问题专家研讨会专家发言提纲》2005年8月30日，转引自肖建国《民事公益诉讼的基本模式研究——以中、美、德三国为中心的比较法考察》，载《中国法学》2007年第5期。

提起了公益诉讼。① 此后，检察机关提起公益诉讼的案件也逐渐从最初的国有资产流失领域扩展到了环境污染领域。② 自1997年方城县检察院提起第一起公益诉讼到2003年，据不完全统计，在全国范围内各地检察机关提起的民事公益诉讼案件已有200起左右。③ 可以说当时检察机关提起民事公益诉讼的实践发展正处于一个上升时期，正常而言会因为其产生的良好社会效应而得到进一步的发展。但检察机关提起公益诉讼制度却并没有按照通常所预想的那样进一步发展，而是在2004年迎来了转折点。最高人民法院于2004年6月17日在湖北省高级人民法院请示一案中作出的民立他字第53号《关于恩施市人民检察院诉张苏文返还国有资产一案的复函》中指出："检察机关以保护国有资产和公共利益为由，以原告身份代表国家提起民事诉讼，没有法律依据，此案件不应受理，如已受理，应当驳回起诉。"④ 不过，也有学者指出，检察机关针对国有资产流失案件提起公益诉讼的实践之所以被叫停，主要是因为当时国家行政管理体系内部设置了国有资产管理部门，专门负责对国家资产流失问题进行监管，因此检察机关针对国有资产流失提起公益诉讼就没有存在的必要。⑤ 无论是出于何种原因，自最高人民法院作出该复函以后，各地检察机关提起公益诉讼的探索陷入停滞状态。

但是，检察机关提起公益诉讼的实践探索并没有受到2004年最高人民法院复函的太大影响，仅仅四年之后，各地检察机关就重新开始了提起公益诉讼的探索。自2008年起，河南、湖南、山东、四川、贵州、广东、浙江、重庆、江西、福建等地检察机关在生态保护和环境

---

① 参见最高人民检察院民事行政检察厅编《检察机关提起公益诉讼——实践与探索》，中国检察出版社2017年版，第34页。

② 参见最高人民检察院民事行政检察厅编《检察机关提起公益诉讼——实践与探索》，中国检察出版社2017年版，第35页。

③ 参见黄广明、熊小平《检察院"民事公诉"起风波》，载《南方周末》2003年10月30日。

④ 刘家琛编：《最高人民法院司法解释·批复·答复集成3》，中国城市出版社2009年版，第1820页。

⑤ 参见林莉红《论检察机关提起民事公益诉讼的制度空间》，载《行政法学研究》2018年第6期。

污染损害赔偿领域开展了新一轮提起公益诉讼的探索,办理了一批富有成效的案件。[1] 不过,检察机关提起公益诉讼的案件基本全部集中在生态保护和环境污染领域,而没有涉及国有资产保护,这可能与2004年最高人民法院作出的复函针对的是国有资产有关,各地检察机关可能"故意"避开国有资产流失领域,以避免受该复函的约束。

2012年《民事诉讼法》修订,第五十五条规定:"对污染环境、侵害众多消费者合法权益等损害社会公共利益的行为,法律规定的机关和有关组织可以向人民法院提起诉讼。"这标志着我国首次明确规定了民事公益诉讼制度。但是,《民事诉讼法》第五十五条中"法律规定的机关"并不包括人民检察院。[2] 因此,在《民事诉讼法》修订以后,鲜有检察机关提起公益诉讼的实践。有学者对2008年至2015年10月期间全国范围内的环境民事公益诉讼案件展开了研究,发现2012年《民事诉讼法》修订后检察机关提起环境公益诉讼的案件数量呈现急剧下降的趋势,认为主要原因在于修改后的《民事诉讼法》并未明确"法律规定的机关和有关组织"的具体范围,"尤其是检察机关在对公益诉讼实践多年之后,仍然没有明确其主体地位,不利于调动其积极性,也让其对自身的定位重新审视。"[3] 可以说,修订的《民事诉讼法》未明确规定检察机关可以提起民事公益诉讼,对于检察机关而言是一种"打击",在某种程度上来说,也表明检察机关前期在环境公益诉讼方面的实践探索并未得到立法机关的足够重视和认可。

2014年10月23日,党的十八届四中全会审议通过的《中共中央关于全面推进依法治国若干重大问题的决定》明确提出:"探索建立检察机关提起公益诉讼制度。"[4] 为了更好地加强对国家利益和社会公

---

[1] 关于2008年至2012年检察机关提起公益诉讼的典型案件介绍,参见最高人民检察院民事行政检察厅编《检察机关提起公益诉讼——实践与探索》,中国检察出版社2017年版,第35—44页。
[2] 参见李浩《论察机关在民事公益诉讼中的地位》,载《法学》2017年第11期。
[3] 吴应甲:《中国环境公益诉讼主体多元化研究》,中国检察出版社2017年版,第45页。
[4] 《中共中央关于全面推进依法治国若干重大问题的决定》,载人民网:http://politics.people.com.cn/n/2014/1029/c1001-25926893-2.html。

共利益的保护，2015年7月1日，第十二届全国人民代表大会常务委员会第十五次会议决定授权最高人民检察院在生态环境和资源保护、国有资源保护、国有土地使用权出让、食品药品安全等领域开展提起公益诉讼试点。2017年5月23日，中央全面深化改革领导小组第三十五次会议审议通过了《关于检察机关提起公益诉讼试点情况和下一步工作建议的报告》。会议认为最高人民检察院在为期两年的公益诉讼试点中，办理了一大批公益诉讼案件，积累了丰富的案件样本，制度设计得到充分检验，正式建立检察机关提起公益诉讼制度的时机已经成熟。会议指出要在总结试点工作的基础上，为检察机关提起公益诉讼提供法律保障。2017年6月27日，第十二届全国人大常委会第二十八次会议作出了《关于修改〈中华人民共和国民事诉讼法〉和〈中华人民共和国行政诉讼法〉的决定》，正式引入了检察机关提起民事公益诉讼和行政公益诉讼的制度，为检察机关提起公益诉讼提供了明确的法律依据。

　　应该说，我国建国初期检察机关提起公益诉讼的实践探索，更多的是政治要求推动而非实践要求的结果，当时并不存在大规模侵犯社会公共利益的新型行为。而20世纪90年代开始的检察机关提起公益诉讼的实践探索，最开始也仅限于国有资产流失领域，这也只是在我国基本经济制度的层面上表明国有资产的流失对社会公共利益也造成了损害，也不是一种大规模的侵犯公共利益的新型行为。"我国是社会主义人民共和国，国家所有即全民所有，国有资产即全国人民的财产，国家保护国有资产，禁止任何组织和个人用任何手段侵占或者破坏国有资产。国有资产严重流失是对国家利益的侵害，是对人民利益的侵害。"[1] 当然，之后检察机关提起公益诉讼的案件逐渐从国有资产流失转移到了其他领域，主要是环境污染领域。环境污染与国有资产流失给公共利益造成的损害存在一定的区别，与国有资产流失更多的

---

[1] 孙彩虹：《检察机关提起国有资产流失公益诉讼制度研究》，载《河南师范大学学报》2009年第2期。

是在政治意义、基本经济制度层面上给社会公共利益造成的一种间接的损害不同，环境污染造成的损害则更多的体现为对社会公共利益的一种直接的、可以具体感知的损害，这种损害是随着社会经济发展而新出现的大规模侵权行为。党的十八届四中全会以后检察机关提起公益诉讼实践探索所针对的如环境污染、食品药品安全等，都是典型的新型大规模侵权行为。

"我国社会转型期、经济转轨期不断涌现大量的新型社会矛盾和冲突，难以寻求司法程序的救济，这已经到了非改不可的紧迫地步。与已有的传统诉讼制度存在根本性差异的方面是，公益诉讼在原告资格范围、诉讼请求内容与目的、判决效力方面具有不同于其他诉讼形式的自身特点，运用对待传统私益诉讼的方式来解决，注定无法奏效。我国法治的发展进步，市场经济体制的建立和发展，私域和公域的区分，私益和公益的对立统一，为确立检察机关提起民事行政公益诉讼的制度提供了必要性。"[①] 党的十八届四中全会明确提出："探索建立检察机关提起公益诉讼制度"，这是顺应实践发展要求的制度改革。目前我国已经确立了检察机关提起公益诉讼的基本制度，为公共利益的保护提供了新的制度供给。检察机关提起公益诉讼已经并且将继续展现其在保护公共利益方面的制度优势，但是，我们也应当清醒地认识到，检察机关提起公益诉讼制度绝没有达到完美的状态，仍然有许多值得完善的地方，例如检察机关提起公益诉讼的领域是否过窄从而需要进一步扩大，这都是亟须研究的问题。从某种意义上来说，检察机关提起公益诉讼制度的确立只是一个开始，该制度的不断完善才是一个更加漫长的过程。

二 检察机关提起公益诉讼并不会导致"角色冲突"

依据《最高人民法院、最高人民检察院关于检察公益诉讼案件适

[①] 崔伟、李强：《检察机关民事行政公诉论》，中国检察出版社2010年版，第4页。

用法律若干问题的解释》，检察机关提起公益诉讼的身份是"公益诉讼起诉人"。同时，检察机关又是我国的法律监督机关。这是否意味着检察提起公益诉讼将导致其角色出现冲突呢，即检察机关在提起的公益诉讼中，既以原告的身份参与诉讼，又以法律监督机关的身份对审判活动进行监督？如果这样的话，这种角色的冲突将会严重影响诉讼结果的公正性。实际上，检察机关所具有的这两种角色并不冲突。之所以有学者认为存在角色冲突，主要是因为其将检察机关所具有的这两种角色割裂看待，忽视了二者的内在一致性。"当检察机关作为原告提起公益诉讼时，其法律监督的重心不再指向法院的裁判活动，而是指向民事主体的守法活动或行政机关的执法活动。在此意义上，实施法律监督是检察机关扮演当事人角色的内在追求，当事人角色是检察机关实施法律监督的外在表现。检察机关在公益诉讼中的'自身利益'就是其在履行监督职能时所追求的利益，两者内在统一。作为公益诉讼人，检察机关既可对民事主体提起民事公益诉讼，也可以对行政机关提起行政公益诉讼，以履行其法律监督职能。"[1] 换言之，我们对于检察机关法律监督者的角色认识，不能过于狭隘。检察机关以"公益诉讼起诉人"的身份提起公益诉讼，其在诉讼活动中主要是以原告的身份参与诉讼，尽管其同时具有检察机关这一法律监督机关的身份，但在所提起的公益诉讼中，这一法律监督机关的身份主要不是体现为《民事诉讼法》第十四条的规定中，[2] 不是狭隘意义上的民事审判监督权，而是在更广意义上的法律监督，超出了民事审判本身，是对相关法律是否得到遵守的一种监督。"检察公益诉讼制度虽是从法律监督的宪法定位而来，却是为保护公益的终极目标而去。"[3] 事实上，这也能够从《最高人民法院、最高人民检察院关于检察公益诉讼案件适用法律若干问题的解释》第十条的规定看出。该条规定："人

---

[1] 李艳芳、吴凯杰：《论检察机关在环境公益诉讼中的角色与定位》，载《中国人民大学学报》2016年第2期。
[2] 《民事诉讼法》第十四条规定："人民检察院有权对民事诉讼实行法律监督。"
[3] 张雪樵：《检察公益诉讼的"智慧之门"》，载《检察日报》2018年4月9日第3版。

民检察院不服人民法院第一审判决、裁定的,可以向上一级人民法院提起上诉"。人民检察院不能直接"抗诉",正如有学者所指出的,这"否认了检察机关在起诉时可同时对法官及诉讼程序本身履行法律监督职能"①。

三 检察机关提起公益诉讼的范围并非固定不变

"在改革初期的制度设计中,出于尊重私权的原则,检察机关提起公益诉讼的范围被限定为只能介入和干预涉及社会公共利益或国家利益的案件,并具体化为环境资源、食品药品安全、国有资产保护、国有土地使用权转让等案件。"② 制度改革都具有两面性,既有可能实现立法者所期望实现的目标,也有可能出现立法者所始料未及的一些问题。因此,在制度正式全面实施之前,立法者都往往会在特定时间、特定范围内展开试点,以便通过局部的"试验"以了解到制度所存在的问题,为制度的进一步完善提供依据。即便是立法者最终决定全面实施某项制度,也往往会对该制度进行某些方面的限定,以便在该制度实施的过程中继续对其实施效果进行观察,从而为今后取消这些限定、扩大制度适用的范围或情形提供实践支撑。检察机关提起公益诉讼制度的实施亦是如此。即便是最终实施,也只是限定在明确列举的领域之中。"检察机关提起公益诉讼的范围都是有限度的,而不是无所限制、任意扩张的。检察机关是国家的公权力机关,它应始终恪守尊重私权、不干预私权的原则。"③

公共利益中的利益,其内容具有不确定性。正如我国台湾学者陈新民所言,"利益的形成及利益价值的认定,恒以当时社会客观事实

---

① 占善刚、王译:《检察机关提起民事公益诉讼的角色困境及其合理解脱》,载《学习与探索》2018年第10期。
② 杨克勤:《法治供给侧改革下的检察改革》,载《法制与社会发展》2017年第4期。
③ 汤维建:《检察机关提起公益诉讼试点相关问题解析》,载李如林主编《检察智库成果》(第1辑),中国检察出版社2017年版,第280—281页。

所左右，公益内容的保障成形时，自然的必须是随着发展的及动态的国家社会情形而有所不同。"① 检察机关提起公益诉讼的范围并不是固定的，而是应当随着社会的发展、矛盾的转换而动态调整。有学者提出民事公益诉讼案件范围的界定应当坚持两个原则，一是典型性原则，通过对典型民事公益诉讼案件的宣传，可以更好地帮助培养社会成员维护公益的意识，此外，只有将有限的司法资源集中在典型案件上，才能够避免耗费过多的司法资源从而影响法院其他审判任务。二是逐步推进的原则，认为民事公益诉讼与普通民事诉讼相比，差异很大，需要给社会成员一个逐步了解和适应的过程，必须遵循循序渐进、稳扎稳打的原则，做到"成熟一个、推出一个"。② 我国此前所确定的检察机关提起公益诉讼制度未将垄断行为纳入进来，更主要的是政策方面的考量，在立法者看来，通过检察机关提起公益诉讼治理破坏生态环境和资源保护等损害社会公共利益的行为在当时更为紧迫。另外，在检察机关提起公益诉讼制度实施初期，检察机关的经验尚在积累之中，司法资源相对有限，制度规律仍在不断探索之中，这也是立法机关将检察机关提起公益诉讼的范围限定在有限范围的原因。③ 然而，当条件不断成熟，我国最终将垄断行为纳入到了检察机关提起反垄断民事公益诉讼的范围内。

事实上，检察机关提起公益诉讼制度也并没有完全关闭其他领域实施检察机关提起公益诉讼的大门。修订后的《民事诉讼法》第五十五条第二款和《行政诉讼法》第二十五条第四款对检察机关提起公益诉讼范围的规定方面，都采取的是不完全列举的原则。这两个条款中的"等"，究竟是"等内等"还是"等外等"，直接关系到检察机关提起民事公益诉讼与行政公益诉讼的范围。笔者认为，这两个条款之所以只作了有限的列举，主要是因为所列举的生态环境和资源保护、食品药品安全等领域是在当前阶段问题最为突出、最亟须尽快解决的情

---

① 陈新民：《宪法基本权利之基本理论》（上册），元照出版社1999年版，第135—136页。
② 参见潘申明《比较法视野下的民事公益诉讼》，法律出版社2011年版，第47—48页。
③ 参见吕天奇《检察机关公益诉讼制度基本问题研究》，载《社会科学研究》2016年第6期。

形,这两个条款的规定并不排斥今后将其他损害社会公共利益的行为纳入其中。因此,笔者认为这两个条款中的"等"属于"等外等"。"即便立法者能思考所有的情形,为了避免混乱,他也不应全部提及;相反,他应当针对最经常出现的情形进行立法。"[1] 有民事诉讼法学者认为,关于民事公益诉讼的客观范围,虽然《民事诉讼法》采取的是列举式规定,但不排除具体的相关实体法可以将列举之外的其他侵害社会公共利益的行为纳入民事公益诉讼范畴。[2] 有行政法学者也认为,"检察机关提起(行政)公益诉讼的范围,不应局限于明确列举的'生态环境和资源保护、食品药品安全、国有财产保护、国有土地使用权出让'领域",并主张在实践中适当拓展其范围,把一些问题突出、人民群众反映强烈的行政违法行为纳入检察机关提起(行政)公益诉讼的范围。[3] 垄断行为所损害的社会公共利益,与破坏生态环境和资源保护、食品药品安全领域侵害众多消费者合法权益等损害的社会共利益,在本质上都是相同的。事实上,"公益诉讼"这一概念最初引起我国公众关注,就是因为在 20 世纪 90 年代中后期,普通公民因不满垄断行业不正当经营行为而提起了诉讼。[4] 因此,2022《反垄断法》修正确定检察机关提起反垄断民事公益诉讼也就是必然。

第二节 垄断损害的特殊性及对检察机关提起反垄断公益诉讼的现实需求

一 垄断行为损害的特殊性

"在现代社会里,大规模生产不断地将商品输入市场,而伴随的

---

[1] [意]阿奎那:《论法律》,杨天江译,商务印书馆 2016 年版,第 108 页。
[2] 张卫平:《最高人民法院民事诉讼法司法解释要点解读》,中国法制出版社 2015 年版,第 233 页。
[3] 李洪雷:《检察机关提起行政公益诉讼的法治化路径》,载《行政法学研究》2017 年第 5 期。
[4] 叶榅平:《民事诉讼法》,上海财经大学出版社 2016 年版,第 126 页。

服务数量、种类也骤然剧增，商品生产导致环境破坏，使很多人遭受损害。通过市场作用（机制），在消费的供给过程中，会使大量消费者受害。另外，飞机、火车等运营量大的交通工具，一旦发生事故，将会危及很多人的生命安全。上述活动所涉及的危害面较大，受害人数较多。若这些事件大量发生的话，法院将无法发挥正常的机能。这些事件（纠纷）都有一个共同的特点，即违法行为具有单一性，争点具有共通性。"[1] 这就是小岛武司教授所指的现代纠纷。

因垄断行为而引发的纠纷也是一种现代纠纷，尽管在许多垄断纠纷案件中，似乎纠纷只涉及原被告之间的利益，但实际却并非如此简单，往往涉及原、被告之外的其他不特定多数主体的利益。垄断协议纠纷中，假设下游的经营者 A 起诉上游经营者 B、C 和 D 达成了固定价格的协议，这看似只是 A 和 B、C、D 之间的纠纷，但这只是被 A 所提起从而得以显现成为一种现实的纠纷。除此以外，还有大量的纠纷没有被其他原告所提起，从而只是一种隐性的纠纷，这些潜在的原告既包括与 A 处于同一竞争水平的其他经营者，也包括最终的消费者，因为经营者 A 等可能会将这种垄断高价转嫁给消费者。滥用市场支配地位纠纷和经营者集中情形亦类似，滥用市场支配地位的行为以及具有排除、限制竞争效果的经营者集中，不仅会损害愿意提起诉讼的原告的利益，而且也会损害众多与原告处于相同地位的其他主体的利益。总之，垄断行为所造成的损害，并不是一种"点对点"的损害，而是一种"点对面"的损害，这种"面"，不仅仅包括受垄断行为直接或间接损害的相关主体的利益，而且也包括社会公共利益。垄断行为损害了社会公共利益，这主要表现在垄断行为破坏了竞争秩序，从而使得不特定的消费者无法享受到竞争所带来的好处，导致社会资源无法得到有效配置，降低了经济运行的效率，损害了社会主义市场经济的健康发展。因此，《反垄断法》的立法宗旨中明确将"社会公

---

[1] ［日］小岛武司：《诉讼制度改革的法理与实证》，陈刚、郭美松等译，法律出版社2001年版，第92页。

共利益"作为其保护的法益。

吕忠梅教授在对环境公共利益的表现形式展开分析时，分析了环境的两种价值，这对于我们理解公平、自由的竞争秩序也具有启发意义。环境对于人类生存具有两种价值："一方面，环境是人类生物性生存的必要条件，水、土壤、森林都是人须臾不可缺少的，此时的环境是典型的公共产品，不具有私人物品的独占性与消费排他性，其产生的利益表现为公共利益；另一方面，环境是人类社会性生存的必要条件，水、土壤、森林是人的劳动对象或生产资料，此时的环境则可以特定为独立的'物'而成为所有权的客体，其产生的利益表现为私人利益。而这两种价值是共同的表现在环境这个客体上的，环境并不会因为具有公共利益和私人利益的双重价值而自动地分开：一棵树，作为公共利益可以制造新鲜空气、涵养水源、防风固沙、调节气候；作为个人利益可以生长果实、提供燃料、作为制作家具的原料，还可以变卖。"[1] 相应地，对这两种利益的损害就表现为"对人的损害"和"对环境的损害"，前者包括财产损害、人身伤害和精神损害，后者是指环境污染、生态破坏。[2]

事实上，对于竞争秩序来说亦是如此。从宏观层面来看，竞争是市场经济发展的重要载体形式，可以说，没有竞争就没有市场经济，竞争能够实现资源的优化配置，实现社会整体利益和公众福祉的提升。从微观层面来看，竞争对于竞争者而言，是其获得市场份额并进而赚取利润的最重要方式，虽然竞争失败的竞争者会因为这种竞争而受到损害，但从长远来看，这种竞争恰恰是其能够成长的动力来源；对于消费者而言，则能够享受竞争所带来的价格更低廉、品质更优的商品或服务。竞争的这种宏观与微观价值都集中体现在竞争这一客体之上。对竞争的损害，一方面表现为"对人的损害"，即对依法展开竞争的

---

[1] 吕忠梅：《环境公益诉讼辨析》，载吕忠梅、[美]王立德主编《环境公益诉讼——中美之比较》，法律出版社2009年版，第10—11页。

[2] 参见吕忠梅《环境公益诉讼辨析》，载吕忠梅、[美]王立德主编《环境公益诉讼——中美之比较》，法律出版社2009年版，第11页。

竞争者的损害,以及对消费者的损害;另一方面也表现为"对环境的损害",这种"环境"具体是指竞争环境,换言之,是对竞争秩序的一种损害。

但是,与环境损害相比,垄断损害还具有自身独特性。垄断所造成的损害,相对于环境损害而言,不具有很强的直观性。这就如同是将一颗石子打在河面上,溅起了几道涟漪以后最终消失,而消费者处于末端,也即处于最后一道涟漪波动的地方,所能够感受到的损害已经很微弱了。但这是一种假象。当然,也有那种能够让消费者感到被剥夺感很强的垄断行为,但这些大多只集中在少数几种商品或服务上,例如电信。但对于高通的垄断行为最终给消费者带来的损害,可能能够被消费者感受到的就非常渺小了。而对于环境损害而言,上述的这颗石子并没有打在河面上,而是直接打在了人的身上,所以每个人都能够感受到痛,感受到环境损害给自己造成的巨大危害。从这种意义上来说,垄断损害要比环境损害(当然也包括食品安全损害)给受害人带来的损害要更加分散,在"痛感"方面似乎要更弱,但这只是垄断损害自身的一种特殊性所在,并不代表其造成的损害就比环境损害等小。

二 检察机关提起反垄断公益诉讼的现实需求

在多数领域,为实现自己私人利益而努力的个人不乏其人,所以,对私人诉讼提起者不必进行特别的奖励。但是,在其他领域,作为取缔违法行为手段的私人诉讼已很少或已经不存在了。在这样的领域,一般的情况是,法规中明确了什么是违法行为的同时,规定了对违法者制裁的措施,这样的法规数量很多。然而,有利用这些法规的思想准备的原告并不存在。[①] 在这样的领域,不存在提起私人诉讼的人是

---

① [德]海茵·盖茨:《公共利益诉讼的比较法鸟瞰》,载[意]莫洛·卡佩莱蒂编《福利国家与接近正义》,刘俊祥等译,法律出版社2000年版,第67页。

第三章　检察机关提起反垄断公益诉讼的法理基础、现实需求及制度价值

有多种多样的理由的。例如，因为侵害的类型不同，虽然同时侵犯了多数人的利益，但对每个人来说，这种损害并不是很严重。也许有些人认为"个别地"寻求法律救济没什么意义。或者，没有足够的资金提起诉讼。[①] 可见，在这样的领域中，仅仅依靠私人来提起诉讼是不可靠的。反垄断显然也属于这样的领域。

就反垄断民事诉讼而言，虽然也有许多原告提起了反垄断民事诉讼，但是提起诉讼的原告在所有受垄断行为损害的适格原告中所占的比例仍然非常之小。依据所处层次的不同，垄断行为既有可能损害直接购买者如下游经销商的利益，也有可能损害间接购买者如最终消费者的利益。直接购买者受到垄断行为的损害更为直接，最先受到冲击并感受到垄断行为所造成的损害，因此往往更具有提起反垄断诉讼的动机，但其却往往会因为举证困难、诉讼成本高等原因而怠于提起反垄断诉讼。对于间接购买者而言，由于间接购买者的人数众多，单个间接购买者所遭受的垄断损害数额往往并不是特别大，间接购买者提起反垄断诉讼的动机并不是很强，而且还往往普遍具有"搭便车"的心理，希冀其他间接购买者提起反垄断诉讼，从而能够坐享其成。因此，无论是直接购买者还是间接购买者，最终都不具有很强的动机提起反垄断民事诉讼。对于反垄断行政诉讼亦是如此。对于受反垄断执法机构直接处罚的经营者而言，如果反垄断执法存在错误，受处罚的经营者应该具有很强的动机提起反垄断行政诉讼。但是，许多经营者担心提起反垄断行政诉讼将会与反垄断执法机构"交恶"，在今后的经营中受到"特殊"对待，因此往往会选择放弃提起反垄断行政诉讼。因反垄断行政执法错误而间接受到损害的其他经营者或者消费者等，提起反垄断行政诉讼的动机更弱，而且同样面临"搭便车"的问题，从而使得对这些主体提起反垄断行政诉讼的期待性更小。总之，希望通过私人提起反垄断诉讼的方式来纠正垄断行为或者错误的反垄

[①] ［德］海茵·盖茨：《公共利益诉讼的比较法鸟瞰》，载［意］莫洛·卡佩莱蒂编《福利国家与接近正义》，刘俊祥等译，法律出版社2000年版，第67页。

断执法并不具有很大的期待可能性。"在现代社会中,市民日渐被暴露在集团性侵害之下,而且,一个一个的市民对于这些侵害没有足够的金钱或地位而向司法机关提起诉讼,所以对私人诉讼监督作用的期待,在很多地方,不能说是正当的。"①

扩散性利益案件之所以很难得以解决,就在于没有有效的途径将这种案件引入到司法的解决程序中来。事实上,只要能够将致损者引入诉讼程序,并让其切实感受到诉讼程序进行的紧迫性,其往往会及时纠正自己的行为,以获得提起诉讼者的撤诉。这在上海市消费者权益保护委员会提起的我国首例消费公益诉讼案件中就能够得到直观体现。② 在本案中,当被告预测到如果自身不采取有效整改措施将会进入诉讼程序以后,都积极主动与上海市消保委展开沟通,从而使得上海市消保委的诉讼目的得以实现,以消保委撤诉而告终,整个案件得以在很短时间内就得以审结,并没有出现冗长而繁琐的诉讼程序。从某种意义上来说,对涉及侵害众多不特定主体利益的行为,重要的是将其引入到诉讼程序中来,这种实际效果要远远甚于仅仅是名义上存在着无数个消费者提起私益诉讼给其带来的威慑。

"给予穷人以福利待遇——也就是给予物质上的支持——并不能消除贫困。为什么呢？很明显,因为穷人最需要的不是福利而是权力（利）。用权力将穷人武装起来,就可以从社会获得必要的东西。但更为重要的还不止于此,让他们感受到自身的权力（利）所产生的效果,才有可能从贫困的文化中逃离出来。"③ 但实际上,仅仅赋予权利还远远不够,因为一方面有些权利仅仅停留在纸面上,另一方面,弱者本身也有可能并不具有有效行使权利的知识与能力。因此,最为有效的办法,应当是创造一个公平、公正的社会与法治环境,让弱者通

---

① ［德］海茵·盖茨：《公共利益诉讼的比较法鸟瞰》，载［意］莫洛·卡佩莱蒂编《福利国家与接近正义》，刘俊祥等译，法律出版社2000年版，第68页。

② 参见上海市消费者权益保护委员会《中国消费公益诉讼第一案——纪实与解读》，上海人民出版社2016年版，第10—22页。

③ ［美］M. 沙皮罗：《法治化与现代福利国家——美国的连续性》，载［意］莫洛·卡佩莱蒂编《福利国家与接近正义》，刘俊祥等译，法律出版社2000年版，第264页。

过自己的努力也能够改善自身的境况。回归到反垄断法的实施方面，实际上赋予私人提起反垄断诉讼的权利也并不是保护受垄断行为损害的当事人的最佳方式。因为一方面私主体可能基于各方面的理由而不愿提起诉讼，或者提起诉讼所获得的损害赔偿并不能弥补其自身所遭受的损失。另一方面，即便私主体针对此垄断行为提起诉讼，但以该私主体作为中心来看，其可能同时或相继受到多个垄断行为的损害，就个人有限的时间和精力来看，是基本不可能对自身所遭遇的所有垄断行为都提起诉讼的，这也就意味着必定有一部分的损害无法得到救济。因此，将对垄断行为的起诉权赋予私主体只能在名义上保护这些私主体的权益，在实际上却并不能达到立法目的。"大城市里生活着的人像孤立的没有根的草，向这样的人们不易伸出援助之手。他们在理论上拥有'权利'，我们甚至也能给予他们更多的'权利'。但是，这对他们而言有何作用呢？技术与经验是人们所有努力产生的结果，认真地行使权利也不例外。"① 应当将这种分散的起诉权予以集中，交由统一的机构。而检察机关，则无疑是最适宜承担该职责的主体。在提起反垄断公益诉讼方面，检察机关具有独特的优势。

第三节 检察机关提起反垄断公益诉讼的制度价值

在国家利益和社会公共利益受到侵害的情况下，通常会存在两方面的原因：一是直接侵害公共利益的加害人的加害行为；二是相关行政机关违法行使职权或者不作为。对于这两方面的原因都应当依法进行处理。一方面对于加害人可以通过提起民事公益诉讼的方式请求法院判令加害人承担民事法律责任，即要求其承担赔偿损失、恢复原状等责任。另一方面可以通过提起行政公益诉讼的方式督促行政机关依法履行职责。因此，民事公益诉讼和行政公益诉讼相辅相成、

---

① ［美］劳伦斯·M. 弗里德曼：《要求·争论·纠纷与现代福利国家》，载［意］莫洛·卡佩莱蒂编《福利国家与接近正义》，刘俊祥等译，法律出版社 2000 年版，第 240—241 页。

不可偏废。[1] 检察机关提起反垄断公益诉讼，也可以分为检察机关提起反垄断行政公益诉讼与检察机关提起反垄断民事公益诉讼两种情形。二者对于完善我国反垄断法实施机制，弥补现行反垄断法实施机制的不足，具有重要价值。

一　检察机关提起反垄断民事公益诉讼的制度价值

首先，检察机关提起反垄断民事公益诉讼，可有有效解决反垄断民事诉讼中"原告缺位"的问题。一旦建立检察机关提起反垄断民事公益诉讼制度，则针对垄断行为提起民事诉讼就是检察机关的法定职责，其不能因为自身与垄断行为没有直接利害关系或者所受的损害很小等理由而选择不提起诉讼，否则将是严重的失职行为，应当承担相应的法律责任。由利益超然的检察机关提起反垄断民事公益诉讼，可以有效应对垄断行为这种损害具有"点对面"效果的情形，避免传统反垄断民事诉讼中当事人因为自身所遭受的损害小、诉讼成本高等原因而不愿意提起诉讼的情况的发生。这样可以更好地保护社会公共利益，同时也保护那些受垄断行为损害的私主体的利益。

其次，由检察机关提起反垄断民事公益诉讼，可以有效解决传统反垄断民事诉讼中所存在的原告举证能力不足、胜诉率低的问题。尽管在初期，检察机关对于反垄断方面的专业知识的掌握需要一定的时间，但是随着经验的不断积累，检察机关在提起反垄断民事诉讼方面也将具有专业方面的优势，并且也具有更强的举证能力，而这些都是大多数受垄断行为损害的私主体所不具备的。因此，由检察机关提起反垄断民事公益诉讼，也将能够提高案件的胜诉率。尽管相较于反垄断执法机构，检察机关在反垄断专业知识方面会有所欠缺，但是检察机关在诉讼方面的专业性却更强。正如有学者在分析检察机关提起环

---

[1] 最高人民检察院民事行政检察厅：《检察机关提起公益诉讼：实践与探索》，中国检察出版社2017年版，第47—48页。

境公益诉讼时所指出的,"检察机关虽然缺乏环境专业知识与判断能力,但在诉讼中,法律专业知识和诉讼经验更为关键,足以弥补其环境专业能力的欠缺。"①

再次,检察机关提起反垄断民事公益诉讼,可以有效督促反垄断执法机构展开执法。事实上,并非只有检察机关针对反垄断执法机构的不作为提起反垄断行政公益诉讼才能够促使反垄断执法机构展开执法,检察机关提起反垄断民事公益诉讼也具有同样的效果。检察机关之所以提起反垄断民事公益诉讼,是因为市场上仍然存在垄断行为,这也说明该垄断行为并未得到反垄断执法机构的有效执法,从侧面反映出反垄断执法机构的执法存在缺位或不力。"复杂的行政权力运行过程很可能贻误国家利益、社会公共利益保护的最佳时机。在此情势下,作为国家法律监督机关的检察院从行政权力运行圈的外围介入,有助于打破行政僵局,有助于及时、有效维护国家利益与社会公益。"②检察机关提起反垄断民事公益诉讼,能够对反垄断执法机构形成一定的压力,使反垄断执法机构未能有效展开反垄断执法这一事实进入公众视野,从而"倒逼"反垄断执法机构展开有效的执法。当然,针对某一具体的垄断行为而言,如果检察机关已经提起了反垄断民事诉讼,并且也已经进入了审判程序,法院最终也作出了判决,则该垄断行为将通过检察机关提起的反垄断民事公益诉讼而得到禁止,反垄断执法机构将可能不再对其展开执法。但是,检察机关提起反垄断民事公益诉讼还是会对反垄断执法机构形成一种潜在的压力,促使其查处那些尚未但很有可能被检察机关提起公益诉讼的垄断行为。

二 检察机关提起反垄断行政公益诉讼的制度价值

我国行政公益诉讼领域完全由检察机关把握,因为"国家政策实

---

① 李艳芳、吴凯杰:《论检察机关在环境公益诉讼中的角色与定位》,载《中国人民大学学报》2016年第2期。
② 韩波:《公益诉讼制度的力量组合》,载《当代法学》2013年第1期。

施的第一负责主体——行政机关局部性失灵时，唯有司法枢纽可予以修复补救。检察机关通过法律监督权的行使定位行政违法（行政失灵），又以诉权的启动链接到审判台，由之构成了旨在修复法律秩序、推进国家政策实施的客观之诉，其中更有司法权监督行政权的法理逻辑。显然，这样一种直接关系国家政策实施的专业技术任务容不得私人组织的'瞎搅合'，所以也绝不会出现类似美国的私人检察总长现象。"① 对于行政私益诉讼，潜在的利益受损主体是特定的，自然由行政相对人提起。但对于行政公益诉讼而言，由于潜在的利益受损主体是不特定的，如果允许由个人提起行政公益诉讼，则相关行政机关的不作为或违法行为将直接进入到法院的审判程序之中，而无法在审判程序开始前给行政机关提供一个重新作为或纠正违法行为的机会。而由检察机关提起行政公益诉讼，一方面可以解决上述问题，即由检察机关通过诉前程序督促行政机关依法履行职责。"要正确理解诉前程序在制度设计中的基础性地位，以真诚、主动、务实的诉前督促来促进行政机关履职整改和社会组织参与公益保护的积极性、主动性。"② 另一方面，对于国家机关内部出现的局部"失灵"现象——行政机关的不作为或违法行为——立法者首先优先考虑的仍然是通过国家机关内部的相互制衡来予以解决，而非直接从体制外引入制衡的力量。

　　检察机关提起反垄断行政公益诉讼，可以视为是反垄断领域中的"官告官"，这对于弥补传统的反垄断行政执法以及反垄断行政诉讼的不足具有重要价值。权力本身具有自我膨胀的趋势，行政权尤其如此。因此，必须对行政权的行使进行制约。而能够有效抗衡行政权并对其进行经常性制约的，就是司法权。但法院审判权的行使具有被动性，需要有人提起诉讼才能启动。就提起行政诉讼的主体来说，没有理由强制社会公众或者个人以自己的付出来维护国家和社会公共利益，而

---

　　① 梁鸿飞：《检察公益诉讼：逻辑、意义、缺漏及改良》，载《安徽师范大学学报》2019年第3期。

　　② 张雪樵：《检察公益诉讼的"智慧之门"》，载《检察日报》2018年4月9日第3版。

检察机关是能够承担这一职责的最佳选择。同时，不必担心检察机关提起行政诉讼会造成检察权和审判权对行政权的不当干预，因为审判权的启动具有被动性，而检察机关以提起行政诉讼的方式对行政权的监督，又受到法院审判权的制约。[1]

首先，检察机关提起反垄断行政公益诉讼，可以有效解决反垄断行政执法不作为和乱作为的问题。如同斯凯力·赖特法官所解释的那样，公益诉讼是设计用于"保证在国会大厅里传达的重要立法目的不会被在联邦官僚主义的大走廊里丢失或误导"的制度。[2]"行政机关的行政行为违法包括作为违法与不作为违法。对于作为违法，大多存在利害关系人，而不作为违法，则很多时候不存在利害关系人，从而也就难于提起私益诉讼。从实践来看，检察机关提起行政公益诉讼的案件，大多数是关于行政机关的不作为违法。"[3] 正如前文所述，反垄断执法机构不作为包括主观故意和客观不能两种情形。如果反垄断行政执法不作为是因为反垄断执法机构故意不展开执法的话，则检察机关提起反垄断行政公益诉讼，可以督促反垄断行政机关积极展开执法活动。如果反垄断行政执法不作为是因为反垄断执法机构执法力量单薄所造成的话，则检察机关提起反垄断行政公益诉讼则正好可以予以弥补。总之，无论是哪一种情形，由检察机关提起反垄断行政公益诉讼都有助于促进或补充反垄断行政执法。检察机关提起反垄断行政公益诉讼，可以形成对反垄断行政执法的司法制约，有效解决反垄断行政执法机构违法行使职权的行为，也即"乱作为"的行为。反垄断行政执法机构的乱作为，主要包括两种情形，一是错误地将原本构成垄断的行为认定为不构成垄断，这允许了原本违反反垄断法的行为，社会公共利益也将因为这种行为而遭受损害。二是错误地将原本不构成垄

---

[1] 参见刘春玲《行政诉讼检察监督改革二题》，载《河北法学》2004年第5期。
[2] [美]乔纳森·特利：《私人总检察官在环境法执行过程中的作用》，邓海峰、黎明译，载汤欣主编《公共利益与私人诉讼》，北京大学出版社2009年版，第143页。
[3] 李洪雷：《检察机关提起行政公益诉讼的法治化路径》，载《行政法学研究》2017年第5期。

断的行为认定为构成垄断,这禁止了原本符合反垄断法的行为,这种行为所具有的有助于社会公共利益的价值将无法得以发挥。在第一种情形下,往往存在"原告缺位"的问题,会因为没有相关主体提起诉讼而使得反垄断执法机构的错误决定无法得到纠正。在第二种情形下,虽然被处罚的当事人很有可能提起行政复议或行政诉讼,但因当事人与反垄断执法机构之间地位不平等,会因为"原告诉讼能力不足"从而使得这种"民告官"的救济在实践中难以对反垄断行政执法机构形成有效制约,很有可能导致反垄断行政执法机构的"一言堂"。引入检察机关提起反垄断行政公益诉讼这种"官告官"的形式,则可以有效解决"原告缺位"以及"原告诉讼能力不足"的问题。

其次,检察机关提起行政公益诉讼,可以有效制止行政机关滥用行政权力排除限制竞争行为。滥用行政权力排除限制竞争的行政机关,事实上也承担有某种维护所涉及领域内公平竞争秩序的法定职责。反垄断执法机构是维护公平竞争秩序的专门机构,但这并不妨碍其他行政机关在其监管领域内承担某种程度的维护公平竞争秩序的职责,这并不会损害反垄断执法机构的法定执法权。从这种意义上来说,如果赋予检察机关提起反垄断行政公益诉讼的权力,则从事行政垄断的行政机关,也是《行政诉讼法》第二十五条第四款中所规定的对维护公平竞争秩序负有监督管理职责的行政机关,检察机关自然可以针对滥用行政权力排除限制竞争的行政机关直接提起反垄断行政公益诉讼。这样将更有利于禁止行政垄断行为。

再次,检察机关提起反垄断行政公益诉讼,可以有效弥补当前反垄断行政诉讼原告起诉动力不足的问题。与某些经营者忌惮提起针对反垄断执法机构的行政诉讼不同,检察机关是我国的法律监督机关,提起公益诉讼是其法定职责,有专业的司法人员和很强的参与诉讼的能力,在举证质证方面也要远远胜过普通的原告。而且,检察机关和反垄断执法机构同属于国家机关,检察机关也无需担心经营者所担心的反垄断执法机构可能存在的"报复"行为。

最后，检察机关提起反垄断行政公益诉讼，也有助于诉讼推动公共政策的形成。"从法治结构上看，司法意味着个别性的正义。但是，寻求司法帮助完全可以通过其他方法。在美国，法院不仅是主要的解决纠纷的单个部门，还是涉及公共政策的主要组成部分。诉讼也不仅是解决纠纷的方式，还是以公共政策的再形成为目标的政治行为的主要方式。这一行动过程是指通向政治权力的手段的道路，司法也并非通过解决纠纷而得到个人性的正义，而是通过创立新法而得到社会性的正义。"① 公益诉讼的这种价值已经得到了我国检察工作人员的认同，例如，我国最高人民检察院副检察长指出，"应该就通过办好一个案子，乘势追击，趁热打铁，变成机制建设，变成整个地方的规范性建设，整体推动党委、政府治理社会问题。"②

第四节 反垄断公共利益无法通过其他方式得以有效保护

反垄断公共利益的保护除了检察机关提起反垄断公益诉讼这种形式以外，还有其他可能的方式。如果这些其他的可能方式也能够很好保护反垄断公共利益的话，那么检察机关提起反垄断公益诉讼制度的价值可能就没有那么大了。反之，如果其他可能方式无法有效保护反垄断公共利益，那么就更加凸显出检察机关提起反垄断公益诉讼制度的重要性。接下来笔者将分别就其他可能保护反垄断公共利益的方式展开分析。

一 反垄断公共利益无法通过公诉方式得以有效保护

"某一法制下，有许多种途径可以有组织地保护扩散性片断利益。

---

① [美] M. 沙皮罗：《法治化与现代福利国家——美国的连续性》，载 [意] 莫洛·卡佩莱蒂编《福利国家与接近正义》，刘俊祥等译，法律出版社 2000 年版，第 265 页。
② 张雪樵：《检察公益诉讼比较研究》，载《国家检察官学院学报》2019 年第 1 期。

法院的公共利益诉讼仅是其中的一种途径而已。再一个可能的方法是，将违反法令行为定为刑事犯罪，让司法长官有足够的人员可以有效且可信地执行刑事诉讼。"① 检察机关提起公诉也能保护社会公共利益，如果检察机关能够针对垄断行为提起公诉，则无疑也可以达到保护反垄断公共利益的目的，但前提是垄断行为构成犯罪，只有这样检察机关才能够对其提起公诉。"在历史上，中国重视刑事制裁的威慑力，而西方对这些领域在传统上是用民法制度来规范的。事实上，刑事制裁在各种消费者保护法律和劳动安全法律中有着广泛的运用。"② 虽然我国《反垄断法》修正之后第六十七条规定："违反本法规定，构成犯罪的，依法追究刑事责任"，似乎意味着垄断行为也可能构成犯罪，但是，垄断行为是否构成犯罪，仍然要刑法予以明确规定。因此，在我国，垄断行为仍不构成犯罪，这就决定了垄断行为不似其他损害公共利益的行为如环境污染等可以通过检察机关提起公诉的方式而得以禁止。恰恰相反，在美国垄断行为则可以构成犯罪，检察机关可以针对严重的垄断行为提起公诉，追究其刑事责任。但至少就我国目前以及可预见的一定时期而言，垄断行为都不太可能"入罪"。这就决定了我国不可能通过检察机关提起公诉的方式来禁止垄断行为。

此外，检察机关提起刑事附带民事诉讼也可以成为保护反垄断公共利益的方式，例如我国《刑事诉讼法》第七十七条第二款规定人民检察院对遭受损失的国家财产、集体财产可以提起刑事附带民事诉讼。但从实践操作情况来看，刑事公诉部门常由于自身工作量已经很重、办案人力资源不足、动力缺乏等原因而有意无意忽略提起附带民事诉讼的职能。而且，地方检察机关开展提起刑事附带民事诉讼这项工作，也面临着在现行法律框架下一时难以解决的困难和问题，甚至陷入重

---

① ［德］海茵·盖茨：《公共利益诉讼的比较法鸟瞰》，载［意］莫洛·卡佩莱蒂编《福利国家与接近正义》，刘俊祥等译，法律出版社2000年版，第94页。
② ［美］乔纳森·特利：《私人总检察官在环境法执行过程中的作用》，邓海峰、黎明译，载汤欣主编《公共利益与私人诉讼》，北京大学出版社2009年版，第136页。

重困境，包括法律规定不明确、内部表现不积极、外部配合不紧密等等。① 因此，检察机关提起刑事附带民事诉讼这一途径无法对反垄断公共利益形成有效保护。

二 反垄断公共利益无法通过消费者协会得以有效保护

消费者协会是保护消费者利益的专门组织，其针对损害消费者利益的垄断行为提起反垄断民事公益诉讼，或者针对反垄断执法机构的不作为或乱作为行为提起反垄断行政公益诉讼，是保护消费者利益的重要方式。事实上，我国《消费者权益保护法》也明确了消费者协会提起公益性诉讼的地位。② 消费者协会提起公益诉讼具有明确的法律依据。此外，消费者协会提起反垄断公益诉讼还具有自身独特的优势。"消费者协会在我国发展已逾三十年，在组织形式和管理方面，都已探索出一套保护消费者权益的机制，能更快得到关于对侵害消费者权益的垄断行为的举报，从而及时阻止垄断行为的进一步发展。另外，消费者协会掌握一定的资源，拥有一定的专业法律人员，取证更加专业和方便，在一定程度上可以与垄断企业相抗衡。"③

我国各级消费者协会目前尚未提起反垄断公益诉讼。就消费者协会提起的消费公益诉讼来看，取得的效果也并非像人们想象的那样好。截止到2018年底，各地消费者协会提起的公益诉讼仅有14起。而且，消费者协会也并非像理论上所认为的那样掌握相对较多的资源，以及具有较强的取证能力。在实践中，消费者协会也面临着资金短缺、取

---

① 参见崔伟、李强《检察机关民事行政公诉论》，中国检察出版社2010年版，第42—44页。
② 我国《消费者权益保护法》第三十七条规定："消费者协会履行下列公益性职责：……（七）就损害消费者合法权益的行为，支持受损害的消费者提起诉讼或者依照本法提起诉讼；……"第四十七条规定："对侵害众多消费者合法权益的行为，中国消费者协会以及在省、自治区、直辖市设立的消费者协会，可以向人民法院提起诉讼。"
③ 陈云良：《反垄断民事公益诉讼：消费者遭受垄断损害的救济之路》，载《现代法学》2018年第5期。

证困难等诸多障碍。① "根据相关报告显示，目前消费公益诉讼遇冷主要是与消协组织缺乏经验、缺少相应的专业能力和技术支撑、消协组织在提起公益诉讼时受到的压力比较大有关。"② 相对于普通的损害消费者利益的行为而言，垄断行为要更为复杂，消费者协会针对前者所提起的公益诉讼尚且效果不佳，针对更为复杂的垄断行为提起公益诉讼的效果则可能要更差。

事实上，尽管我国消费者协会可以提起消费公益诉讼，但这种消费公益诉讼却并不必然就包含反垄断公益诉讼，也即消费者协会提起反垄断公益诉讼可能并没有明确的法律依据。不可否认，垄断行为在大多数情况下也会损害消费者利益，消费者正是基于自身的消费行为而与垄断行为发生连接。如果消费者没有发生与垄断行为相连接的消费行为，例如没有购买垄断者的商品或接受其服务，自然也就不会受到垄断行为的损害。从这种意义上来说，消费者协会针对垄断行为提起的反垄断公益诉讼，也是一种消费公益诉讼。但是，如果严格考察消费者协会提起消费公益诉讼制度的渊源，则可以发现反垄断公益诉讼并不包含在消费公益诉讼之中。

首先，赋予消费者协会提起消费公益诉讼权力的法律依据是《消费者权益保护法》，而该法主要规定的是消费者在购买商品或服务的过程中的人身财产安全权、知情权、自主选择权、依法求偿权等，即便是与反垄断关系最为密切的公平交易权，实际上也并非是反垄断法意义上的公平交易。《消费者权益保护法》中负有公平交易的经营者，并非是垄断者，在实践中更多的是普通经营者。既然消费者协会提起公益诉讼的权力是在《消费者权益保护法》中规定的，那么其提起公益诉讼所针对的，也应当主要是违背该法规定未履行相关义务的经营者所从事的损害消费者利益的行为。

其次，从最高人民法院发布的司法解释来看，也未明确规定消费

---

① 参见《以惩罚性赔偿让违法者"肉疼"》，载《湖北日报》2018年11月28日第7版。
② 《需要建立强有力的消费者保护机制》，载《21世纪经济报道》2019年4月16日第1版。

者协会提起的消费公益诉讼包括针对垄断行为。《最高人民法院关于审理消费民事公益诉讼案件适用法律若干问题的解释》第二条规定消费者协会依据《消费者权益保护法》第四十七条提起消费民事公益诉讼的情形前四款都并不涉及垄断，从实践来看大多数都是不具有垄断力的经营者单方面从事的侵害众多不特定消费者合法权益的行为。虽然可以通过解释将第五款中的"其他侵害众多不特定消费者合法权益"的规定涵盖到垄断行为，但这显然与《消费者权益保护法》及该司法解释主要针对的损害消费者利益的行为不符。

总之，消费者协会依据《消费者权益保护法》以及司法解释提起消费公益诉讼时，将主要针对《消费者权益保护法》及司法解释所重点规定的损害消费者利益的行为提起消费公益诉讼，而不会针对传统上并非属于《消费者权益保护法》所调整的垄断行为。在消费者协会针对传统损害消费者利益的行为提起消费公益诉讼尚有很大欠缺、需要重点加强的背景下，消费者协会不太可能跳出传统的行为而针对垄断行为提起消费公益诉讼。

三 反垄断公共利益无法通过集团诉讼或代表人诉讼得以有效保护

"集团诉讼"这一术语源于美国的 class action 制度，是指肇始于19世纪英国衡平法的美国诉讼制度。这种制度将具有同一事实或法律关系的不特定当事者拟制为一个群体，群体中的一人或数人提起诉讼视为代表整个群体提起，判决效力扩及群体中的每个个体。[①] 集团诉讼被理解为实质上是动员个人的利益动机来实现一定公共目的或公共政策的手段之一。在美国，有相当一部分人严厉批判这种制度，认为它并不能真正地实现消费者权利，只不过是为律师增加了一种新的牟利工具而已，并有诱发不正当诉讼或滥讼行为的危险。但这一制度仍

[①] 李响、陆文婷：《美国集团诉讼制度与文化》，武汉大学出版社 2005 年版，第 1 页。

然广泛地得到支持,其原因正在于它具有以其他方法难以代替的、独到的公共利益功能。① 在集团诉讼制度下,只要群体中至少有一人提起诉讼,就能够确保涉及该群体的整个纠纷得以解决。"大量被害发生时,多数被害者对被害的'恢复'漠不关心,寄希望于为实现权利而奋争的勇者的出现。只要其中有一人不愿忍气吞声,那么其他被害者的权利就有救济的可能。集团诉讼的基本构想是发挥少数勇敢者的力量,使判决的'成果'让所有的被害者受益。"② 提起集团诉讼,能够拟制出一个集团,整合分散的力量,对法院形成一定的压力,促使其认真对待集团诉讼原告所提出的诉讼请求。"提起集团诉讼的人们及其支持者主张,为了提高一般居民或消费者的权利意识,动员大家参加运动并加强团结,有必要采取诉讼的方式。同时,为了使法院充分认识到进行救济的紧迫性,并集结一切需要的人力物力来获得胜诉,有多数原告参加的集团诉讼是一种有效的手段和合理的诉讼形态。"③

集团诉讼也曾在我国引起广泛的关注和讨论,但我国最终并没有引入集团诉讼制度,因为集团诉讼制度"不声明退出集团就视为参加"(opt out)的规则依赖强有力的集团成员信息沟通机制作为保障,对于那些因为种种原因未能明确表示不参加集团诉讼的第三人而言,集团诉讼判决的效力将可能不经意间对其产生约束,而这是违反正当程序原理的。在我国程序保障水平普遍较低、当事人程序参与能力较差的背景下,"opt out"制度并非可取。相比之下,英国式集团诉讼和法国代表人诉讼采用的是"不声明参加就非集团成员"(opt in)制度,判决只能约束那些明确表示愿意加入集团或在集团登记册中登记的受害人,因而更具合理性。为了解决大规模的群体性纠纷,我国《民事诉讼法》第五十四条和第五十五条规定了代表人诉讼制度,这是一种

---

① [日] 谷口安平:《程序的正义与诉讼》,王亚新、刘荣军译,中国政法大学出版社1996年版,第193页。

② [日] 小岛武司:《诉讼制度改革的法理与实证》,陈刚、郭美松等译,法律出版社2001年版,第46页。

③ [日] 谷口安平:《程序的正义与诉讼》,王亚新、刘荣军译,中国政法大学出版社1996年版,第203页。

opt in 式的制度。①

我国《民事诉讼法》第五十三条规定的是人数确定的代表人诉讼，而第五十四条规定的是人数不确定的代表人诉讼。在司法实践中，原告人数确定的代表人诉讼较为常见，而原告人数不确定的代表人诉讼则很罕见。之所以如此，主要是因为法院认为对于人数确定的群体诉讼采取代表人诉讼方式有利于节约司法资源并提高审判效率，而对于人数不确定的情形，法院在操作中则"异常谨慎"。② 法院的这种立场决定了对于受损对象不确定的群体而言，很难通过代表人诉讼的方式进行起诉。"这样也就不难理解，为何在反垄断民事诉讼中会出现如此之多以单个消费者名义提起的小额诉讼，因为法院几乎不可能受理以代表人诉讼面目出现的群体诉讼，从而使得消费者只能以自己的名义提起单个诉讼。"③ 事实上，即便法院愿意受理原告人数不确定的代表人诉讼，也并不意味这种诉讼的数量就一定能够得到迅速提升，因为正如前文所分析的，愿意代表其他受害人提起反垄断公益诉讼的原告是很少的。"在当今福利国家里，应该保护因类似决定而受到影响的人和集团的利益，这一点已被广泛认同。不能否认在一些人们广泛关注或是很容易从政治角度加以审视的领域里，过去一直采取了一些相应的措施，如证券法规、保护消费者权益或者环境保护。也就是说，设置了一些规范机关，赋予人们一些权力，为他们提供法律上以及司法上的援助。但是，被忽视的一点是，组成集团的每一个个人，即使有一系列的诉讼理由，多数情况下并没有能力为保护自己而将其付诸行动。其中，知识欠缺和不能负担为解决纷争、寻求个人应得利

---

① 参见肖建国《民事公益诉讼的基本模式研究——以中、美、德三国为中心的比较法考察》，载《中国法学》2007年第5期。需要说明的是，作者发表本文时，《民事诉讼法》尚未修改，因此依据1991年制定的《民事诉讼法》，代表人诉讼规定在第五十四条和第五十五条。2007年修订的《民事诉讼法》代表人诉讼仍然规定在第五十四条和第五十五条。2012年修订《民事诉讼法》时，将代表人诉讼的法律规定调整到了第五十三条和第五十四条。2017年修订时亦未作调整。

② 章武生等：《中国群体诉讼理论与案例评析》，法律出版社2009年版，第235页，转引自毛晓飞《析我国反垄断民事救济中的消费者利益保护机制》，载《法律适用》2013年第2期。

③ 毛晓飞：《析我国反垄断民事救济中的消费者利益保护机制》，载《法律适用》2013年第2期。

益及援助所需费用这两点是很大的障碍。"① "权利主张的放弃增多，不能完全归咎于权利主体的法律意识低下，应从法律制度方面反省权利实现机制是否存在问题。"② 如果无法在短期内寄希望权利主体能够迅速提起反垄断公益诉讼，那么就应当从外部进行制度创新，确保反垄断公益诉讼能够得以有效开展，因为垄断行为给社会公共利益造成的损害不能完全寄希望于利益同样受到损害的私人，而是应当依靠更加可靠的、制度化的方式。

四 总结

反垄断公共利益存在通过其他方式得以有效保护的可能，但通过对检察机关提起公诉、消费者协会提起反垄断公益诉讼以及代表人诉讼等方式展开分析以后，笔者发现这些潜在的方式事实上并不能有效保护反垄断公共利益。检察机关提起反垄断公益诉讼制度没有其他更好的替代性方案，这也进一步凸显目前在我国保护反垄断公共利益，检察机关具有独特的优势和价值。我们应当将加强反垄断公共利益保护的重点，集中到如何构建及完善检察机关提起反垄断公益诉讼制度上来。

---

① ［德］海茵·盖茨：《公共利益诉讼的比较法鸟瞰》，载［意］莫洛·卡佩莱蒂编《福利国家与接近正义》，刘俊祥等译，法律出版社2000年版，第68页。
② ［日］小岛武司：《诉讼制度改革的法理与实证》，陈刚、郭美松等译，法律出版社2001年版，第61页。

第四章 检察机关提起反垄断民事公益诉讼

第一节 检察机关提起反垄断民事公益诉讼针对的涉嫌垄断行为类型

虽然从一般意义上来说，垄断行为会损害社会公共利益，但这并不意味着所有涉嫌垄断行为都适宜由检察机关提起反垄断民事公益诉讼。[①] 一方面，有的垄断行为对社会公共利益损害并不直接，在这些情形下往往有更为直接的利益受害人，并且这些利益受害人本身就具有通过提起诉讼维护自身合法权益的强烈动机，因此这些案件没有必要由检察机关来提起反垄断公益诉讼。另一方面，检察机关的司法资源也是有限的，应当通过限缩提起公益诉讼案件的范围，集中有限的司法资源以调查并起诉那些严重损害社会公共利益的垄断行为。下面结合反垄断法所规定的三种垄断行为类型来分别探讨检察机关应当对哪些涉嫌垄断行为提起反垄断民事公益诉讼。

一 垄断协议

就垄断协议行为而言，横向垄断协议与纵向垄断协议对社会公共

[①] 需要指出的是，笔者此处及后文所言的检察机关提起反垄断民事公益诉讼，是从广义上讲检察机关启动反垄断民事公益诉讼的程序，其中自然包括进行公告等，而不是指不经公告等程序而直接提起反垄断民事公益诉讼。

利益所造成的损害存在较大区别，因此需要分别予以分析。

（一）横向垄断协议

绝大多数横向垄断协议都会对社会公共利益造成损害。横向垄断协议损害社会公共利益，可以从具体和抽象两个层面来进行论证。从具体层面而言，横向垄断协议会对受其影响的多数消费者、经营者等个体造成损害。虽然所造成的损害总额可能比较大，但单个个体所遭受的损害却可能相对较小，以至于受损害的个体基于诉讼成本、诉讼时间等方面的考虑而不提起诉讼。这种对多数个体造成的损害，本质上也表现为对社会公共利益的损害。对于受损害的个体的数量达到多少才能达到损害社会公共利益的程度，并没有明确的规定。但最高人民法院对侵害消费者权益的公益诉讼中如何证明受害的消费者人数众多的观点具有参考意义。对于如何判断"众多消费者"，当时有两种意见：一种意见认为，众多消费者不仅人数要多，而且是不特定的，如果是特定的众多，则不能提起公益诉讼；另一种观点认为，众多就是数量多，与消费者特定不特定无关。最高人民法院经研究认为，从公益诉讼制度的设计来看，后一种意见较为妥当，只要受害的消费者达到数量众多，就可以适用公益诉讼制度制止侵权行为，既提高诉讼效率，又节省司法成本。并且认为，此处的"众多"应当解释为十人以上，即消费者公益诉讼的受害人数量不应少于十人为妥。[①] 虽然最高人民法院的这种观点针对的是侵害消费者权益公益诉讼中"众多消费者"的判断，但至少表明，当个体的数量达到十人以上，就形成了某种公共利益。对十人以上的个人——无论是特定还是不特定——利益的损害，就等同于对公共利益的损害。横向垄断协议损害社会公共利益，还可以从抽象层面来予以论证，也即不是从众多的个体的角度来论证社会公共利益遭受到损害，而是直接从社会公共利益本身来予以分析。这也说明某些垄断协议给社会公共利益造成的损害是如此的

---

① 人民法院出版社法规编辑中心：《2020民事诉讼法解释及司法观点全编》，人民法院出版社2020年版，第265—266页。

明显和易于理解，以至于不需要通过众多个体利益受损的"过渡"理解。例如经营者达成限制开发新技术、新产品的横向垄断协议，就会直接影响到国家创新战略的实施，这显然会直接损害社会公共利益，对于众多个体利益的损害可能反倒是相对间接的。总之，无论是从具体层面还是抽象层面，只要能够证明横向垄断协议损害了社会公共利益，那么，检察机关就可以针对这些横向垄断协议提起反垄断民事公益诉讼。

不过，某些横向垄断协议，其对社会公共利益的损害可能并不是很明显，或者说在某些情形下损害的主要不是社会公共利益，而是损害某些少数——如果按照最高人民法院的观点，应当少于十个——特定主体的利益。最为典型的就是经营者所达成的联合抵制交易垄断协议。被联合抵制的可能只是少数特定的个体。例如，山东菏泽市汽车行业协会组织会员单位签订承诺书，要求会员单位不得参加其他车展，否则将不得参与协会活动，取消会员资格。由于参加菏泽市区车展的汽车销售企业来源主要为当事人的会员单位，而当事人通过组织会议、签订承诺书等方式，致使会员单位大量退出某单位举办的车展，导致该车展的参展企业数量从 2017 年秋季车展时的 63 家，大幅减少到 2018 年春季车展的 18 家、秋季车展的 23 家。[①] 由于在菏泽市举办车展的单位是有限的，通常来说也是特定的，因此菏泽市汽车行业协会组织会员单位联合抵制其他单位所举办的车展，利益受到直接损害的，主要为被抵制的举办车展的某单位。虽然这种联合抵制行为也会对社会公众的利益造成一定的损害，因为参观会展的消费者所能够参观的车辆将大大减少，但相对于被抵制的举办车展的某单位所受到的直接损害而言，社会公众所受到的损害要更间接一些，而且也能够得到弥补，因为正是存在展会过剩，菏泽市汽车行业协会才会选择通过这种不正当的方式排挤其他展会，从而支持自己所举办的展会，从社会公众的角度而言，替代性的展会仍然能够满足其参观的需求。因此，类似于

---

① 参见（2020）鲁 0102 行初 197 号行政判决书。

该案的联合抵制行为，其实被抵制的对象是少数的特定主体，这些利益受到直接重大损害的少数特定主体，是有利益动机提起反垄断诉讼的。不过在该案件中，遗憾地是，被抵制的该单位并没有针对这种联合抵制行为提起诉讼，而是由山东省市场监管局展开相应的反垄断执法并进行处罚。类似的案件还有广州市番禺动漫游艺行业协会组织会员单位联合抵制非本行业协会所主办的展会。根据当时番禺动漫游艺协会会长的介绍，在广州市场仅能容纳两个游戏产业会展，当时广州市场每年的会展达到了3个，存在产业过剩的情况。[①] 这也可能是番禺动漫游艺协会组织会员联合抵制其他会展举办者如广州市鸿威展览公司的重要原因。但同样遗憾地是，被抵制的广州市鸿威展览公司同样没有提起反垄断诉讼，最终是由当时的广东省工商局展开反垄断执法并进行处罚。总之，对于这种类型的垄断协议案件，由于其有明确的少数特定损害对象，可以说主要损害的是一种私益而不是社会公共利益，检察机关可以不提起反垄断民事公益诉讼。当然，如果被联合抵制的对象数量众多的话，则可能转化为对社会公共利益的损害，检察机关则又应当提起反垄断民事公益诉讼。

（二）纵向垄断协议

纵向垄断协议要比横向垄断协议更为复杂。经营者与交易相对人达成纵向垄断协议，并非完全是基于双方的一种合意，而很有可能是一方将自己的意志强加于另外一方，从而迫使另外一方不得不接受，但从表面上看却呈现出是合意的结果。在并非基于双方合意而达成纵向垄断协议的情况下，一方之所以能够强迫另一方达成纵向垄断协议，往往是因为其具有市场支配地位，或者另外一方对其具有很强的依赖性。在并非基于双方真正合意达成纵向垄断协议的情形下，由于被迫接受的一方的利益也会受到损害，其具有很强的动机通过提起诉讼的方式维护自身的合法权益。事实上，司法实践中的大多数纵向垄断协

[①] "广州会展业惊现'排他协议'"，2013年3月13日，载人民网：http://finance.people.com.cn/stock/n/2013/0313/c67815-20772656.html.

议案件都属于此种情形。并且，在这种情形下，消费者的利益可能并没有受损，相反，还有可能因此而受益，例如，上游的生产商与下游的经销商达成固定价格协议，如果固定价格的目的是为了防止价格过快上涨的话，则消费者可以从这种纵向的固定价格协议中获益。这种协议对社会利益也不会造成实质性的损害。因此，对于并非基于双方合意而达成纵向垄断协议的情形，无需检察机关提起反垄断民事公益诉讼。在司法实践中，如果双方确实是完全基于合意而达成纵向垄断协议，则往往并不存在一方拥有市场支配地位或市场优势的情形，此时，即便双方达成纵向垄断协议，对市场竞争也不会造成实质性的损害，消费者也有充分的选择权。在这种情形之下，亦无需检察机关提起反垄断民事公益诉讼。

二 滥用市场支配地位

就滥用市场支配地位而言，一方面，受滥用市场支配地位行为损害的对象可能是众多[①]的特定或不特定的主体，此时，滥用市场支配地位行为将损害社会公共利益。由于受损害的主体数量众多，同时单个主体受到的损害可能又不是很大，因此单个主体可能并不具有很强的动机来提起反垄断民事诉讼。为了更好地保护社会公共利益，检察机关应当针对这种类型的滥用市场支配地位提起反垄断民事公益诉讼。另一方面，受滥用市场支配地位行为损害的对象又可能是少数的特定主体，此时，滥用市场支配地位行为所造成的损害影响可能仅及于这些少数的特定主体，而没有达到损害社会公共利益的程度。一旦发生这种损害，这些少数的特定主体往往具有很强的动机提起反垄断民事诉讼。针对这种类型的滥用市场支配地位，检察机关不宜提起反垄断民事公益诉讼。为了更加清晰地阐释经营者滥用其市场支配地位行为

[①] 具体的制度设计不能离开司法实践，笔者此处所指的众多，仍然参考最高人民法院的观点，将其认定为十个以上。下文中所指的少数，则为十个以下。参见人民法院出版社法规编辑中心《2020 民事诉讼司法解释及司法观点全编》，人民法院出版社 2020 年版，第 265—266 页。

可能造成的损害情况,以及在何种情形下检察机关应当提起反垄断民事公益诉讼,下面将结合每一种滥用市场支配地位的情形展开分析。

1. 不公平高价销售商品或不公平低价购买商品行为。就不公平高价销售商品行为而言,受这种行为损害的往往是众多不特定的消费者;但受到这种行为损害的也可能是众多的特定主体,此时这种行为针对的交易相对方并不是消费者,而是其他特定的经营者。针对这种类型的不公平高价行为,检察机关可以提起反垄断民事公益诉讼。不公平高价行为也可能仅针对少数的特定经营者,也即具有市场支配地位的经营者会选择性地针对某些而非全部的特定经营者实施不公平高价行为,此时,检察机关不宜提起反垄断民事公益诉讼。就不公平低价购买商品行为而言,其基本上不可能针对消费者实施,实践中主要表现为下游具有市场支配地位的经营者要求以不公平低价向上游的供货商购买商品,上游的供货商往往是特定的。根据不同的行业以及产品的复杂程度,上游特定供货商的数量既有可能是众多的,也有可能是少数的。例如就超市而言,其供货商的数量就非常之多,类似的还有汽车制造行业等,如果在下游具有市场支配地位的经营者普遍性地针对上游众多特定的供货商实施不公平低价购买行为,则检察机关可以提起反垄断民事公益诉讼;如果具有市场支配地位的经营者只是选择性地针对少数的特定供货商实施这种行为,则检察机关不宜提起反垄断民事公益诉讼。对于有些行业而言,可能上游的特定供货商数量本身就很少,则无论下游具有市场支配地位的经营者针对全部还是部分特定供货商实施不公平低价购买行为,都可能达到损害社会公共利益的程度,检察机关可以提起反垄断民事公益诉讼。

2. 低于成本价销售商品。具有市场支配地位的经营者没有正当理由低于成本价销售商品,也即从事所谓的"掠夺性定价"行为,其目的在于排挤竞争对手,或者阻碍潜在的竞争对手进入市场,以期在排挤或阻碍竞争对手之后,再将价格抬高到竞争水平之上,获取垄断利润,并弥补之前因低于成本价销售商品而遭受的损失。从短期来看,经营者所从事的这种行为对交易相对方(主要为消费者)是有利的,但从长期来看，交易相对方又可能遭受不公平高价行为的损害。如果经营者所从事的掠夺性定价行为在前期即排挤竞争对手的阶段未被发现，而是在其后期阶段也即排挤竞争对手之后再收取不公平高价的阶段才被发现，那么此时就可以依据经营者从事不公平高价行为来进行处理，依据上文的分析确定检察机关是否应当提起反垄断民事公益诉讼。在此，笔者仅分析经营者从事掠夺性定价行为在前期阶段即被发现这一情形。对于经营者滥用市场支配地位从事掠夺性定价行为，"春江水暖鸭先知"，首先能够感知这种行为的必然是其竞争对手（包括潜在竞争对手），而不可能是反垄断执法机构和检察机关。但是，这并不意味着反垄断执法机构和检察机关无法及时了解这种案件线索，例如竞争对手可能会进行举报、媒体会进行报道等等。假定检察机关获知了经营者从事掠夺性定价行为的案件线索。如果被这种掠夺性定价行为排挤的是少数的竞争对手，从表面上看这似乎只是损害了这些少数竞争对手的利益，但从实质上来看，则严重改变了市场竞争结构，从长远来看，众多的交易对象将会遭受不公平高价行为的损害，这都构成了对社会公共利益的损害，因此，检察机关在这种情形下也应当提起反垄断民事公益诉讼。如果被这种掠夺性定价行为排挤的是众多的竞争对手，则这本身就构成了对社会公共利益的损害，更毋庸赘言从市场竞争结构以及众多交易对象受到损害的角度来说社会公共利益也会遭受损害，在这种情形下，检察机关也应当提起反垄断民事公益诉讼。

3. 拒绝交易行为。正常而言，经营者都是极力去争取交易机会，但具有市场支配地位的经营者却主动拒绝与交易相对人进行交易，显然违反常理。但作为理性的市场主体，其之所以选择这样做，又必然有其商业上的考量，主要是出于两方面的理由。一是经营者希望通过拒绝交易行为来迫使交易相对人接受其不合理的交易条件，此时，拒绝交易并不是最终的目的，而是为了通过拒绝交易这种胁迫而获得更好的交易条件，最终目的仍然在实现交易。二是经营者从事拒绝交易行为的目的就在于拒绝，经营者之所以这样做，往往是因为其已经进入下游市场展开业务,从而与交易相对人形成了直接竞争关系。经营者为了扶持自己在下游的业务发展,通过拒绝与交易相对人进行交易从而阻碍交易相对人有效展开竞争,这即是所谓的"自我优待"行为。对于第一种情形的拒绝交易行为,如果交易相对人为消费者,则往往涉及的是众多的消费者,因此会损害社会公共利益,检察机关可以提起反垄断民事公益诉讼。如果交易相对人为其他经营者,则需要进一步考察被拒绝交易的经营者的数量:如果只是少数个别经营者被拒绝交易,则这并没有损害社会公共利益,检察机关不宜提起反垄断民事公益诉讼;如果经营者普遍性地针对不接受其所提出的不合理条件的经营者实施拒绝交易行为,则这将损害社会公共利益,检察机关可以提起反垄断民事公益诉讼。针对第二种情形的拒绝交易行为,由于这种行为的排他性意图很明显,目的就在于不当干扰下游市场的竞争,此时,无论下游被拒绝交易的经营者是少数还是多数,都会对下游市场竞争秩序造成严重损害,从而损害社会公共利益,因此检察机关应当提起反垄断民事公益诉讼。

4. 限定交易行为。与前述第二种情形的拒绝交易行为相反,具有市场支配地位的经营者从事限定交易行为,则是为了进一步"锁定"交易相对人,是一种"积极"获取或维持交易机会的一种表现,这可能更加符合竞争者为获取交易机会而展开激烈竞争的本质。限定交易行为在实践中的典型表现即互联网平台企业所从事的"二选一"行为。被限定的交易相对人,其可能是消费者,这种针对消费者的限定交易往往是普遍性的,因为针对单个或少数消费者进行限定交易的成本很高,收益又很小,经营者显然没有利益动机从事这种限定交易行为。针对消费者所实施的普遍性拒绝交易行为损害了社会公共利益,检察机关应当对其提起反垄断民事公益诉讼。被限定的交易相对人,也可能是经营者,事实上在实践中这种情形可能更普遍。如果下游市场上经营者数量众多,而且被限定的只是少数的经营者,那么这种限定行为并不会对社会公共利益造成损害,检察机关不宜提起反垄断民事公益诉讼。如果下游市场上的经营者数量众多,而且被限定的也是众多的经营者，或者虽然下游市场只有少数的经营者，但这些少数的经营者全部或大部分都被限定交易，那么社会公共利益也会遭受损害，此时检察机关应当提起反垄断民事公益诉讼。

5. 搭售或附加其他不合理交易条件。具有市场支配地位的经营者没有正当理由搭售商品，或者附加其他不合理的交易条件，可以主要区分为两种类型：一是出于剥削的目的，二是出于排他的目的。出于剥削的目的，具有市场支配地位的经营者会强迫交易相对方接受一些不合理的交易条件，从而在牺牲交易相对人利益的基础上实现自身利益的增加。在这种情形下，如果交易相对人为消费者，则其数量往往众多，如果交易相对人为经营者，并且经营者的数量也众多，则这种附加不合理交易条件的行为就会损害社会公共利益，检察机关可以提起反垄断民事公益诉讼。如果交易相对人为经营者，但具有市场支配地位的经营者仅针对少数的部分或个别交易相对人附加不合理的交易条件，则这种行为不会损害社会公共利益，检察机关不宜提起反垄断民事公益诉讼。出于排他性的目的，具有市场支配地位的经营者会搭售交易相对人并不想购买的某些商品，当然，从交易相对人的角度来说这也构成一种剥削性的滥用，至于这是否会损害社会公共利益以及检察机关是否可以提起反垄断民事公益诉讼，可以参照前述情形展开分析。在此，笔者仅分析搭售商品所具有的排他性效果。具有市场支配地位的经营者从事搭售商品行为，除了可能出于剥削交易相对人的目的以外，还可能是出于借助结卖品而进入搭售品市场的目的，即将其在结卖品市场所具有的市场支配地位"传导"到搭售品市场，这将不当干预搭售品市场的竞争。交易相对人将停止或减少购买搭售品市场上其他竞争者所生产的商品，因此，这种搭售行为将会对搭售品市场上的其他竞争者产生排他效果，从而损害搭售品市场的市场竞争结构，这会造成社会公共利益的损害。对此，检察机关可以提起反垄断民事公益诉讼。

6. 差别待遇行为。具有市场支配地位的经营者没有正当理由，对条件相同的交易相对人在交易价格等交易条件上实行差别待遇，也可能是出于剥削性和排他性两方面的目的。同时，根据交易相对人为消费者还是经营者，这种差别待遇行为造成的损害也存在差别。从剥削性方面而言，如果交易相对人为消费者，在传统经济中，经营者要了解每一个消费者的价格承受能力和支付意愿并借此实施差别待遇的难度很大，因为获取这些信息并非易事。然而，在数字经济条件下这却变得可能，因为互联网平台能够利用其所掌握的大数据对消费者进行精准画像，了解每一个消费者所愿意支付的价格。因此，互联网平台企业针对消费者实施差别待遇行为是可能的，并因为会涉及数量众多的消费者从而达到损害社会公共利益的程度，对此，检察机关可以提起反垄断民事公益诉讼。如果交易相对人为经营者，则具有市场支配地位的经营者出于剥削的目的也会从事差别待遇行为。相比于消费者，作为经营者的交易相对人的数量相对要少很多，因此，即便是在传统行业中，具有市场支配地位的经营者也能够针对这些交易相对人实施差别待遇行为。但这种针对作为经营者的交易相对人所实施的差别待遇行为是否会达到损害社会公共利益的程度，仍然需要予以具体分析。如果交易相对人数量众多——当然不可能达到消费者的数量，只能是相对众多——且具有市场支配地位的经营者仅针对个别或少数的交易相对人实施差别待遇行为，这通常并没有达到损害社会公共利益的程度，对此检察机关不宜提起反垄断民事公益诉讼；但如果针对多数的交易相对人实施差别待遇行为，则可能会损害社会公共利益，检察机关可以提起反垄断民事公益诉讼。如果交易相对人数量较少，那么即便具有市场支配地位的经营者针对这些少数的交易相对人中的大部分或者全部实施差别待遇行为，也可能达到损害社会公共利益的程度，检察机关可以提起反垄断民事公益诉讼。具有市场支配地位的经营者还可能出于排他性的目的实施差别待遇行为，此时具有市场支配地位的经营者往往在下游也展开经营活动，从而与下游市场上的其他交易相对人形成了直接竞争关系，其为了扶持自己在下游市场上的业务发展而针对其他交易相对人实施差别待遇行为，严重干扰了下游市场的竞争秩序，损害了社会公共利益，对此检察机关可以提起反垄断民事公益诉讼。

7. 其他类型的滥用市场支配地位行为。除了《反垄断法》第二十二条第一款第（一）项至第（六）项所明确列举的滥用市场支配地位行为以外，随着市场的发展，还可能出现其他一些滥用市场支配地位的情形，为了确保《反垄断法》的开放性与灵活性，《反垄断法》第二十二条第一款第（七）项规定了兜底性条款，授权国务院反垄断执法机构认定其他滥用市场支配地位行为。在实践中，原国家工商行政管理总局查处利乐案时，就根据该兜底性条款将利乐所从事的忠诚折扣行为认定为是一种滥用市场支配地位行为。[①] 此外，标准制定过程中专利权人违反专利信息披露义务的行为，以及标准必要专利权人不正当地寻求禁令救济的行为，也都有可能需要依据兜底条款来将其认定为是一种滥用市场支配地位行为。[②] 但是，根据《反垄断法》的规定，只有国务院反垄断执法机构才能够依据该兜底性条款认定反垄断法所没有明确列举的其他滥用市场支配地位行为。《反垄断法》之所以仅授权国务院反垄断执法机构进行认定，也与我国反垄断法主要是行政实施为主有关。我国是一个行政权力十分强大的国家，我国《反垄断法》中的基本制度也主要是围绕专门机构的行政执法来设计的。[③] 检察机关显然无法直接根据该兜底条款针对其他可能构成滥用市场支配地位的行为提起反垄断民事诉讼。如果检察机关确认为有必要提起反垄断民事公益诉讼，而且反垄断执法机构尚未展开执法，那么检察机关可以事前与国务院反垄断执法机构展开沟通，征求国务院反垄断执法机构的意见。如果国务院反垄断执法机构经过初步调查，认为可

[①] 工商竞争案字〔2016〕1号行政处罚决定书。http://www.iprdaily.cn/news_14739.html。需要说明的是，国务院反垄断执法机构改革之后，原国家工商行政管理总局和国家发改委所查处的垄断案件的所有信息都无法再访问，对于相关案件只能从网络其他途径获取，不能不说是一种遗憾。而商务部则仍然保留了之前的网页，对之前所审查的经营者集中案件进行了留存，便于查询。

[②] 参见王先林《涉及专利的标准制定和实施中的反垄断问题》，载《法学家》2015年第4期。

[③] 王先林：《理想与现实中的中国反垄断法》，载《交大法学》2013年第2期。

以依据兜底性条款将涉案行为认定为是一种滥用市场支配地位行为，可以出具相关的书面意见，检察机关据此提起反垄断民事公益诉讼就不存在法律上的障碍了。当然，国务院反垄断执法机构经过初步审查，也可以自行展开反垄断执法，不过这需要国务院反垄断执法机构与检察机关之间建立良好的协调机制。在具体实践中，具有市场支配地位的经营者所从事的滥用行为可能并不仅仅只有一种，还可能存在从事《反垄断法》所明确列举的滥用行为，正如利乐案中，利乐滥用市场支配地位就同时从事了搭售、限定交易和忠诚折扣行为，而只有忠诚折扣行为需要依据兜底性条款予以认定。因此，对于从事了多种滥用行为（包含可能需要依据兜底性条款认定的滥用行为）的经营者，检察机关当然可以针对其提起反垄断民事公益诉讼，而不至于逃脱检察机关的起诉，但对于其中所涉及的可能需要依据兜底性条款进行认定的滥用行为，则仍然需要依据前文所提出的，由检察机关与国务院反垄断执法机构展开协调，从而获得国务院反垄断执法机构的书面认定意见。

三 具有或可能具有排除、限制竞争效果的经营者集中

根据我国《民事诉讼法》第五十八条第二款的规定[①]，检察机关提起民事公益诉讼的前提是，社会公共利益已经遭受到了损害。而且《最高人民法院、最高人民检察院关于检察公益诉讼案件适用法律若干问题的解释》第十四条规定，人民检察院提起民事公益诉讼时应当提交"被告的行为已经损害社会公共利益的初步证明材料"，同样要求检察机关要证明被告的行为已经给社会公共利益造成了实际的损害。检察机关对民事公益诉讼案件进行立案时，也需要证明社会公共利益

---

① 该款规定："人民检察院在履行职责中发现破坏生态环境和资源保护、食品药品安全领域侵害众多消费者合法权益等损害社会公共利益的行为，在没有前款规定的机关和组织或者前款规定的机关和组织不提起诉讼的情况下，可以向人民法院提起诉讼。前款规定的机关或者组织提起诉讼的，人民检察院可以支持起诉。"

受到了损害。根据《人民检察院公益诉讼办案规则》第八十五条的规定，人民检察院经过对民事公益诉讼线索进行评估，认为同时存在以下两种情形的才应当立案：（一）社会公共利益受到损害；（二）可能存在破坏生态环境和资源保护，食品药品安全领域侵害众多消费者合法权益，侵犯未成年人合法权益，侵害英雄烈士等的姓名、肖像、名誉、荣誉等损害社会公共利益的违法行为。虽然第八十五条第（二）项规定的是"可能存在"损害社会公共利益的违法行为，这似乎意味着并不要求这种违法行为已经实际发生，但这种解释是错误的。因为第八十五条已经明确规定，只有在"同时存在"这两种情形时，检察机关才应当立案。"可能存在""损害社会公共利益的违法行为"，指的并不是损害社会公共利益的可能性，而是在依据第（一）项确定社会公共利益已经受到损害的情况下，虽然尚无法掌握损害社会公共利益的违法行为的具体情况，但这并不影响检察机关进行立案，只要能够初步证明可能存在这种损害社会公共利益的行为即可。至于对损害社会公共利益违法行为的相关具体情况，则需要在立案之后展开调查。《人民检察院公益诉讼办案规则》第八十六条对此作了规定，人民检察院在立案之后应当调查违法行为人的基本情况、违法行为人实施的损害社会公共利益的行为，等等。总之，根据《民事诉讼法》及相关司法解释的规定，检察机关只能在社会公共利益已经遭受到实际损害的情况下才能进行立案并提起民事公益诉讼。

严格来说，经营者集中本身并不会像滥用市场支配地位和垄断协议行为那样，直接排除、限制竞争，造成社会公共利益的损害。经营者集中所具有的竞争损害威胁，主要源于集中后的主体可能具有市场支配地位，并且这种市场支配地位可能被滥用，或者因集中导致市场上经营者数量减少而提高集中后市场上市场主体之间进行明示或默示共谋的可能性。只有通过这种事后被滥用的市场支配地位，以及所达成并实施的垄断协议，经营者集中才会最终损害市场竞争秩序，并由此而损害社会公共利益。这也说明，经营者集中只是具有损害市场竞争秩序和社会公共利益的可能性，而不具有必然性。反垄断执法机构对经营者集中进行反垄断审查,也主要是评估或预测经营者集中之后是否可能会以促成垄断协议或形成并滥用市场支配地位的形式损害市场竞争秩序。以经营者集中形成或增强市场支配地位而言,只要集中具有很大的可能性或现实性以形成或增强市场支配地位,那么经营者集中可能就会因此而被反对,即便所形成或增强的市场支配地位在集中之后并没有被实际滥用。从这种意义上来说,在经营者集中制度下,市场支配地位本身就会被反对。这与滥用市场支配地位制度存在明显的区别。在滥用市场支配地位制度中,经营者所拥有的市场支配地位本身并不被反对,只要其未被滥用,真正被反对的是市场支配地位的滥用行为。总之,经营者集中本身并没有直接排除、限制竞争,至于其是否会产生排除、限制竞争效果,则需要评估集中之后所形成或增强的市场支配地位是否可能被滥用,以及促成垄断协议达成并实施的可能性,经营者集中本身并没有直接造成社会公共利益的实际损害,而是具有间接造成社会公共利益损害的潜在可能性。因此,按照检察机关提起民事公益诉讼的条件之一即社会公共利益已经遭到了实际损害,检察机关将无法对尚未造成社会公共利益损害的经营者集中行为提起反垄断民事公益诉讼。

但是,检察机关也并非必须只能在造成实际损害的情况下才能提起民事公益诉讼,在某些情形下,为了预防具有很大可能性的损害社会公共利益行为的发生,检察机关也可以提起民事公益诉讼。依据《最高人民法院关于审理环境民事公益诉讼案件适用法律若干问题的解释》第一条规定①,针对"具有损害社会公共利益重大风险"的"污染环境、破坏生态的行为",检察机关也可以提起民事公益诉讼。虽然在实践中检察机关尚未针对这类"风险"行为提起民事公益诉讼,但已经有其他主体提起了这种预防性的环境公益诉讼。2021 年 12

---

① 该条规定:法律规定的机关和有关组织依民事诉讼法第五十五条、环境保护法第五十八条等法律的规定,对已经损害社会公共利益或者具有损害社会公共利益重大风险的污染环境、破坏生态的行为提起诉讼,符合民事诉讼法第一百一十九条第二项、第三项、第四项规定的,人民法院应予受理。

月3日，最高人民法院发布第173号指导案例，明确人民法院审理环境民事公益诉讼案件，应当贯彻保护优先、预防为主的原则。在该案中，北京市朝阳区自然之友环境研究所起诉中国水电顾问集团新平开发有限公司和中国电建集团昆明勘测设计研究院有限公司，认为两被告修建戛洒江一级水电站将对绿孔雀、陈氏苏铁等珍稀濒危野生动植物以及热带季雨林和热带雨林造成毁灭性的、不可逆转的损害后果，请求法院判令两被告共同消除这种侵害危险，立即停止水电站建设，不得截留蓄水，不得对该水电站淹没区内植被进行砍伐。法院生效裁判认为，本案符合《最高人民法院关于审理环境民事公益诉讼案件适用法律若干问题的解释》第一条规定中"具有损害社会公共利益重大风险"的法定情形，属于预防性环境公益诉讼。预防性环境公益诉讼突破了"无损害即无救济"的诉讼救济理念，是环境保护法"保护优先，预防为主"原则在环境司法中的具体落实与体现。预防性环境公益诉讼的核心要素是具有重大风险，重大风险是指对"环境"可能造成重大损害危险的一系列行为。在本案中，可以认定戛洒江一级水电站继续建设将对绿孔雀栖息地、陈氏苏铁生境以及整个生态系统生物多样性和生物安全构成重大风险。最终，法院判决新平公司立即停止基于现有环境影响评价下的戛洒江一级水电站建设项目，不得截流蓄水，不得对该水电站淹没区内植被进行砍伐。[①] 可见，为了更好地预防可能给社会公共利益造成重大损害风险的行为的发生，需要将起诉的时间节点提前至相关行为给社会公共利益造成重大损害之前，而非必须等待损害结果已经发生，否则将不利于对社会公共利益实现有效保护，事后的济也并不能完全甚至根本无法保护社会公共利益。而且，如果放任损害行为的发生，之后再来纠正制止这种损害行为，会造成大量的社会成本。例如在前述案件中，如果不提前制止被告建造水电站，那么被告建造水电站将耗费巨额资金，之后再拆除建好的水电站

[①] 指导案例173号：北京市朝阳区自然之友环境研究所诉中国水电顾问集团新平开发有限公司、中国电建集团昆明勘测设计研究院有限公司生态环境保护民事公益诉讼案，2021年12月3日，载最高人民法院网站：https://www.court.gov.cn/fabu-xiangqing-334691.html.

所耗费的资金又往往是建造资金的数倍，而且还不能保证能恢复生态系统环境。因此，提起预防性的民事公益诉讼具有重大的现实需求，而且理论和制度上也并不存在障碍。

经营者集中也属于"具有损害社会公共利益重大风险"的行为类型。虽然经营者集中本身没有直接造成社会公共利益的损害，但是，在单边效应下，集中后的主体可能具有市场支配地位，或者其市场支配地位将得到进一步增强，而这种市场支配地位本身具有被滥用的可能，这将损害市场竞争秩序和社会公共利益。在协同效应下，由于集中导致经营者数量进一步减少，从而增加了集中后的市场上经营者达成明示或默示共谋的可能，这也将损害市场竞争秩序和社会公共利益。因此，经营者也具有损害社会公共利益的重大风险。而且，一旦经营者集中完成，如果事后发现其具有排除、限制竞争效果，为了恢复市场竞争秩序而拆分企业，也将产生巨大的社会成本。这也是为什么美国最初对于企业并购实现的是事后审查，之后改为事前审查的重要原因。大多数司法辖区包括我国也借鉴了美国的审查机制，对经营者集中实行事前审查。由经营者在集中前就向反垄断执法机构进行申报，反垄断执法机构就能提前介入以对所申报的经营者集中是否具有排除、限制竞争效果展开评估，并禁止那些具有很大可能性损害市场竞争秩序和社会公共利益的经营者集中。因此，对于具有损害市场竞争秩序和社会公共利益重大风险的经营者集中行为，检察机关应当有权对其提起反垄断民事公益诉讼，而不能等待经营者集中已经完成并对市场竞争秩序和社会公共利益造成实际损害之后再提起反垄断民事公益诉讼。

第二节 检察机关提起反垄断民事公益诉讼管辖

2022年6月24日，我国《反垄断法》修正增加了检察机关提起反垄断民事公益诉讼制度的规定。其中第六十条第二款规定："经营者实施垄断行为，损害社会公共利益的，设区的市级以上人民检察院可以依法向人民法院提起民事公益诉讼。"从而明确了能够提起反垄断民事公益诉讼的人民检察院级别。根据《人民检察院公益诉讼办案规则》第十四条第一款的规定①，负责立案管辖的则为基层人民检察院。笔者认为，《反垄断法》的规定与《人民检察院公益诉讼办案规则》的规定并不冲突。因为《办案规则》规定的只是立案管辖的检察院，而非最终提起反垄断民事公益诉讼的检察院。只要最终确保向法院提起反垄断民事公益诉讼的检察院为设区的市级以上人民检察院即可。

因此，对于损害社会公共利益的涉嫌垄断行为，应当首先依据《人民检察院公益诉讼办案规则》第十四条第一款的规定，由涉嫌垄断行为发生地、损害结果地或者涉嫌从事垄断行为的经营者住所地的基层人民检察院立案管辖。如果需要提起诉讼的，则根据《人民检察院公益诉讼办案规则》第十六条的规定②和《反垄断法》第六十条第二款的规定，由立案的基层人民检察院将案件移送至设区的市级以上人民检察院，由设区的市级以上人民检察院提起诉讼。由于设区的市级以上人民检察院包括设区的市级人民检察院、省级人民检察院和最高人民检察院，③ 因此，基层人民检察院可能向这三级人民检察院进行移送。但是，《人民检察院公益诉讼办案规则》第十六条规定在进行移送时，应当将案件移送至有管辖权人民法院对应的同级人民检察院。这就需要首先确定审理由检察机关提起的反垄断民事公益诉讼的一审管辖法院。

对此，《反垄断法》并没有对一审管辖法院作出规定。虽然《最高人民法院关于审理因垄断行为引发的民事纠纷案件应用法律若干问题的规定》第三条规定："第一审垄断民事纠纷案件，由知识产权法

---

① 《人民检察院公益诉讼办案规则》第十四条第一款规定："人民检察院办理民事公益诉讼案件，由违法行为发生地、损害结果地或者违法行为人住所地基层人民检察院立案管辖。"

② 《人民检察院公益诉讼办案规则》第十六条规定："人民检察院立案管辖与人民法院诉讼管辖级别、地域不对应的，具有管辖权的人民检察院可以立案，需要提起诉讼的，应当将案件移送有管辖权人民法院对应的同级人民检察院。"

③ 参见《中华人民共和国人民检察院组织法》第十二、十三条。

院,省、自治区、直辖市人民政府所在地的市、计划单列市中级人民法院以及最高人民法院指定的中级人民法院管辖。"但该反垄断司法解释主要针对的是反垄断民事私益诉讼,而非检察机关提起的反垄断民事公益诉讼。尽管如此,笔者认为仍然可以参照反垄断司法解释的规定,因为无论是私主体提起的反垄断民事私益诉讼,还是检察机关提起的反垄断民事公益诉讼,针对的都是涉嫌垄断行为本身。而垄断案件本身具有复杂性、专业性等特点,并不会因为是检察机关提起公益诉讼就有所改变。相反,损害社会公共利益以至于需要由检察机关提起反垄断民事公益诉讼的案件,可能要比私主体提起反垄断民事私益诉讼的案件更为复杂,"举轻以明重",对于检察机关提起的反垄断民事公益诉讼案件的一审,至少也应当由知识产权法院或中级人民法院管辖。

由上分析可知,如果是由基层人民检察院立案管辖的话,如果需要提起反垄断民事公益诉讼,则基层人民检察院应当将案件移送有管辖权人民法院——知识产权法院或中级人民法院——对应的同级人民检察院,即设区的市级人民检察院。由设区的市级人民检察院向知识产权法院,省、自治区、直辖市人民政府所在地的市、计划单列市中级人民法院以及最高人民法院指定的中级人民法院提起反垄断民事公益诉讼。

不过,并非所有损害社会公共利益的涉嫌垄断案件都适宜由基层人民检察院立案管辖。对于那些重大、复杂的垄断案件,应当根据其重大、复杂的程度以及公益损害涉及的范围,由相应的上级人民检察院进行管辖。《人民检察院公益诉讼办案规则》第十五条的规定:"设区的市级以上人民检察院管辖本辖区内重大、复杂的案件。公益损害范围涉及两个以上行政区划的公益诉讼案件,可以由共同的上一级人民检察院管辖。"由该条规定可知:第一,如果损害社会公共利益的涉嫌垄断行为属于设区的市级人民检察院辖区内的重大、复杂案件,则由设区的市级人民检察院进行管辖,这种管辖主要还是指立案管辖。如果需要移送的话,仍需要依据《人民检察院公益诉讼办案规则》第十六条的规定进行移送。只不过在这种情形下，立案管辖的检察院就是设区的市级人民检察院，与有管辖权的人民法院是同级的，因此无需进行上下级的移送，但可能涉及同级人民检察院之间的移送。第二，如果损害社会公共利益的涉嫌垄断行为属于省级人民检察院辖区内的重大、复杂案件，则由省级人民检察院进行管辖。如果需要提起诉讼，则应当由省级人民检察院向有管辖权人民法院对应的同级人民检察院，即向相应的设区的市级人民检察院进行案件移送。第三，如果损害社会公共利益的涉嫌垄断行为属于最高人民检察院辖区内的重大、复杂案件，则由最高人民检察院进行管辖。如果需要提起诉讼，则应当由最高人民检察院向有管辖权人民法院对应的同级人民检察院，即向相应的设区的市级人民检察院进行案件移送。

为了更加明晰地展现检察机关提起反垄断民事公益诉讼中的检察院管辖以及法院管辖，参见表4-1：

表4-1　　检察机关提起反垄断民事公益诉讼的管辖

损害社会公共利益的涉嫌垄断行为类型	立案管辖检察院	移送管辖提起诉讼的检察院	一审管辖法院
普通涉嫌垄断案件	基层人民检察院	设区的市级人民检察院	知识产权法院或中级人民法院[①]
设区的市级人民检察院辖区内的重大、复杂涉嫌垄断案件	设区的市级人民检察院	无需上下级移送，可能涉及同级移送	知识产权法院或中级人民法院
省级人民检察院辖区内的重大、复杂涉嫌垄断案件	省级人民检察院	移送至相应的设区的市级人民检察院	知识产权法院或中级人民法院
全国范围内的重大、复杂涉嫌垄断案件	最高人民检察院	移送至相应的设区的市级人民检察院	知识产权法院或中级人民法院

事实上，对于设区的市级人民检察院、省级人民检察院和最高人民检察院管辖相应的涉嫌垄断案件，也得到了最高人民检察院的明示。

[①] 准确而言，应当为知识产权法院，省、自治区、直辖市人民政府所在地的市、计划单列市中级人民法院以及最高人民法院指定的中级人民法院，为了简洁，在此仅称之为知识产权法院或中级人民法院，下同。

在《反垄断法》修正之后正式实施之前，为了贯彻实施《反垄断法》中所增设的检察民事公益诉讼条款，最高人民检察院印发了《关于贯彻执行〈中华人民共和国反垄断法〉积极稳妥开展反垄断领域公益诉讼检察工作的通知》，其中对管辖作出了规定："依据反垄断法和《人民检察院公益诉讼办案规则》相关规定，办理反垄断民事公益诉讼案件，由违法行为发生地、损害结果地或者违法行为人住所地设区的市级以上检察院管辖。涉及互联网领军企业合规经营、互联网产业政策、行业标准以及国际竞争等重大敏感复杂案件，由省级检察院或者最高检直接立案办理。"[1] 笔者认为，由省级检察院或最高人民检察院管辖的案件，应当不局限于所列举的领域中的重大敏感复杂案件，而是应当适用于所有行业，区分的标准主要为涉嫌垄断行为所涉及的领域，重大、复杂的程度。

第三节　检察机关提起反垄断民事公益诉讼与现行反垄断法实施机制的协调

确立检察机关提起反垄断公益诉讼制度将对我国现行的反垄断法实施体系带来重要变革，"关乎行政与司法关系重大调整"[2]，为了确保检察机关提起反垄断公益诉讼制度能够发挥价值，必须解决其与现行反垄断法实施体系的关系问题。检察机关提起反垄断公益诉讼制度的建立，并不是要取代现行的反垄断实施机制，而是作为反垄断法实施方式的一种补充，完善我国反垄断法实施机制和形式。王明远教授在分析环境公益诉讼制度时指出，"环境公益诉讼制度的设计既要保证司法权和行政权能够最大化地发挥各自的效用，又要保证司法权和行政权不超越各自权限，不违反法治的正当性要求，在逻辑上首先必

---

[1] "最高检印发《通知》要求充分认识反垄断法增设检察公益诉讼条款的重要意义积极稳妥开展反垄断领域公益诉讼"，2022年8月1日，载最高人民检察院网站：https://www.spp.gov.cn/spp/xwfbh/wsfbh/202208/t20220801_569635.shtml.

[2] 巩固：《环境民事公益诉讼性质定位省思》，载《法学研究》2019年第3期。

须解决一个基本问题，即环境法治中的行政权和司法权及其相互关系应当遵循何种法治基本原理和要求？"① 事实上，这一基本问题同样适用于反垄断公益诉讼制度的设计，因为反垄断公益诉讼制度涉及反垄断执法机构以及司法机关之间复杂的关系，如果不予以厘清，则二者会发生严重冲突，进而在制度的实施上明显地体现出来。导致的结果就是，反垄断行政执法和反垄断司法实施任何一方都会因为对方而使自身遭受损害，非但不能起到"1＋1＞2"的效果，反而会出现"1＋1＜2"的不利局面。在我国反垄断法正式引入检察机关提起反垄断民事公益诉讼制度之后，最高人民检察院也及时发布了相关文件，对如何有效推动检察机关提起反垄断民事公益诉讼制度与现行反垄断法实施机制之间的协调提出了具体要求。最高人民检察院指出："要加强反垄断执法司法案例研究，健全反垄断执法与公益诉讼检察衔接机制，加强与法院的沟通协调，鼓励公众参与，自觉接受社会监督。"②

检察机关提起反垄断公益诉讼能否取得较大成效，在很大程度上取决于检察机关能够处理好与其他反垄断法实施机制之间的关系。以检察机关提起行政公益诉讼试点为例，尽管检察机关提起行政公益诉讼试点工作在不同地区有较大差异，但最终效果有赖于与其他部门的良好沟通协调，以及不同检察职能之间的良性互动。"综合各地区办理行政公益诉讼诉前程序和提起行政诉讼案件看，不同地区的差异还是比较明显的。总体来看，试点工作开展得比较顺利，效果比较好的地方，都是在试点工作开展之前，就有比较好的行政检察基础，受到当地党委、政府和其他机关支持的地区。"③ 如果建构由检察机关提起反垄断公益诉讼的制度，将强化司法机关在反垄断法实施中的地位，

---

① 王明远：《论我国环境公益诉讼的发展方向：基于行政权与司法权关系理论的分析》，载《中国法学》2016 年第 1 期。
② "最高检印发《通知》要求充分认识反垄断法增设检察公益诉讼条款的重要意义积极稳妥开展反垄断领域公益诉讼"，2022 年 8 月 1 日，载最高人民检察院网站：https://www.spp.gov.cn/spp/xwfbh/wsfbh/202208/t20220801_569635.shtml。
③ 胡卫列、田凯：《检察机关提起行政公益诉讼试点情况研究》，载《行政法学研究》2017 年第 2 期。

而这与我国目前反垄断法实施以行政执法为主导的制度实践存在很大的冲突，从而使得这一制度的建立存在很大的阻力。而且，正如有学者所指出的，如果过于强化司法权的角色和地位的话，将会使得裁判的权力转为执行的权力，民事诉讼程序将具有浓厚的职权主义色彩，司法机关极易超出其职权范围，在实质上侵入和超越行政权。[①] 检察机关提起反垄断公益诉讼不是孤立的，而是要与现行的诸多制度相协调，如果无法实现有效地融合，不仅无法得到其他制度的支持，反而会受到其他制度的掣肘。任何一项新制度的推出，都不能忽视其所在的政治生态环境。

在引入检察机关提起反垄断公益诉讼制度之前，我国反垄断法的实施机制主要包括反垄断行政执法和反垄断诉讼两种方式。反垄断行政执法主要是一种"官查民"式的实施活动。此前的反垄断诉讼——无论是反垄断民事诉讼还是反垄断行政诉讼——的原告都是私主体，而非公权力机构，因此反垄断民事诉讼就是一种"民告民"，而反垄断行政诉讼则是一种"民告官"，明显区别于检察机关提起反垄断民事公益诉讼这种"官告民"以及检察机关提起反垄断行政公益诉讼这种"官告官"的诉讼形式。引入检察机关提起反垄断公益诉讼这种新的反垄断法实施形式，将会对现有的反垄断法实施机制造成比较大的影响，如果不能处理好二者之间的关系，则非但不能发挥出检察机关提起反垄断公益诉讼这一制度的价值，反而还会影响、干扰现有的反垄断实施机制。因此，必须从制度上协调好检察机关提起反垄断公益诉讼与现行反垄断法实施机制之间的关系。

本章主要分析检察机关提起反垄断民事公益诉讼制度与现行反垄断法实施机制的协调，第五章将分析检察机关提起反垄断行政公益诉讼制度与现行反垄断法实施机制的协调。检察机关提起反垄断民事公益诉讼是一种"官告民"的表现，它与反垄断执法机构的执法即"官

---

① 参见王明远《论我国环境公益诉讼的发展方向：基于行政权与司法权关系理论的分析》，载《中国法学》2016年第1期。

查民"以及反垄断私益民事诉讼即"民告民"之间存在着交叉,三者指向的都是涉嫌垄断行为。

一 检察机关提起反垄断民事公益诉讼与反垄断行政执法之间的关系

检察机关提起反垄断民事公益诉讼与反垄断行政执法二者都代表公权力机关对涉嫌从事垄断行为的私主体的一种反对,只不过分别采取的是诉讼和行政执法的方式。在我国现行的反垄断法实施机制下,反垄断行政执法与反垄断民事私益诉讼之间互不排斥:反垄断执法机构展开反垄断执法并不影响相关私主体提起反垄断民事诉讼,而相关私主体提起反垄断民事诉讼也不影响反垄断执法机构展开执法活动。但反垄断行政执法与反垄断民事私益诉讼这两种实施方式的发动主体毕竟是不同的,分别是"官"和"民"。而检察机关提起反垄断民事公益诉讼与反垄断行政执法的实施主体则都是"官"。出于节约司法、行政资源的考虑,"官告民"和"官查民"之间并不能是一种绝对互不排斥的关系,而是应当有一定的限制。

传统的"民告民"与"官查民"之间所追求的价值目标也并非完全相同:"官查民"主要是为了禁止垄断行为,这将间接地保护那些受垄断行为损害的私主体的利益,这些私主体并不能直接获得损害赔偿;"民告民"除了禁止垄断行为外,另外一个主要目的就是寻求损害赔偿,受垄断行为损害的私主体能够直接从"民告民"中获得损害赔偿。因此,"官查民"和"民告民"这两种制度具有一定的互补性,因而可以并存。但在"官告民"和"官查民"这两种情形中,公权力机关所要追求的价值目标都主要是禁止垄断行为,而非获得损害赔偿。因此,"官告民"与"官查民"二者之间在价值目标追求方面的共性,要远远大于"民告民"与"官查民"二者之间的共性。这也决定了"官查民"与"官告民"之间不能完全互不排斥。

既然"官查民"和"官告民"之间并非是完全互补的,那么究竟以何者为优先？笔者认为，应当以"官查民"为主，"官告民"为辅。因为，一方面，"官查民"具有其自身独特的优势，反垄断执法机构能够迅速对涉嫌垄断行为展开查处，并且具有灵活性，而检察机关提起反垄断民事公益诉讼则需要经历漫长的诉讼程序，无法有效满足及时禁止涉嫌垄断行为的需要。另一方面，对于所涉及的涉嫌垄断行为，仍然存在"民告民"的可能性，受涉嫌垄断行为损害的私主体仍有可能提起反垄断民事诉讼。因此，如果反垄断执法机构已经对涉嫌垄断的行为展开了执法，则无需检察机关提起反垄断民事公益诉讼。只有在反垄断执法机构没有展开相关的执法，并且垄断行为会对社会公共利益造成较大损害时，才需要检察机关提起反垄断民事公益诉讼。

有观点认为，"由检察机关提起民事公益诉讼，会令具有相应监管职责的行政机关落得逍遥。在我国现有权力架构中，行政机关是被授权从事行政管理和执行行政法的主体，由其先履行监管职责，同时作为配套措施，于行政诉讼中设置对行政机关违法或怠为履行职责时的追究机制——行政公益诉讼，比起由检察机关直接提起民事公益诉讼而言，更符合行政权与司法权的内在规律与职能定位。"[①] 这种观点实际上是坚持只有行政机关才是维护公共利益的"正统机构"，其他机构在维护公共利益方面"名不正、言不顺"，维护公共利益将会损害行政机关的这种正统地位，即便其他机构维护公共利益，也都必须通过行政机关进行。这是一种狭隘的部门主义观点。我国各个机构都负有维护公共利益的职责，只不过优先程度、侧重点有所不同罢了。行政机构在维护公共利益方面相对于司法机构而言确实具有效率高、主动性强等方面的优势，但这绝不意味着其他机构不能"染指"公共利益的维护。一味追求行政机关在维护公共利益方面的优先性，放弃由检察机关直接提起民事公益诉讼，而徒增一道程序——行政公益诉讼——来敦促行政机关履行公共利益保护之职责，实际上是放任危害

[①] 参见林莉红《论检察机关提起民事公益诉讼的制度空间》，载《行政法学研究》2018年第6期。

行为的继续存在和发生，这本身也是对公共利益的一种损害。

虽然行政机关是公共利益的首要维护者，但这并不意味着任何侵犯公共利益的行为都必须首先由行政机关或通过其他方式间接促使行政机关来予以维护。"公共权利、公共利益损害可以诉诸司法救济是法治的应有之义。"[1] 在检察机关提起反垄断民事公益诉讼案件中，检察机关之所以起诉，正是因为存在垄断行为。而这种垄断行为之所以出现或继续存在，与反垄断执法机构未展开有效的执法有关。从这种意义上来说，如果反垄断执法机构能够对市场中存在的垄断行为展开有效执法的话，则检察机关将无垄断行为可诉。此外，检察机关针对垄断者提起反垄断民事公益诉讼，并不妨碍检察机关针对原本应当对该垄断行为展开有效执法的反垄断执法机构提起反垄断行政公益诉讼。

二 检察机关提起反垄断民事公益诉讼与反垄断民事私益诉讼之间的关系

（一）检察机关提起反垄断民事公益诉讼与反垄断民事私益诉讼二者互补

检察机关提起反垄断民事公益诉讼与相关私主体提起反垄断民事私益诉讼二者都是通过民事诉讼的方式来反对垄断行为，并且在功能上具有一定的互补性。检察机关提起反垄断民事公益诉讼这种"官告民"的方式，在客观上也能够对那些受到垄断行为损害的私主体提供一种间接保护。虽然私主体无法通过检察机关提起的这种公益诉讼获得直接的损害赔偿，但检察机关提起反垄断民事公益诉讼，如果得到法院的支持，则可以普遍性地禁止垄断行为，相关私主体可免继续遭受被诉垄断行为的损害。因此，正是从这种意义上来说，相关私主体能够从检察机关提起的反垄断民事公益诉讼中获得一种间接保护。

同样的，相关私主体提起反垄断民事私益诉讼这种"民告民"的方式，在客观上也能够对社会公共利益提供一定的保护。但这种

---

[1] 王珂瑾：《行政公益诉讼制度研究》，山东大学出版社2009年版，第43页。

保护可能相对有限，因为私主体可能仅请求法院判决被告停止针对该私主体实施垄断行为，而非请求法院判决被告普遍停止垄断行为，被告针对其他私主体的垄断行为可能会仍然继续。因此，也正是在这种意义上来说，虽然相关私主体提起反垄断民事私益诉讼能够对公共利益提供一定的保护，但并不能实现对公共利益的全面保护。

（二）检察机关提起反垄断民事公益诉讼与反垄断民事私益诉讼二者互不排斥

检察机关提起反垄断民事公益诉讼，与相关私主体提起反垄断民事私益诉讼，二者之间并不存在非此即彼的关系，而是可以共存，因为正如前文所述，二者彼此之间都无法对对方所欲保护的法益实现全覆盖保护，因此二者都具有存在的重要价值。

第一，检察机关提起反垄断民事公益诉讼不影响相关私主体提起反垄断民事私益诉讼。检察机关提起反垄断民事公益诉讼所保护的公共利益，包含私主体提起反垄断民事私益诉讼所欲保护的私益，但又不是这种私益的一种简单相加。这种私益的量达到一定的程度，就发生质变成为一种社会公共利益，当然，这种社会公共利益除了包含发生质变的一定量的私人利益以外，还包括相对独立于私人利益的市场竞争秩序、经济发展利益等。检察机关提起的反垄断民事公益诉讼着眼于整体的公共利益，仅就与私人利益的关系而言，在某种程度上可以说这种公共利益是各种不同的私人利益的一种"最大公约数"。从演绎的意义上来说，这种公共利益无法覆盖到各种个性化的私人利益。另外，正如有学者所指出的，公益诉讼效果只能起到防御作用，却不能使具体受害人的损害得到完全填补，公益诉讼的救济是不完全救济，私益诉讼仍有并行的必要性。[①] 因此，在检察机关提起反垄断民事公益诉讼后，私主体仍然能够提起反垄断民事私益诉讼。

相关私主体提起反垄断民事私益诉讼不受检察机关提起的反垄断

[①] 参见张新宝、赖成宇《个人信息保护公益诉讼制度的理解与适用》，载《国家检察官学院学报》2021年第5期。

民事公益诉讼的影响，这具有明确的司法解释依据。《最高人民法院关于适用〈中华人民共和国民事诉讼法〉的解释》第二百八十六条规定："人民法院受理公益诉讼案件，不影响同一侵权行为的受害人根据民事诉讼法第一百二十二条规定提起诉讼。"① 这为相关私主体在检察机关提起反垄断民事公益诉讼之后另行提起反垄断民事私益诉讼提供了明确的依据。最高人民法院之所以作出这种解释，是为了更好地维护私益受损者的权利，因为公益诉讼的诉讼请求可能并不符合私益受损者的意愿。② 在其他领域的司法实践中，法院也依据该条规定③以及相关规定④明确了公益诉讼与私益诉讼的关系。在围垦公司与苏洪新等五人、慈航公司土壤污染责任纠纷案中，中山市环境科学学会已经于2017年7月针对苏洪新、慈航公司等所从事的污染行为提起环境公益诉讼，广州市第二中级人民法院于2018年9月作出生效民事判决，判决被告共同赔偿生态环境服务功能损失费用205.21万元，修复案涉地块水质至地表水第Ⅲ类标准、土壤第Ⅲ类标准。围垦公司于本案诉至法院，请求苏洪新等5人、慈航公司连带清偿因委托第三方清运、处理案涉违法倾倒的固体废物以及打井钻探取样、检测支付的费用共计102.87万元，并恢复案涉污染土地原状、实施案涉土地的土壤修复、周边生态环境修复和周边水体的净化处理。广东省中山市第一人民法院认为，围垦公司作为案涉土地使用权人，可就案涉土地污染受到的人身、财产损害提起民事诉讼并就其实际损害获得赔偿。最高人民法院将该案列入2019年度人民法院环境资源典型案例，并评论认为，该案的正确审理，对厘清环境公益诉讼和私益诉讼之间的关系，

---

① 《最高人民法院关于适用〈中华人民共和国民事诉讼法〉的解释》，2022年4月2日，载最高人民法院网站：https://www.court.gov.cn/jianshe-xiangqing-353651.html。
② 参见张博《〈民法典〉视域下环境民事公益诉讼的运行困境与出路》，载《法商研究》2022年第4期。
③ 在该司法解释2022年修正前为第二百八十八条。
④ 《最高人民法院关于审理环境民事公益诉讼案件适用法律若干问题的解释》第二十九条规定："法律规定的机关和社会组织提起环境民事公益诉讼的，不影响因同一污染环境、破坏生态行为受到人身、财产损害的公民、法人和其他组织依据民事诉讼法第一百一十九条的规定提起诉讼。"（《民事诉讼法》2021年修正后为第一百二十二条——笔者注）。

引导当事人进行合理化诉讼安排,具有示范意义。[①]

第二,相关私主体提起反垄断民事私益诉讼不影响检察机关提起反垄断民事公益诉讼。虽然《最高人民法院关于适用〈中华人民共和国民事诉讼法〉的解释》第二百八十六条仅明确了相关机关提起民事公益诉讼不影响私主体提起民事私益诉讼,而没有规定私主体提起民事私益诉讼是否影响相关机关提起民事公益诉讼,但是,鉴于民事私益诉讼并不能实现对社会公共利益的有效保护——这也是为什么要建立民事公益诉讼制度的原因之所在,因此,私主体提起民事私益诉讼应当不影响相关机关提起民事公益诉讼。此外,一般来说,民事私益诉讼受民事公益诉讼的影响要更大一些,也即在相关机关提起民事公益诉讼之后,是否还有必要提起民事私益诉讼的质疑更多一些。例如,有观点就提出,如果公共利益的实现足以预防或者救济私人利益,那么是否另行提起私益诉讼的利益就不复存在了。[②] 正是由于存在这些质疑,最高人民法院才通过司法解释的方式明确,即便法院受理了民事公益诉讼案件,亦不影响同一侵权行为的受害人提起民事私益诉讼。由于相关机关提起民事公益诉讼后私主体提起民事私益诉讼有无必要的质疑更大,"举重以明轻",对于受到质疑更小的问题,即私主体提起民事私益诉讼后相关机关提起民事公益诉讼是否有必要,就无需在司法解释中再作规定了,以避免冗繁。

对于垄断行为,如果已经有相关的私主体提起了私益诉讼,但如果垄断行为涉及重大的公共利益,并且通过私益诉讼无法有效保护社会公共利益的话,则检察机关应当提起反垄断民事公益诉讼。检察机关在提起反垄断民事公益诉讼时,并不必然要以补偿具体的利益受损者为目的,因为一方面,每个个体受损的额度可能很小,所能够获得的损害赔偿也自然很小,而向每一个利益受损者分配赔偿金的成本可

---

① "2019年度人民法院环境资源典型案例",2020年5月8日,载最高人民法院网站:https://www.court.gov.cn/zixun-xiangqing-228361.html.

② 参见张新宝、赖成宇《个人信息保护公益诉讼制度的理解与适用》,载《国家检察官学院学报》2021年第5期。

能要远远高于所能够获得的损害赔偿金总额,因此不宜向其分配赔偿金。另一方面,检察机关提起反垄断民事公益诉讼的主要目的,主要应当是为了恢复市场竞争秩序,每个个体从公平、自由的竞争秩序中所享受的好处,可能要远远高于在单个诉讼中单个个体所能够获得的损害赔偿金。因此,检察机关提起反垄断民事公益诉讼,主要以停止垄断行为为主。当然,检察机关也可以提起损害赔偿之诉,但所获得的赔偿金应当上缴国库或通过其他合理方式用于预防和制止垄断行为的体制机制建设,而不应当分配给具体的个人。

(三)检察机关提起反垄断民事公益诉讼生效裁判对反垄断民事私益诉讼的影响

对于相关垄断行为,如果检察机关先行提起反垄断民事公益诉讼,并且法院经审判认定被告行为构成垄断行为,[①]那么法院所作的相应生效裁判对之后相关私主体所提起的反垄断民事私益诉讼有何影响?对于这一问题,可以从两个方面来展开具体探讨。

(1)法院审理检察机关提起的反垄断民事公益诉讼后作出的生效裁判中所认定的事实对之后提起的反垄断民事私益诉讼的影响。根据《最高人民法院关于适用〈中华人民共和国民事诉讼法〉的解释》第九十三条第一款第(五)项,已为人民法院发生法律效力的裁判所确认的事实,当事人无须举证证明。但是,根据第二款规定,当事人有相反证据足以推翻的除外。根据笔者在"北大法宝"上的检索,援引《最高人民法院适用民事诉讼法的解释》第九十三条第一款第(五)项的绝大多数是二审判决,也即在二审中,法院依据该项规定认定当事人无需举证证明一审判决所确认的事实。仅在一起案件即牛军与北京妈咪悦健康管理服务有限公司特许经营合同纠纷案中[②],一审法院

[①] 当然,法院也可能经过审理认定被告行为不构成垄断行为,也即检察机关所提起的反垄断民事公益诉讼未获得法院的支持,但在这种情形下,后续的相关私主体针对同一行为提起的反垄断民事私益诉讼也大概率不会得到法院的支持。为简化分析,笔者对这种情形不予以单独分析,而仅探讨法院支持检察机关提起的反垄断民事公益诉讼而作出的生效裁判对后续相关私主体提起的反垄断民事私益诉讼的影响。

[②] (2021)京0102民初38667号民事判决书。

北京市西城区人民法院依据该项规定认定当事人无需举证证明山东省东营市中级人民法院作出的（2021）鲁05民终573号民事判决书中所确认的事实，但（2021）鲁05民终573号民事判决书涉及的是本案原告与本案第三人之间的纠纷，因此与本案当事人存在重叠。总之，司法实践中援引《最高人民法院适用民事诉讼法的解释》第九十三条第一款第（五）项的案件，绝大多数涉及的当事人都是相同的，是二审法院据此对一审判决所确认事实的承认。这不同于依据《民事诉讼法》第五十七条第四款①，在人数不确定的代表人诉讼中，未参加登记的权利人提起诉讼时，后审法院对前审法院在代表人诉讼审结后所作判决中所确认事实的承认。

  法院支持检察机关提起的反垄断民事公益诉讼所作出的民事判决书，与之后相关私主体针对同一垄断行为所提起的反垄断民事私益诉讼，二者之间显然不是一审与二审的关系，而更似一种普遍与特殊的关系。检察机关提起反垄断民事公益诉讼所针对的垄断行为与私主体提起反垄断民事私益诉讼所针对的垄断行为是同一行为，被诉经营者并没有在这两个诉讼中从事不同的行为，只不过两种诉讼的诉讼目的、诉讼请求等并不完全相同。事实上，检察机关提起反垄断民事公益诉讼所针对的垄断行为——这种垄断行为并没有针对检察机关实施——正是被诉经营者针对无数与之后提起反垄断民事私益诉讼的原告类似的主体而实施的。因此，法院在检察机关提起的反垄断民事公益诉讼中所作的生效裁判所认定的事实，实际上也是被诉经营者与具体的有资格提起反垄断民事私益诉讼的原告之间所发生的事实，后者实际上是前者的一种具体化。在之后的反垄断民事私益诉讼中，对于法院在检察机关提起反垄断民事公益诉讼中所作生效判决所认定的事实，原则上原被告都无需另行举证证明。当然，如果当事人有相反证据证明足以推翻前诉生效判决所确认的事实的话，则审理反垄断私益诉讼的

---

  ① 《民事诉讼法》第五十七条第四款规定："人民法院作出的判决、裁定，对参加登记的全体权利人发生效力。未参加登记的权利人在诉讼时效期间提起诉讼的，适用该判决、裁定。"

法院要对此进行判断认定，如证实确实成立的话，则可以推翻前诉生效判决所确认的事实。

　　这在最高人民法院所发布的相关公益诉讼案件适用法律的司法解释中也作出了明确规定。《最高人民法院关于审理环境民事公益诉讼案件适用法律若干问题的解释》第三十条第一款规定："已为环境民事公益诉讼生效裁判认定的事实，因同一污染环境、破坏生态行为依据民事诉讼法第一百一十九条①规定提起诉讼的原告、被告均无需举证证明，但原告对该事实有异议并有相反证据足以推翻的除外。"《最高人民法院关于审理消费民事公益诉讼案件适用法律若干问题的解释》第十六条第一款规定："已为消费民事公益诉讼生效裁判认定的事实，因同一侵权行为受到损害的消费者根据民事诉讼法第一百一十九条规定提起的诉讼，原告、被告均无需举证证明，但当事人对该事实有异议并有相反证据足以推翻的除外。"但是，这两个司法解释对于能够提出相反证据推翻前诉公益诉讼生效裁判所认定事实的主体作出了不同的规定。《环境民事公益诉讼司法解释》仅规定原告可提出相反证据以推翻前诉公益诉讼生效裁判所认定的事实，而未赋予被告这样的权利。根据最高人民法院的解释，之所以如此规定，是因为私益诉讼的被告参加过环境民事公益诉讼案件的审理，已经充分行使了举证辩论等权利，故不应允许其在私益诉讼中对于环境民事公益诉讼生效裁判认定的事实再作相反主张。②然而，在消费民事公益诉讼中，规定的则是当事人——自然包括被告——能够提出相反证据以推翻前诉公益诉讼生效裁判所认定的事实。最高人民法院并没有就这种不同规定作出说明。笔者认为，最高人民法院之所以在环境民事私益诉讼中限制被告提出相反证据以推翻前诉公益诉讼生效判决所认定的事实，可能与环境公益诉讼中相关事实认定需要花费巨大成本有关。环境公益诉讼涉及致损原因、损害结果、因果关系等非常专业的问题，通常

---

① 《民事诉讼法》2021年修订后现为第一百二十二条，下同。
② 人民法院出版社法规编辑中心：《2020民事诉讼司法解释及司法观点全编》，人民法院出版社2020年版，第259页。

都需要委托第三方评估鉴定，但这种鉴定费用在环境公益诉讼中往往很高，例如在 2011 年"自然之友"等诉云南省陆良化工实业公司等环境污染一案中，评估机构对损害评估鉴定费的报价高达 700 万元。①当然，并非所有环境民事公益诉讼案件都会面临如此之高的评估鉴定费等，但由于环境损害本身往往涉及的范围较广、损害程度较大，而且需要通过相关检测技术对损害情况予以精准测量，因此其成本通常都较高。例如，在江西省浮梁县人民检察院诉浙江海蓝化工集团环境污染民事公益诉讼案中，法院对被告从事污染环境的行为作了非常详细的梳理，并查明自 2018 年 8 月至 10 月，浮梁县湘湖镇人民政府、原浮梁县环保局分别多次委托多家环保技术公司对相关水质、土壤等进行检测，累计支付的检测鉴定费共计近 10 万元，而被告对于这些鉴定结论也没有异议，认可本案的全部事实。②鉴于环境民事公益诉讼中相关事实认定的复杂及其成本，在后续的环境民事私益诉讼中限制被告提出相反证据以推翻已被认定的事实具有其合理性。

  检察机关提起反垄断民事公益诉讼，法院就此作出生效裁判所认定的事实，对于之后相关私主体提起反垄断民事私益诉讼有何影响？笔者认为，首先，原被告均无需举证予以另行证明，对此应无疑义。其次，关键的问题在于被告是否能够提出相反证据以推翻此前生效裁判所作的事实认定。笔者认为，对于事实本身应当予以区分，前述司法解释并没有对"事实"作出清晰界定。有学者认为其既包括判决主文中的事实，也包括判决理由中的事实。③笔者认为，可以将事实区分为客观事实以及法官经过说理而形成的事实。前者如法院认定被告于某日拒绝了原告的交易请求，对此是可以客观确定其是否发生的。而后者则是法官通过所掌握的相关证据以及原告双方所提出的理由等，

---

  ① 参见衡飞玲《环境公益诉讼费用困难分析及对策》，载《河南社会科学》2019 年第 2 期。
  ② （2020）赣 0222 民初 796 号民事判决书。
  ③ 王学棉：《民事诉讼预决事实效力理论基础之选择》，载《国家检察官学院学报》2020 年第 1 期。

经过分析之后形成的某些事实，例如认定被告具有市场支配地位。对于客观事实，不应当允许被告再提出相反证据予以推翻，因为在前诉的反垄断公益诉讼案件中，被告已经充分行使了举证辩论的权利。而对于法官经说理而形成的事实，则应当允许被告即此前被认定从事垄断行为的经营者提出相反证据进行推翻。原因在于，与环境污染涉及的相关事实具有相对的客观性不同，垄断案件中涉及的相关事实的认定存在一定的主观性，例如相关市场的界定、市场支配地位的认定等，往往存在诸多争议，应当允许被告在反垄断民事私益诉讼中提出相反证据，但所提相反证据是否成立并能够推翻前诉生效裁判中的事实认定，则由法院予以具体判断认定。

（2）检察机关提起反垄断民事公益诉讼裁判对之后提起反垄断民事私益诉讼的原告的适用效力问题。这主要涉及生效裁判的扩张适用问题。根据《民事诉讼法》第五十七条第四款的规定，对于前诉人数不确定的代表人诉讼，法院作出的判决、裁定，对于在诉讼时效期间提起诉讼的未参加登记的权利人，适用该判决、裁定。虽然这涉及的是人数不确定的代表人诉讼，与检察机关提起的反垄断民事公益诉讼存在区别，但是，这两种诉讼仍然存在一定的相似之处。在人数不确定的代表人诉讼中，尽管权利人未参加登记，但其利益在代表人诉讼中也将被予以考虑，代表人诉讼可以覆盖到未参加登记的权利人的诉讼请求，或者说存在很大的交集。因此，如果未参加登记的权利人之后选择单独提起诉讼，则代表人诉讼的裁决，可以适用于后诉。检察机关提起反垄断民事公益诉讼，在一定程度上也是代表受垄断行为损害的相关个体而提起的诉讼，这与人数不确定的代表人诉讼类似。法院在审理检察机关提起的反垄断民事公益诉讼后作出的判决、裁定，也能够适用于相关私主体之后所提起的反垄断民事私益诉讼。在前诉中法院对相关市场的界定、垄断行为的认定等，往往都涉及复杂的分析。这些认定直接适用于后诉，不仅可以使后诉法院避免花费大量的时间与精力进行复杂的认定，更为重要的是，原告无需再另行举证，大大减轻了举证负担。

《环境民事公益诉讼司法解释》第三十条第二款[①]和《消费民事公益诉讼司法解释》第十六条第二款[②]也规定前诉民事公益诉讼生效裁判可以对后诉民事私益诉讼进行扩张适用。需要注意的是,这种扩张适用都是原告主张的,也即表明前诉生效裁判中的相关认定是有利于原告的,原告才会向法院请求主张适用;如果不利于原告,则原告自然不会主张适用。因此,在相关私主体提起反垄断民事私益诉讼时,原告也只会在检察反垄断民事公益诉讼生效裁判的相关认定对其有利时,才会向法院主张适用。后诉法院适用前诉反垄断民事公益诉讼对后诉原告有利的生效判决或者其中的某些部分,这并不会损害被告的利益,因为被告在前诉中已经过充分辩论。不过,在后诉中,如果被告能够提出相反证据足以推翻前公益诉讼有利于后诉原告而不利于自己的生效判决,则应当充分保障其这种权利。

另外,被告在后诉中也可能会提出主张适用前诉反垄断民事公益诉讼生效裁判中对其有利的相关认定,因为在之前的检察机关提起的反垄断民事公益诉讼中,可能并不是检察机关所提出的所有主张和诉讼请求都能够得到法院的完全支持,因此,未获法院支持的部分自然就有利于被告。既然原告能够在后诉中主张适用前诉反垄断民事公益诉讼对自己有利的生效裁判或其中的某些认定,那么被告为何不能享有同样的权利呢?影响的关键因素仍然在于判断后诉原告是否进行了充分的辩论。之后提起反垄断民事私益诉讼的原告,其并没有参与到检察机关提起的反垄断民事公益诉讼中,自然也就不可能进行充分的辩论。"由于受害人未参加前诉案件的审理,未对被告的主张及证据

---

    ① 该款规定:"对于环境民事公益诉讼生效裁判就被告是否存在法律规定的不承担责任或者减轻责任的情形、行为与损害之间是否存在因果关系、被告承担责任的大小等所作的认定,因同一污染环境、破坏生态行为依据民事诉讼法第一百一十九条规定提起诉讼的原告主张适用的,人民法院应予支持,但被告有相反证据足以推翻的除外。被告主张直接适用对其有利的认定的,人民法院不予支持,被告仍应举证证明。"
    ② 该款规定:"消费民事公益诉讼生效裁判认定经营者存在不法行为,因同一侵权行为受到损害的消费者根据民事诉讼法第一百一十九条规定提起的诉讼,原告主张适用的,人民法院可予支持,但被告有相反证据足以推翻的除外。被告主张直接适用对其有利认定的,人民法院不予支持,被告仍应承担相应举证证明责任。"

进行相应的攻击和防御，因此，把受害人未参与的情形下得出的前诉判断作为证据提交后诉，对受害人已经构成显著的不利益，这对受害人的诉讼程序保障有所欠缺。"[1]《环境民事公益诉讼司法解释》第三十条第二款和《消费民事公益诉讼司法解释》第十六条第二款也都规定，被告主张直接适用对其有利的认定的，人民法院不予支持，被告仍应进行举证证明。总之，检察机关提起反垄断民事公益诉讼的相关生效裁判，其对于之后相关私主体提起的反垄断民事私益诉讼的扩展适用，具有"片面性"，即只能由后诉的原告主张，被告无法主张适用，而且后诉原告所主张适用的，也只是对其有利的相关认定。

第四节　检察机关提起反垄断民事公益诉讼的公告制度

根据《民事诉讼法》第五十八条第二款的规定[2]，人民检察院只有在没有有关机关和组织提起诉讼的情况下，才可以向人民法院提起诉讼。由此确立了有关机关和组织提起民事公益诉讼与检察机关提起民事公益诉讼的顺位关系。为了贯彻这一要求，《最高人民法院、最高人民检察院关于检察公益诉讼案件适用法律若干问题的解释》第十三条作出了进一步的细化规定。根据第十三条第一款和第二款的规定，人民检察院在履行职责中发现破坏生态环境和资源保护，食品药品安全领域侵害众多消费者合法权益，侵害英雄烈士等的姓名、肖像、名誉、荣誉等损害社会公共利益的行为，拟提起公益诉讼的，应当依法公告，公告期间为三十日。公告期满，法律规定的机关和有关组织、英雄烈士等的近亲属不提起诉讼的，人民检察院可以向人民法院提起

---

[1]　人民法院出版社法规编辑中心：《2020 民事诉讼司法解释及司法观点全编》，人民法院出版社 2020 年版，第 259 页。

[2]　该款规定：人民检察院在履行职责中发现破坏生态环境和资源保护、食品药品安全领域侵害众多消费者合法权益等损害社会公共利益的行为，在没有前款规定的机关和组织或者前款规定的机关和组织不提起诉讼的情况下，可以向人民法院提起诉讼。前款规定的机关或者组织提起诉讼的，人民检察院可以支持起诉。

诉讼。《人民检察院公益诉讼办案规则》第九十一条也规定，人民检察院经调查认为社会共利益受到损害，存在违法行为的，应当依法发布公告。公告应当在具有全国影响的媒体发布，公告期间为三十日。根据第九十六条规定，如果没有适格主体，或者公告期满后适格主体不提起诉讼的，人民检察院才应当提起民事公益诉讼。我国《民事诉讼法》及相关司法解释之所以规定检察机关提起民事公益诉讼之前先行进行公告，目的可能是为了激发社会组织积极行使诉权。[①] 这也可以从最高人民检察院当时所发布的试点方案中看出，《检察机关提起公益诉讼改革试点方案》关于"提起民事公益诉讼"部分中指出，"检察机关在提起民事公益诉讼之前，应当依法督促或者支持法律规定的机关或有关组织提起民事公益诉讼"。"督促"有关机关或组织提起民事公益诉讼，表明在最高人民检察院看来，提起民事公益诉讼首先应当是有关机关或组织的职责。

　　在实践中，有些社会组织在检察机关发布公告之后，确实提起了诉讼，这主要发生在环境保护领域。例如，湖南省资兴市人民检察院在履职过程中发现某村民使用猎套捕获国家保护动物野猪和野兔，其行为破坏了生态环境，损害了国家利益和社会公共利益，于2021年11月9日发布对该村民提起民事公益诉讼的诉前公告。湖南省郴州市阳光志愿者协会看到上述公告后，主动担负起民事公益诉讼责任，决定对该村民提起环境民事公益诉讼，以保护野生动物资源，维护自然生态平衡。2021年12月9日，湖南省资兴市人民法院立案受理原告志愿者协会诉被告凡华翀生态环境损害赔偿纠纷一案。资兴市人民检察院支持起诉。2022年3月13日，资兴市人民法院作出一审判决，支持了该协会所提出的诉讼请求，判令被告于判决生效之日起10日内赔偿因侵害野生动物造成的损失1080元；通过微信号等自媒体公开赔礼道歉，并宣传野生动物保护知识，须宣传3次；于判决生效之日起10日

[①] 参见刘艺《社会治理类检察建议的特征分析与体系完善》，载《中国法律评论》2021年第5期。

内支付原告志愿者协会律师费2000元，车旅费等合理费用700元，合计2700元。① 不过也应当注意到在实践中，大量的环境公益诉讼案件经检察机关公告后，并无社会组织回应。② 有观点认为，社会组织之所以未在检察机关发布公告之后提起民事公益诉讼，可能并不是其没有起诉的愿望，而是由于检察机关并未将社会公共利益受到损害的全部事实证据移交给有意愿起诉的社会组织，从而使社会组织无法掌握完整的证据，造成其没有起诉的能力，从而无法行使诉权。③ 也有观点认为，民事公益诉讼成本过高，同时又没有充分的激励，从而导致社会组织没有动力提起民事公益诉讼。④ 无论是出于何种理由，社会组织并没有普遍承担起提起民事公益诉讼的职责是一个客观事实。这样无疑使得检察机关在提起民事公益诉讼前进行公告只是为了满足程序要求，而无法真正激励社会组织提起民事公益诉讼。

依据《民事诉讼法》及相关司法解释，检察机关提起反垄断民事公益诉讼之前，自然也应当先行履行公告程序，由相关社会组织提起反垄断民事公益诉讼。只有在相关社会组织未提起诉讼时，检察机关才能够提起反垄断民事公益诉讼。提起民事公益诉讼的社会组织有严格的法定资格要求。以提起环境民事公益诉讼的社会组织而言，《环境保护法》第五十八条第一款规定，对污染环境、破坏生态，损害社会公共利益的行为，符合下列条件的社会组织可以向人民法院提起诉讼：（一）依法在设区的市级以上人民政府民政部门登记；（二）专门从事环境保护公益活动连续五年以上且无违法记录。第（一）项要求是一项最为基本的条件，关键在于第（二）项条件，要求提起环境民事公益诉讼的社会组织应当"专门从事环境保护公益活动"，并且还

---

① 参见秋实《猎套之祸》，载《检察风云》2022年第17期。
② 参见黄锡生、余晓龙《社会组织提起环境公益诉讼的综合激励机制重构》，载《法学论坛》2021年第1期。
③ 参见颜运秋《习近平法治思想中有关公益诉讼的重要论述及其展开》，载《中国政法大学学报》2022年第1期。
④ 参见黄锡生、余晓龙《社会组织提起环境公益诉讼的综合激励机制重构》，载《法学论坛》2021年第1期。

具有年限要求和无违法记录要求。如果参照该条件，那么提起反垄断民事公益诉讼的社会组织，除了依法进行登记以外，还应当专门从事市场竞争秩序和消费者公益保护活动，没有违法记录，并且要连续从事这种活动达到一定的年限。目前在实践中，据笔者了解，尚没有以专门从事市场竞争秩序公益保护活动的社会组织，因此只能将范围扩展至专门保护消费者公益保护活动的社会组织，毕竟，损害市场竞争秩序的行为也往往会直接或间接地对消费者的利益造成损害。在我国，这类社会组织主要为各级消费者保护协会。事实上，法国、美国、匈牙利等国家都已经明确规定消费者协会可以针对侵犯消费者利益的垄断行为提起诉讼。[①]

与《环境保护法》第五十八条明确规定相关的社会组织可以提起环境民事公益诉讼不同，我国《反垄断法》第六十条第二款并没有明确规定消费者协会可以提起反垄断民事公益诉讼。不过，根据《消费者权益保护法》第四十七条规定[②]，由消费者协会针对侵害众多消费者合法权益的垄断行为提起反垄断民事公益诉讼，又具有明确的法律依据。正如有学者所指出的，根据《消费者权益保护法》第四十七条规定，"不宜且不应认为中国消费者协会以及在省、自治区、直辖市设立的消费者协会不能提起反垄断民事公益诉讼"。[③] 尽管从理论上而言，消费者协会提起反垄断民事公益诉讼并不存在明显的法律障碍，但是在实践中，据笔者检索，并没有消费者协会提起反垄断民事公益诉讼的案例。当然，其中很重要的原因可能是我国《反垄断法》自2022年6月修正引入民事公益诉讼制度——尽管只是明确规定由检察机关提起而没有规定可以由消费者协会提起——至今时间尚短，消费者协会还未完全准备好提起反垄断民事公益诉讼。但是，如果消费

[①] 参见陈云良《反垄断民事公益诉讼：消费者遭受垄断损害的救济之路》，载《现代法学》2018年第5期。

[②] 该条规定："对侵害众多消费者合法权益的行为，中国消费者协会以及省、自治区、直辖市设立的消费者协会，可以向人民法院提起诉讼。"

[③] 时建中：《新〈反垄断法〉的现实意义与内容解读》，载《中国法律评论》2022年第4期。

协会真有意愿提起反垄断民事公益诉讼，其在此次《反垄断法》修正之前就可以通过法律解释从《消费者权益保护法》第四十七条中寻找法律依据，而非必须从虽经修正但并未明确规定其有权提起反垄断民事公益诉讼的《反垄断法》第六十条寻找这种依据。从这种意义上来说，可以预见，消费者协会今后在很长一段时间内也很有可能不会提起反垄断民事公益诉讼。

既然作为最有资格和能力提起反垄断民事公益诉讼的社会组织——消费者协会——可能在很长一段时间内都不会提起反垄断民事公益诉讼，那么检察机关在提起反垄断民事公益诉讼之前所进行的公告，就很有可能实际上成为一种纯粹为了符合程序要求而进行的"规定动作"，在此过程中必然会在事实上无谓浪费30日的时间。当然，从长远来看，相关适格的社会组织应当可以而且能够提起反垄断民事公益诉讼，检察机关在提起反垄断民事公益诉讼前进行公告这一制度将发挥其自身的价值。正如有学者预测环境民事公益诉讼领域中相关社会组织与检察机关之间关系的处理所分析的那样，"从长远来看，社会组织以及其所代表的社会公众才是环境公益诉讼的主力军。当有符合条件的社会组织愿意提起环境公益诉讼时，应优先由社会组织行使诉权，检察机关应当在证据调查等方面给予支持。若无社会组织提起诉讼，检察机关才应主动向法院提起诉讼，以免环境公共利益长期处于受损或受威胁状态却无人问津。概言之，检察机关应扮演支持者与补充者的角色。但是，从目前环境公益诉讼的状况来看，检察机关在现阶段还需重点扮演引导者的角色。"[①] 这同样适用于检察机关与相关社会组织在提起反垄断民事公益诉讼方面关系的处理。在短期之内，相关社会组织提起反垄断民事公益诉讼尚存在一定的障碍，此时应当由检察机关发挥引导作用。待各方面条件不断成熟，相关社会组织能够承担起提起反垄断民事公益诉讼的重任时，检察机关就应当转变角色，发挥一

[①] 李艳芳、吴凯杰：《论检察机关在环境公益诉讼中的角色与定位》，载《中国人民大学学报》2016年第2期。

种补充性的角色，支持相关社会组织提起反垄断民事公益诉讼。

因此，笔者认为，在相关社会组织能够真正实质性地提起反垄断民事公益诉讼之前，为了更好地保护社会公共利益，应当由检察机关主导反垄断民事公益诉讼的启动。为了避免无谓造成时间的损耗，可以务实性地暂时不要求检察机关在提起反垄断民事公益诉讼之前进行公告。或者借鉴检察机关办理侵害英雄烈士等的姓名、肖像、名誉、荣誉的民事公益诉讼案件时直接征询英雄烈士等的近亲属意见的做法，由检察机关直接定向征询相关社会组织的意见，因为能够提起反垄断民事公益诉讼的社会组织数量较少而且相对而言是确定的，这样就可以直接了解相关社会组织是否有意愿提起反垄断民事公益诉讼，以节约时间。一旦确定相关社会组织没有意愿提起反垄断民事公益诉讼，检察机关就可迅速启动提起反垄断民事公益诉讼的程序。待今后相关社会组织能够承担起提起反垄断民事公益诉讼的职责之后，检察机关应当发挥一种补充性的角色，在提起反垄断民事公益诉讼之前通过公告的方式督促相关社会组织提起反垄断民事公益诉讼。但对公告的时间、公告的形式等可以进一步完善，例如缩短公告时间，定向征询意见等。

也有更加激进的观点认为不应当在检察机关提起民事公益诉讼制度中引入公告程序，而是将检察机关提起民事公益诉讼与其他社会组织提起民事公益诉讼置于相同顺位。例如，有最高人民检察院的检察官认为，"一些社会公益组织在检察机关立案调查结束后的公告期间提出起诉要求，检察机关只能将案件和相关调查材料移送，这既降低了诉讼效率，又影响了诉讼质量。特别是在刑事附带民事公益诉讼案件中，不仅耽误审限、浪费司法资源，而且还存在侦查材料是否适宜移送的问题。鉴于检察机关和社会公益组织的公益诉讼起诉权，都源于法律授权，并非基于自身权利救济，二者顺序有必要调整为平行关系。"[①] 笔者认

---

① 易小斌：《检察公益诉讼参与国家治理的实践面向》，载《国家检察官学院学报》2020年第6期。

为，检察机关在提起民事公益诉讼中进行公告以督促相关社会组织提起诉讼还是有其自身的价值，至于该检察官所提出的理由，笔者认为并非在所有案件中检察机关都需要向相关社会组织进行材料的移送，当然即便需要进行移送，检察机关也可以根据需要移送可以被移送的材料。而且，对于许多案件而言，案件线索可能是最为重要的。通过公告的形式向相关社会组织提供案件线索，相关社会组织可以根据该案件线索搜集相关证据。另外，即便检察机关基于保密等要求而无法向相关社会组织提供相关材料，也可以在相关社会组织提起公益诉讼之后，以支持起诉的形式提供相关的材料。总之，笔者认为，检察机关提起反垄断民事公益诉讼时，还是应当注重发挥相关社会组织的价值，但在此过程中应避免为了符合程序要求而造成的无谓时间损耗，应当优化、协调检察机关与相关社会组织在提起反垄断民事公益诉讼方面的关系，确保有意愿、有能力提起公益诉讼的主体能够及时有效提起反垄断民事公益诉讼。

第五节 检察机关提起反垄断民事公益诉讼的诉讼请求范围

一 检察机关提起民事公益诉讼的诉讼请求范围确定

诉讼请求是指原告通过法院向被告所提出的实体权利请求。根据原告所提起的民事诉讼的种类的不同，其所提出的诉讼请求也有所不同。在给付之诉中，原告会请求法院判令被告给付一定的财物或完成一定的行为；在确认之诉中，原告会请求法院对某种法律关系是否存在予以确认；在变更之诉中，原告会请求法院变更或者消灭现在的某种法律关系。[1]"检察机关的诉讼请求即在诉讼中要求被告承担的具体责任，合理确定诉讼请求是非常重要的工作内容。"[2] 从民事公益诉讼

---

[1] 参见戴镔隆主编《民事法律词典》，群众出版社1987年版，第482页。
[2] 邵世星：《当前检察机关提起公益诉讼工作面临的问题与对策》，载《人民检察》2018年第10期。

所涉类型来看，大多数都属于基于侵权法律关系所产生的给付之诉，其诉讼请求包括行为给付和财产给付，确认之诉和变更之诉所占的比例较小。① 私主体提起民事诉讼旨在通过法院判决实现其私人利益诉求，而检察机关提起民事公益诉讼的目的，则是为了保护社会公共利益。无论是实现私人利益诉求还是保护社会公共利益，都需要法院判令被告为或不为相关的行为来予以实现。希望被告为或不为一定的行为，就体现为私主体和检察机关在起诉时所提出的诉讼请求。"尽管（原告所提出的）诉讼请求中的实体请求也是针对被告提出的，但原告提出的这种诉讼上的请求是要求法院裁决原告针对被告的实体请求是否合法，因而不是直接针对被告。"② 私主体向法院提出的，请求法院裁决的针对被告的实体请求，实际上也是原告请求法院判令被告承担相应的民事责任。根据《民法典》第一百七十九条，承担民事责任的方式主要有：（一）停止侵害；（二）排除妨碍；（三）消除危险；（四）返还财产；（五）恢复原状；（六）修理、重作、更换；（七）继续履行；（八）赔偿损失；（九）支付违约金；（十）消除影响、恢复名誉；（十一）赔礼道歉。这也可以看作是私主体在民事诉讼中所能够提出的主要诉讼请求形式。检察机关提起民事公益诉讼的诉讼请求，仍然是参考私益诉讼请求确定的。③

在民事公益诉讼中，原告所提出的诉讼请求与私主体在民事私益诉讼中所提出的诉讼请求并不完全相同。例如，在消费民事公益诉讼中，根据《最高人民法院关于审理消费民事公益诉讼案件适用法律若干问题的解释》第十三条第一款，中国消费者协会以及省、自治区、直辖市设立的消费者协会提起消费民事公益诉讼，④ "请求被告承担停

---

① 参见汤维建、王德良、任靖《检察民事公益诉讼请求之确定》，载《人民检察》2021年第5期。
② 张卫平：《民事诉讼法》，法律出版社2019年版，第187页。
③ 参见邵世星《当前检察机关提起公益诉讼工作面临的问题与对策》，载《人民检察》2018年第10期。
④ 只有在涉及食品药品安全消费类公益诉讼案件中，检察机关才能够作为原告提起消费民事公益诉讼。

止侵害、排除妨碍、消除危险、赔礼道歉等民事责任的，人民法院可予以支持"。该款明确规定了四种责任承担方式，但同时使用了"等"，表明消费者协会提起民事公益诉讼，被告所可能承担的法律责任并不限于这四种。[①] 最高人民法院相关负责人也明确指出，"至于其他责任承担方式，本条在明确列举请求权类型后面以一个'等'字作为保留，为将来法律修订及司法实践进一步发展后，消费民事公益诉讼的请求权类型扩张预留空间。"[②] 事实上，在实践中，地方消费者保护协会已经请求法院判令被告承担惩罚性赔偿。2017 年，广东省消费者委员会针对李某华、陈某财等人生产、销售病死猪肉一案向深圳市中级人民法院提起消费者民事公益诉讼，请求法院判令被告承担惩罚性赔偿金 1006.2 万元。这是全国首例由消费者组织作为原告提起惩罚性赔偿的消费者民事公益诉讼案件。尽管深圳市中级人民法院以《最高人民法院关于审理消费民事公益诉讼案件适用法律若干问题的解释》第十三条第一款未明确规定可适用惩罚性赔偿而未支持广东省消费者委员会所提出的惩罚性赔偿诉讼请求，但广东省高级人民法院在二审中认为，该款规定并没有明确排除消费民事公益诉讼原告主张惩罚性赔偿的权利，因此广东省消费者委员会有权主张惩罚性赔偿，只是由于广东省高级人民法院认为广东省消费者委员会在该案中计算惩罚性赔偿金的方式不客观、不严谨，从而最终未支持广东省消费者委员会的惩罚性赔偿主张。此后，2018 年，广州市中级人民法院支持了广东省消费者委员会针对三宗生产销售假盐的行为提起的惩罚性赔偿；2020 年，无锡市中级人民法院支持了江苏省消费者委员会针对双善食品有限公司销售假冒星巴克注册商标速溶咖啡行为所提起的惩罚性赔偿。[③]

---

① 该条第二款规定："经营者利用格式条款或者通知、声明、店堂告示等，排除或者限制消费者权利、减轻或者免除经营者责任、加重消费者责任，原告认为对消费者不公平、不合理主张无效的，人民法院应依法予以支持。"这实际上确定了原告主张格式条款无效的诉讼请求。
② "积极稳妥推进消费民事公益诉讼，构建和谐公平诚信消费市场秩序"，2016 年 4 月 25 日，载最高人民法院网：https://www.court.gov.cn/zixun-xiangqing-20102.html。
③ 参见谷丹、张力、李俊冰《消费民事公益诉讼的责任承担方式》，载《人民司法》2022 年第 2 期。

在环境民事公益诉讼中，法律规定的机关（包括检察机关）和有关组织所能够提出的诉讼请求也有限定。根据《最高人民法院关于审理环境民事公益诉讼案件适用法律若干问题的解释》第十八条："对污染环境、破坏生态，已经损害社会公共利益或者具有损害社会公共利益重大风险的行为，原告可以请求被告承担停止侵害、排除妨碍、消除危险、修复生态环境、赔偿损失、赔礼道歉等民事责任。"相比于消费民事公益诉讼，原告请求被告承担的民事责任形式增加了"修复生态环境"和"赔偿损失"两种类型。"修复生态环境"是《民法典》第一百七十九条中所规定的"恢复原状"在生态环境领域中的具体化。事实上，在2014年发布的司法解释第十八条中，使用的就是"恢复原状"的表述。2020年12月23日修正之后，才改为"修复生态环境"。就"赔偿损失"而言，根据中共中央办公厅和国务院办公厅2017年12月所印发的《生态环境损害赔偿制度改革方案》，生态环境损害赔偿范围包括清除污染费用、生态环境修复费用、生态环境修复期间服务功能的损失、生态环境功能永久性损害造成的损失以及生态环境损害赔偿调查、鉴定评估等合理费用。

对于检察机关提起的涉及食品药品安全的消费民事公益诉讼以及环境民事公益诉讼，检察机关所能够提出的诉讼请求，自然可以依据前述两个司法解释的规定。不过，对于检察机关提起民事公益诉讼时可以提出的诉讼请求类型，在检察机关提起公益诉讼案件制度的试点中已经作出了更加明确的规定。2016年2月22日，最高人民法院制定了《人民法院审理人民检察院提起公益诉讼案件试点工作实施办法》，其中第三条规定："人民检察院提起民事公益诉讼，可以提出要求被告停止侵害、排除妨碍、消除危险、恢复原状、赔偿损失、赔礼道歉等诉讼请求。"2021年6月29日，最高人民检察院公布了《人民检察院公益诉讼办案规则》，第九十八条第一款规定："人民检察院可以向人民法院提出要求被告停止侵害、排除妨碍、消除危险、恢复原状、赔偿损失等诉讼请求。"这仍然是相对原则性的规定。对于不同领域中的案件，检察机关所具体提出的诉讼请求也有所不同。《人民检察院公益诉讼办案规则》第九十八条第二款对不同领域民事公益诉讼案件中检察机关可以提出的具体诉讼请求作出了进一步规定。针对破坏生态环境和资源保护领域案件,检察机关可以提出要求被告以补植复绿、增殖放流、土地复垦等方式修复生态环境的诉讼请求,或者支付生态环境修复费用,赔偿生态环境受到损害至修复完成期间服务功能丧失造成的损失、生态环境功能永久性损害造成的损失等诉讼请求,被告违反法律规定故意污染环境、破坏生态造成严重后果的,检察机关可以提出惩罚性赔偿等诉讼请求。针对食品药品安全领域案件,检察机关可以提出要求被告召回并依法处置相关食品药品以及承担相关费用和惩罚性赔偿等诉讼请求。针对英雄烈士等的姓名、肖像、名誉、荣誉保护案件,检察机关可以提出要求被告消除影响、恢复名誉、赔礼道歉等诉讼请求。此外,如果检察机关为诉讼支出了相关的鉴定评估、专家咨询等费用,可以在起诉时一并提出由被告承担的诉讼请求。

随着检察机关提起民事公益诉讼案件范围的不断扩展,根据不同的案件类型,为了更好地保护所涉及的社会公共利益,检察机关也需要有针对性地提出最能契合该案件类型的、保护社会公共利益的诉讼请求。例如,对于原告在消费民事公益诉讼中是否能够提出赔偿损失包括主张惩罚性赔偿的诉讼请求尚有很大的争议,但在环境民事公益诉讼中,这已经不成为一个问题,《最高人民法院关于审理环境民事公益诉讼案件适用法律若干问题的解释》明确规定原告可以提出赔偿损失的诉讼请求,《人民检察院公益诉讼办案规则》更是明确规定,被告违反法律法规故意污染环境、破坏生态造成严重后果的,检察机关可以提出惩罚性赔偿诉讼请求。此前,最高人民法院曾认为,"返还财产"和"消除影响、恢复名誉"这两种责任方式在民事公益诉讼中不具有现实可能性,[①] 但是,随着2018年我国制定了《英雄烈士保

---

① 人民法院出版社法规编辑中心:《2020民事诉讼司法解释及司法观点全编》,人民法院出版社2020年版,第269页。

护法》，其第二十五条规定检察机关在英雄烈士没有近亲属或者近亲属不提起诉讼的情况下，可以依法对侵害英雄烈士的姓名、肖像、名誉、荣誉，损害社会公共利益的行为向人民法院提起诉讼，检察机关提出"消除影响、恢复名誉"的诉讼请求也就是一种必然要求，否则英雄烈士受到侵害的姓名、肖像、名誉和荣誉将无法得到有效保护。因此，检察机关在英雄烈士姓名、肖像、名誉和荣誉受到侵害而提起民事公益诉讼时，通常都会提出消除影响的诉讼请求。例如，在杭州市西湖区人民检察院诉瞿三宝侵害英雄烈士董存瑞名誉一案中，西湖区检察院向法院提出的诉讼请求就包括：1. 判令被告停止侵害英雄烈士董存瑞名誉的行为；2. 判令被告在全国有影响力的媒体上公开道歉、消除影响。①

二 检察机关提起反垄断民事公益诉讼的诉讼请求范围确定

反垄断领域的检察民事公益诉讼与其他领域中的检察民事公益诉讼存在许多共性，毕竟，垄断行为与破坏生态环境和资源保护、食品药品安全领域侵害众多消费者合法权益、侵害个人信息等行为类似，都损害了社会公共利益，为了保护受损的社会公共利益，检察机关提起民事公益诉讼时所提出的诉讼请求也存在类似，例如在不同种类的检察民事公益诉讼中，检察机关都会请求法院判令被告停止相关的侵害行为，恢复原状，并赔偿相应的损失。由于私主体以及检察机关根据《反垄断法》所提出的民事诉请与民事法律所规定的民事诉请是一脉相承没有本质区别的，② 而且最高人民法院此前也表示，"民法通则、侵权责任法和合同法规定的各种责任方式在垄断行为的民事责任领域同样适用"，③ 因此笔者也将结合《民法典》第一百七十九条所规

---

① （2019）浙0192民初9762号民事判决书。
② 参见赵红梅《经济法的私人实施与社会实施》，载《中国法学》2014年第1期。
③ 张先明：《最高法院知产庭负责人就司法解释征求意见稿答记者问》，载《人民法院报》2011年4月26日第1版。

定的民事责任承担方式来探讨检察机关提起反垄断民事公益诉讼所能够提出的诉讼请求。笔者认为，检察机关提起反垄断民事公益诉讼，可以向法院提出以下诉讼请求，也即可以请求法院判令被告承担以下法律责任形式。

（一）停止侵害

检察机关可以请求法院判令被告停止侵害社会公共利益的行为，也即停止继续实施垄断行为。当然，对于这一诉讼请求，法院首先需要认定被告的行为是否真正构成垄断行为。可以说，这也是案件审理的核心。也只有在法院认定检察机关所诉行为确实构成垄断行为，检察机关所提出的其他诉讼请求才可能获得法院的支持。因垄断行为的具体表现不同，停止实施垄断行为的最终表现形式也会有所不同。如果被告所从事的垄断行为主要表现为一种积极主动行为，例如被告从事的是垄断协议行为，绝大多数的滥用市场支配地位行为，以及经营者集中行为，那么法院判令被告停止实施垄断行为，实际上就是要求被告不得再从事积极作为型的垄断行为。如果被告所从事的垄断行为主要表现为一种消极行为，典型的情形主要表现为经营者达成联合抵制交易的垄断协议，以及经营者滥用市场支配地位从事拒绝交易行为，此时，法院判令被告停止实施垄断行为，实际上就是要求被告积极地与交易相对方展开交易。私主体在提起反垄断民事诉讼时，往往也会请求法院判令被告停止实施垄断行为。例如，在奇虎诉腾讯滥用市场支配地位案中，奇虎公司向广东省高级人民法院提起诉讼，指控腾讯滥用市场支配地位，请求法院判令腾讯公司立即停止滥用市场支配地位垄断行为；在华为诉交互数字公司滥用市场支配地位案中，华为请求法院判令交互数字公司立即停止垄断民事侵权行为。[①] 在这些案件中，由于被告所涉嫌从事的垄断行为有明确针对的特定原告——这也是原告为什么愿意提起民事诉讼的原因所在——因此原告所提出的

---

① "2008—2018年中国法院反垄断民事诉讼10大案件案情简介"，2018年11月16日，载最高人民法院网站：https://www.court.gov.cn/zixun-xiangqing-130571.html。

停止实施垄断行为的诉讼请求，往往只会请求被告停止针对自己所实施的涉嫌垄断行为，具有"点对点"的特征，即如果法院最终认定被告的行为构成垄断，也只会责令被告停止针对原告实施垄断行为，而不会扩张性地要求被告停止针对那些尚未提起诉讼的潜在受害人实施垄断行为。而检察机关提起反垄断民事公益诉讼请求法院判令被告停止实施垄断行为，则具有"点对面"的效果，即检察机关并不是仅仅请求法院判令被告停止针对特定受害人实施垄断行为，而是请求法院判令被告普遍性地停止实施垄断行为，对于不特定的受害人——包括与这些受害人关联的相关主体如交易相对人或消费者——都能够从这种普遍性的责令停止实施垄断行为中受益。例如，在前述华为诉交互数字公司案中，如果交互数字公司的行为构成垄断，则受这种行为损害的就不仅仅是华为公司，而且也包括其他智能手机生产商。如果检察机关针对交互数字公司的涉嫌滥用行为提起反垄断民事公益诉讼，一旦得到法院支持，则法院可以在判决书中普遍性地要求交互数字公司不得继续实施滥用行为。因此，为了最为有效地保护社会公共利益免受涉嫌垄断行为的继续损害，检察机关提起反垄断民事公益诉讼时，应当明确向法院提出责令被告停止实施垄断行为的诉讼请求。

（二）排除妨碍

检察机关可以请求法院判令被告排除妨碍。"排除妨碍是指依被侵权人请求，人民法院判令侵权人以一定的积极行为除去妨害，使被侵权人得以正常行使合法权益的侵权责任方式。排除妨碍通常适用于侵害所有权或者他物权的情况，也适用于侵害知识产权的情况。"[1] 原告之所以提出排除妨碍诉讼请求，是因为被告不合理地设置了障碍，妨碍了原告依法行使权利。最为典型的就是被告在道路上堆放杂物，使得相邻方无法正常通行，再如，被告建造的房屋超过了合理高度从而影响了邻居的采光和通风。在知识产权领域，也可能存在妨碍行为，

---

[1] 王利明主编：《民法学》，复旦大学出版社2015年版，第671页。

例如被告扣押原告的专业技术人员从而导致原告无法进行专利产品的生产或者实施，在某些情形下也可能表现为一种不作为，例如作为许可人的被告拒绝对排他被许可人提供必要的技术支持等。① 就反垄断而言，经营者从事涉嫌垄断行为也产生了一种妨碍。从最广义上来看，经营者所从事的所有类型垄断行为，因其所具有的"排除、限制竞争效果"，从而必然会对公平、自由的竞争秩序产生严重"妨碍"，对那些依赖于这种竞争秩序的经营者的正当经营活动产生严重"妨碍"，同时也会对消费者利益以及社会公共利益——原本能够从这种竞争秩序中受益——产生严重"妨碍"。不过，从狭义上来看，原告能够得以请求法院判令被告排除妨碍的垄断行为类型，应当主要是指那些给原告经营者依法展开竞争活动设置障碍的垄断行为，例如被告达成了限制购买新技术、新设备的垄断协议，对于拥有新技术、生产新设备的经营者而言，这种垄断协议就妨碍了其原本所能够获得的交易机会；再如，被告达成联合抵制交易的垄断协议，这就妨碍了被抵制的经营者的正常交易活动。对于具有市场支配地位的经营者而言，其亦能从事诸多产生妨碍效果的滥用行为。例如，具有市场支配地位的经营者所从事的掠夺性定价行为，对于潜在的市场进入者而言，无异于筑起了高高的市场壁垒；具有市场支配地位的经营者没有正当理由从事的拒绝交易行为，对于被拒绝的交易相对人而言，则可能失去了展开正常生产经营活动所必需的关键投入品等，这将成为其在市场中展开经营的巨大障碍；具有市场支配地位的经营者没有正当理由限定交易相对人只能与其进行交易或者只能与其指定的经营者进行交易，这给被限定的经营者设置了巨大的障碍，使其无法自由地与其他经营者展开交易。行政机关滥用行政权力对正常的市场竞争所形成的障碍自不待言，例如《反垄断法》第四十一条明确列举了行政机关滥用行政权力妨碍商品在地区之间自由流通的诸多情形。除此以外，其他类型的行政垄断行为如设定歧视性的资质要求等排斥或者限制经营者参加招投

---

① 参见齐爱民《知识产权法总则》，武汉大学出版社2011年版，第286页。

标活动等，也会形成难以跨越的障碍。总之，经营者所从事的垄断行为以及行政机关滥用行政权力所从事的排除限制竞争行为，会形成各种各样的障碍。检察机关提起反垄断民事公益诉讼时，可以针对经营者所从事的造成诸多竞争障碍的垄断行为——对于行政垄断行为造成的障碍，则只能提起反垄断行政公益诉讼——提请法院判令被告经营者排除妨碍，消除公平自由竞争中所存在的各种人为设定的障碍。

（三）消除危险

检察机关可以请求法院判令被告消除危险。在民法领域，消除危险是指依人身或财产受到现实威胁的当事人之请求，法院判令造成此等威胁或对此等威胁负有排除义务的人消除危险状况，保障请求权人人身、财产安全的侵权责任方式。[①] 消除危险这种责任形式适用的条件是，损害尚未实际发生，也未妨碍他人民事权利的行使，但行为人的行为具有造成他人权利损害的可能性，对他人权益已构成威胁。[②] 可见，在民法制度下，原告请求法院判令被告承担消除危险的法律责任，主要是为了保护自身的人身或财产免受被告的潜在危险行为的损害。在司法实践中，"消除危险"作为一种纠纷类型，更是只规定在"物权保护"之下。"消除危险纠纷是指他人之行为或者某一事实状态危害到物的安全时，而要求消除这种危险为目的的纠纷。"[③] 当然，这并不意味着当原告的人身可能遭受被告行为损害时不能获得救济。总之，在传统的民事纠纷中，消除危险这一法律责任，主要是要求相关责任方消除可能对他人人身或财产所造成的潜在危险。在反垄断法制度中，从事涉嫌垄断行为的经营者，其所从事的行为也可能造成潜在的危险，但这种危险并不主要直接针对相关主体的人身或者财产，准确而言，这种行为将可能对公平、自由的市场竞争秩序造成严重损害，这是经营者行为所可能造成的主要危险类型。由于尚是一种"危险"，

[①] 王利明主编：《民法学》，复旦大学出版社 2015 年版，第 671 页。
[②] 李敏：《侵权责任法律制度研究》，陕西人民出版社 2012 年版，第 141 页。
[③] 人民法院出版社编著：《最高人民法院民事案件案由适用要点与请求权规范指引》（上册），人民法院出版社 2020 年版，第 106 页。

也就意味着经营者所从事的这种涉嫌垄断行为尚未被证实已经造成了实际的损害,而是处于一种谋划或准备的阶段。例如,对于垄断协议行为而言,经营者可能正在策划达成垄断协议,这本身就构成一种潜在危险。一旦经营者达成了垄断协议,即便尚未实施,也可能造成了现实损害,因为经营者的意志已经实现了协调、统一。而一旦经营者所达成的协议——当然需要认定其事实上构成垄断协议——付诸实施,则这种危险就已经完全转化为现实损害。"垄断协议的'特殊性'在于危险与损害的可能性及现实可转化性。"[①] 对于滥用市场支配地位行为而言,尽管具有市场支配地位的经营者所从事的滥用行为往往是在事后才被发现并被查处,但对于具有滥用这种市场支配地位的倾向或可能,仍然能够通过某种方式在某种程度上予以识别,例如具有市场支配地位的经营者可能提前披露其准备以明显低于成本的价格进行商品销售的计划。因此,只要经营者的滥用行为尚未实施,但有证据表明具有这种可能性时,也就意味着市场竞争秩序面临被这种滥用行为损害的可能性。对经营者集中而言,其对市场竞争所造成的可能危险更是显而易见,因为经营者集中之后,所可能形成或增强的市场支配地位有被滥用的可能。尽管在滥用市场支配地位制度之下,经营者所拥有的市场支配地位本身——只要其未被滥用——并不被反对,但是,在经营者集中制度之下,经营者通过集中所可能形成或增强的市场支配地位本身——虽然其之后并不一定会被滥用——就是反垄断执法机构认定其是否可能具有排除、限制竞争效果的主要考量因素。例如,根据《经营者集中审查暂行规定》第二十五条第一款:"评估经营者集中的竞争影响,可以考虑相关经营者单独或者共同排除、限制竞争的能力、动机及可能性。"所谓具有排除、限制竞争的"能力",则主要是指市场支配地位本身,也即意味着要评估经营者是否具有形成或增强市场支配地位的危险。而"动机"和"可能性"的考量,则更是聚焦于经营者集中损害竞争的危险性评估。总之,对于经营者所试图

[①] 刘继峰:《再论垄断协议的概念问题》,载《法学家》2020年第6期。

从事的垄断行为而言，在其已经显现出具有损害市场竞争的危险之际就提前介入，更能有效地保护市场竞争。因此，对于这种可能出现的风险，检察机关在向法院提起反垄断民事公益诉讼时，可以提出请求法院判令经营者消除危险的诉讼请求，当然，这种消除危险的诉讼请求可以单独提出，也可以与其他诉讼请求共同提出。

（四）恢复原状

检察机关可以请求法院判令被告恢复原状。在经营者实施的涉嫌垄断行为实际发生之后，其已经对市场竞争秩序造成了损害。此时，检察机关提起反垄断民事公益诉讼，除了要及时制止经营者继续实施涉嫌垄断行为，也即提请法院责令经营者停止实施垄断行为以外，还可以请求法院责令经营者恢复原状。对实施垄断行为的经营者而言，其行为已经给市场竞争秩序造成了损害，然而，在很多情形下，这种损害往往是可以被弥补的，被损害的市场竞争秩序在很大程度上也是能够——尽管不是百分之百——被恢复的。对于被垄断行为损害的市场竞争，恢复原状时，根据所涉及的具体垄断行为，也存在具体的评价指标。"反垄断救济的目的是重塑和恢复市场竞争，评价救济措施只能考虑是否由此可增加产量、降低价格、提高质量和激励创新。"[①]例如，对于被限制的产量，则至少应当恢复到垄断行为实施前的产量水平；对于被收取的过高的价格，则应当恢复到垄断行为实施前的竞争性价格，等等。如果因经营者集中而导致市场结构发生了改变，如有必要，则也应当恢复到集中前的状态。根据我国《反垄断法》第五十八条规定，经营者违反反垄断法实施的集中，如果具有或者可能具有排除、限制竞争效果的话，则国务院反垄断执法机构除了可以责令其停止实施集中以外，还可以责令其限期处分股份或者资产、限期转让营业以及采取其他必要措施恢复到集中前的状态。2021 年 7 月 24 日，国家市场监管总局发布了腾讯收购中国音乐集团股权违法实施经营者集中案行政处罚决定书。经查，腾讯收购中国音乐集团股权构成

[①] 王晓晔：《数字经济反垄断监管的几点思考》，载《法律科学》2021 年第 4 期。

违法实施的经营者集中,具有或者可能具有排除、限制竞争效果。国家市场监管总局责令腾讯采取相关措施以恢复相关市场竞争状态,其中就包括在30日内解除已经达成的独家版权协议。① 这是我国反垄断法实施以来对违法实施经营者集中采取必要措施以恢复市场竞争状态的第一起案件。② 对于经营者违法实施的集中,如果国务院反垄断执法机构并没有展开必要的调查执法,检察机关提起反垄断民事公益诉讼时——同样也可以向国务院反垄断执法机构发出检察建议,在其仍不展开调查执法后提起反垄断行政公益诉讼,在此不予讨论——为了维护社会公共利益之需要,也可以提出恢复原状的诉讼请求。事实上,经营者违法实施集中的案件数量并不少,参见图4-1。③ 对于经营者违法实施集中的案件,并不能保证国务院反垄断执法机构能够对所有违法实施的经营者集中都展开调查执法,即便最终展开了调查执法,也并不能保证这种调查执法的及时性,而是往往存在滞后性。例如,在阿里巴巴收购高德股权未依法申报违法实施经营者集中一案中,国家市场监管总局于2021年4月12日才进行立案调查,然而,阿里巴巴早在2014年4月11日就与高德签署了《合并协议》,以70.37亿元收购高德100%股权,取得单独控制权。国家市场监管总局最终于2021年11月13日才作出最终的处罚决定书,并于2021年11月20日予以公布。④ 可见,国家市场监管总局是于该违法实施的经营者集中完成7年之后才展开立案调查。因此,由检察机关提起反垄断民事公益诉讼来予以补充就十分有必要。检察机关在针对这些可能具有排除、限制竞争效果的违法实施的经营者集中提起反垄断民事公益诉讼时,可以请求法院责令经营者恢复原状。对于其他类型的垄断行为,如果

---

① 国市监处〔2021〕67号行政处罚决定书,https://www.samr.gov.cn/jzxts/tzgg/xzcf/202107/t20210724_333020.html.

② 王先林:《数字平台反垄断的国际观察与国内思考》,载《中国社会科学院大学学报》2022年第5期。

③ 吴振国:《反垄断监管的中国路径:历史回顾与展望》,载《清华法学》2022年第4期。

④ 国市监处罚〔2021〕102号行政处罚决定书,https://www.samr.gov.cn/jzxts/tzgg/xzcf/202111/t20211119_337052.html.

检察机关认为有必要通过恢复原状的方式来恢复市场竞争,在提起反垄断民事公益诉讼时,也可以提出恢复原状的诉讼请求。

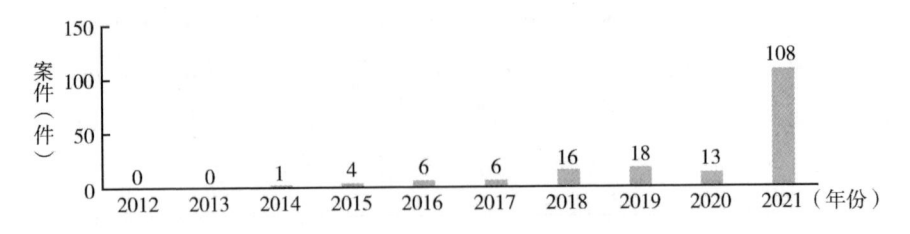

图4-1 经营者违法实施集中的案件数量

（五）赔偿损失

请求法院判令被告赔偿损失。检察机关是否能够在提起反垄断民事公益诉讼时主张赔偿损失,尤其是惩罚性赔偿,这一问题争议性较大,而且也是一个核心问题。笔者将在以下专门展开分析。

三 检察机关提起反垄断民事公益诉讼的损害赔偿问题

（一）检察机关提起反垄断民事公益诉讼的损害赔偿

对于检察机关在提起民事公益诉讼时是否能够向法院提出责令被告赔偿损失的诉讼请求,最高人民检察院认为其享有这种权力。《人民检察院公益诉讼办案规则》第九十八条第一款明确规定:"人民检察院可以向人民法院提出要求被告停止侵害、排除妨碍、消除危险、恢复原状、赔偿损失等诉讼请求。"在检察机关提起公益诉讼试点过程中,2016年2月22日,最高人民法院制定通过了《人民法院审理人民检察院提起公益诉讼案件试点工作实施办法》,其中第三条也规定:"人民检察院提起民事公益诉讼,可以提出要求被告停止侵害、排除妨碍、消除危险、恢复原状、赔偿损失、赔礼道歉等诉讼请求。"而在此前一年,最高人民法院已于2015年1月6日制定通过了《最高人民法院关于审理环境民事公益诉讼案件适用法律若干问题的解释》,其中第十八条规定:"对污染环境、破坏生态,已经损害社会公共利益或者具有损害社会公共利益重大风险的行为，原告可以请求被告承担停止侵害、排除妨碍、消除危险、恢复原状、赔偿损失、赔礼道歉等民事责任。"不过，《环境民事公益诉讼司法解释》中所指的能够提起环境民事公益诉讼的原告，尚不包括检察机关，因为当时检察机关提起公益诉讼制度还未开始试点，当时的《民事诉讼法》尚未修订，其第五十五条自然就还没有规定检察机关提起民事公益诉讼制度。《环境民事公益诉讼司法解释》后于 2020 年 12 月 23 日由最高人民法院进行了修订，此时，检察机关自然就已然包含在其所指的能够提起环境民事公益诉讼的原告范围之内。修订后的《环境民事公益诉讼司法解释》第十八条并没有作实质性的修改，规定："对污染环境、破坏生态，已经损害社会公共利益或者具有损害社会公共利益重大风险的行为，原告可以请求被告承担停止侵害、排除妨碍、消除危险、修复生态环境、赔偿损失、赔礼道歉等民事责任。"只是将原《环境民事公益诉讼司法解释》中的"修复原状"修改为"修复生态环境"。无论如何，从《环境民事公益诉讼司法解释》的规定来看，最高人民法院是支持检察机关在提起环境民事公益诉讼时提出赔偿损失这一诉讼请求的。

但是，最高人民法院 2016 年 2 月 1 日制定通过的《最高人民法院关于审理消费民事公益诉讼案件适用法律若干问题的解释》第十三条第一款却并没有规定"赔偿损失"这一诉讼请求，根据该款："原告在消费民事公益诉讼案件中，请求被告承担停止侵害、排除妨碍、消除危险、赔礼道歉等民事责任的，人民法院可予支持。"然而，全国人大常委会已于 2015 年 7 月 1 日授权最高人民检察院在部分地区开展为期两年的公益诉讼试点，[①] 显然，最高人民法院不可能无法预见到检察机关将来可能有资格提起消费民事公益诉讼。而且，《消费民事公益诉讼司法解释》于 2020 年 12 月 29 日也被最高人民法院进行了修

[①]《全国人民代表大会常务委员会关于授权最高人民检察院在部分地区开展公益诉讼试点工作的决定》，2015 年 7 月 1 日，载中国人大网：http://www.npc.gov.cn/wxzl/gongbao/2015-08/27/content_1946100.htm。

订，此时检察机关提起民事公益诉讼早已经如火如荼地展开了。最高人民法院在修订后的《消费民事公益诉讼司法解释》中对原告——此时自然已经包括作为"公益诉讼起诉人"的检察机关——在消费民事公益诉讼案件中能够提出的诉讼请求范围并没有作修改，仍然不包括"赔偿损失"。由此至少可以推断，最高人民法院并不支持检察机关在消费民事公益诉讼案件中提出"赔偿损失"这一诉讼请求。事实上，就原告在民事公益诉讼中是否能够主张损害赔偿，在民事诉讼法修改过程中就存在不同的观点，反对观点认为，如果允许原告提出损害赔偿请求，那么将会涉及如何处理与具体受害人损害赔偿请求权的关系问题，面临如何分配损害赔偿金的操作难题。① 此外，如果诉讼请求包含赔偿损失或者修复费用，由于损害的确定性证明难度较大，因此费用的计算乃至损害的因果关系证明就成为法庭辩论的焦点，而这无疑会增加诉讼的难度。② 尚且不论以上观点中所提出的其他理由是否成立，单因检察机关提起民事公益诉讼的诉讼请求包含赔偿损失会带来各种难题就予以反对而言，笔者认为并不可取，因为建立检察机关提起民事公益诉讼制度的目的，就是为了解决传统民事公益诉讼在实施过程中所面临的种种困难，发挥检察机关在提起民事公益诉讼制度方面的独特优势，不能因为畏难而放弃将赔偿损失纳入检察机关提起民事公益诉讼的诉讼请求范围。

有学者认为，损害赔偿依其性质可以分为公益性损害赔偿和私益性损害赔偿，并据此来决定是否允许检察机关在提起民事公益诉讼时提出损害赔偿诉讼请求。根据该学者的观点，检察机关在公益诉讼中可以提出公益性损害赔偿，这主要存在于环境公益诉讼中，这种公益性损害赔偿主要表现为功能损害赔偿以及修复公益的损害赔偿；而在

---

① 参见全国人大常委会法制工作委员会民法室编《民事诉讼法：立法背景与观点全集》，法律出版社2012年版，第297页，转引自汤维建、王德良、任靖《检察民事公益诉讼请求之确定》，载《人民检察》2021年第5期。

② 参见邵世星《当前检察机关提起公益诉讼工作面临的问题与对策》，载《人民检察》2018年第10期。

消费公益诉讼以及英烈名誉侵权公益诉讼中则无法适用公益性损害赔偿这种诉讼请求。[①] 笔者认为，这种观点具有一定的说服力，但是并没有或者无法回答这样一个问题，那就是检察机关在消费公益诉讼以及英烈名誉侵权公益诉讼中主张损害赔偿，为何就不能是一种公益性损害赔偿？检察机关在消费公益诉讼等这些诉讼中所获得的损害赔偿，也能够像在环境公益诉讼中获得损害赔偿后直接用于生态环境的修复等那样，用于消费者公益、英烈公益等的保护，例如加强消费者保护和英烈保护的体制机制建设，从而更好地预防损害消费者利益、侵害英烈名誉权等行为的发生等，此时，检察机关所获得的损害赔偿并没有直接支付给受损害的消费者个体或者英烈的近亲属。在环境公益诉讼中，检察机关所获得的损害赔偿能够直接用于修复生态环境，由于其非常直观，所以能够较容易地将其归为一种公益性损害赔偿；但不可否认，在消费公益诉讼等个体私益可能更加突出的公益诉讼中，检察机关所获得的损害赔偿同样可以用于所涉群体的公益保护。

事实上在司法实践中，法院在许多由检察机关提起的民事公益诉讼案件中，对于检察机关所提出的赔偿损失这一诉讼请求也予以了支持。例如，在四川省首例个人信息保护民事公益诉讼案件中，法院最终判决被告向检察机关指定的财政专账缴纳社会公共利益损害赔偿款，专门用于公益事项支出。[②] 2021年4月22日，最高人民检察院发布11起检察机关个人信息保护公益诉讼典型案例，其中包括6起行政公益诉讼案件，2起民事公益诉讼案件，3起刑事附带民事公益诉讼案件。在河北省保定市人民检察院诉李某侵害消费者个人信息和权益民事公益诉讼案中，保定市人民检察院请求法院依法判令被告支付三倍惩罚性赔偿金共计人民币166.3815万元，法院支持了检察机关包括三倍惩罚性赔偿在内的全部诉讼请求。在上海市宝山区人民检察院诉H科技

---

① 参见汤维建、王德良、任靖《检察民事公益诉讼请求之确定》，载《人民检察》2021年第5期。

② 张建文：《个人信息保护民事公益诉讼的规范解读与司法实践》，载《郑州大学学报》2022年第3期。

有限公司、韩某某等人侵犯公民个人信息刑事附带民事公益诉讼案中，宝山区人民检察院对被告侵害社会公共利益的行为提起刑事附带民事公益诉讼，向法院提出要求被告赔偿损失等诉讼请求，法院判决被告H公司、韩某某、杨某某、管某某连带赔偿损失人民币3900元，被告黄某某在上述赔偿款3600元范围内承担连带赔偿责任。在贵州省安顺市西秀区人民检察院诉熊某某等人侵犯公民个人信息刑事附带民事公益诉讼案中，贵州省安顺市西秀区人民检察院向法院提起刑事附带民事公益诉讼，请求法院依法判令被告支付赔偿金共计70余万元人民币等，法院最终全部支持了检察机关所提出的附带民事诉讼请求。[①] 可见，即便是对于损害个人私益较为明显的个人信息保护民事公益诉讼案件，对于检察机关所提出的赔偿损失诉讼请求，包括惩罚性赔偿诉讼请求，法院都予以了支持。

在食品安全领域，我国更是已经在探索建立民事公益诉讼惩罚性赔偿制度。2019年5月9日，中共中央、国务院印发了《关于深化改革加强食品安全工作的意见》，其中明确提出要"积极完善食品安全民事和行政公益诉讼，做好与民事和行政诉讼的衔接与配合，探索建立食品安全民事公益诉讼惩罚性赔偿制度"。[②] 而在此之前，检察机关就已经开始在食品安全民事公益诉讼中提出惩罚性赔偿的诉讼请求。据统计，2017年至2019年，全国检察机关在食品安全民事公益诉讼中共提起惩罚性赔偿公益诉讼800余件，共提出惩罚性赔偿金诉讼请求11亿余元。最高人民检察院也要求各级检察机关依据《食品安全工作意见》的要求在食品安全民事公益诉讼中积极探索提出惩罚性赔偿诉讼请求。各级检察机关积极展开探索，并取得了较大的成果。例如，安徽省检察机关2019年1月至2021年4月期间，对239件食品药品安全领域案件提出惩罚性赔偿诉讼请求，主张惩罚性赔偿金额2.38亿

---

① "检察机关个人信息保护公益诉讼典型案例"，2021年4月22日，载最高人民检察院网站：https://www.spp.gov.cn/xwfbh/wsfbt/202104/t20210422_516357.shtml#2.

② 《中共中央国务院关于深化改革加强食品安全工作的意见》，2019年5月20日，载中央人民政府网：http://www.gov.cn/zhengce/2019-05/20/content_5393212.htm.

元；法院审结检察机关提起的食品药品安全领域惩罚性赔偿公益诉讼案件180件，均判决支持检察机关诉讼请求。① 为了更好地规范各地的实践探索，2020年8月28日，最高人民检察院与最高人民法院等单位联合召开了关于探索建立食品安全领域民事公益诉讼惩罚性赔偿制度座谈会，并最终形成了《探索建立食品安全民事公益诉讼惩罚性赔偿制度座谈会会议纪要》，对提出惩罚性赔偿诉讼请求的适用条件、认定损害社会公共利益的标准、惩罚性赔偿金的管理使用等重要问题作出了规定。②

检察机关提起民事公益诉讼，如果无法提出赔偿损失或者惩罚性赔偿诉讼请求，那么对于侵权人将没有威慑力可言，这将造成违法成本低的问题。根据我国当前的检察机关提起民事公益诉讼制度设计，检察机关拟提起民事公益诉讼前，应当依法进行30日的公告，只有在公告期满，没有其他主体提起诉讼的情况下，检察机关才可以向法院提起诉讼。这就意味着，对于损害社会公共利益的行为，如果检察机关在提起民事公益诉讼时不提出赔偿损失的诉讼请求，那么侵权人可能之后都不会再面临赔偿损失的"风险"。对于损害社会公共利益的侵权人而言，其应当赔偿因此所造成的损失，这是"罪罚相当"的要求，侵权人应当对自己的行为所造成的损害承担相应的责任。我国《民法典》侵权责任编对侵权责任形式规则作出了重大修改与完善，确立了以损害赔偿为中心的侵权责任形式体系，以强化对受害人的救济和保护。③ 尽管在检察机关提起的民事公益诉讼中，受侵权人行为所损害的受害人是不特定的，但这并不意味着侵权人就无需承担赔偿损失的法律责任。检察机关并不会将所获得的损害赔偿直接发放给实际的个体受害人，这并不能成为反对检察机关在民事公益诉讼中提出

---

① "规范食品安全民事公益诉讼惩罚性赔偿实践探索"，2021年6月8日，载最高人民检察院网站：https://www.spp.gov.cn/xwfbh/wsfbt/202106/t20210608_520675.shtml#3.
② 《探索建立食品安全民事公益诉讼惩罚性赔偿制度座谈会会议纪要》，2021年6月8日，载最高人民检察院网站：https://www.spp.gov.cn/xwfbh/wsfbt/202106/t20210608_520675.shtml#2.
③ 参见王利明《我国〈民法典〉侵权责任编损害赔偿制度的亮点》，载《政法论丛》2021年第5期。

赔偿损失诉讼请求的理由。至于检察机关所获得的赔偿金如何能更好地真正用于弥补公共利益所遭受的损害，或者预防今后可能遭受的损害，则是一个与侵权人是否能够被要求赔偿损失完全不同的问题。此外，检察机关在民事公益诉讼中提出赔偿损失的诉讼请求，除了能够填补社会公共利益所遭受的损害以外，还有一个重要的价值，那就是对损害社会公共利益的潜在违法者产生强有力的威慑。总之，无论是从理论上而言，还是从司法实践来看，检察机关在民事公益诉讼中向法院提出责令被告赔偿损失的诉讼请求，具有正当性和必要性。

检察机关提起反垄断民事公益诉讼时，也应当能够提出赔偿损失的诉讼请求。根据我国《反垄断法》第六十条第一款的规定："经营者实施垄断行为，给他人造成损失的，依法承担民事责任。"该款规定也是我国《反垄断法》修订之前第五十条的规定。该款规定主要针对的是反垄断民事私益诉讼。从该款规定来看，其并没有将垄断行为人的民事责任方式限定为损害赔偿，而是使用了更上位的"民事责任"概念，这为垄断行为的民事责任留下了很大的选择空间，最终，司法解释第十四条第一款根据垄断行为的性质和特点，规定了停止侵害、赔偿损失两种最常见的民事责任方式。[①]《反垄断法》修订之后，增加了第六十条第二款，规定："经营者实施垄断行为，损害社会公共利益的，设区的市级以上人民检察院可以依法向人民法院提起民事公益诉讼。"虽然《反垄断法》并没有明确规定检察机关在反垄断民事公益诉讼中所能够提出的诉讼请求类型，但是，由于检察机关提起反垄断民事公益诉讼的规定与其他私主体提起反垄断民事私益诉讼规定在同一法条之中，根据体系解释，检察机关提起民事公益诉讼同样可以要求经营者承担民事责任，而这种民事责任也应当包括赔偿损失。另外，更为重要的是，检察机关提出损害赔偿的诉讼请求，十分契合经营者所从事的垄断行为给社会公共利益所造成的实际损害这一本质。

---

① 参见朱理《〈关于审理因垄断行为引发的民事纠纷案件应用法律若干问题的规定〉的理解与适用》，载《人民司法》2012 年第 15 期。

"垄断行为的危害具有发散性、涉众性，侵害的是不特定多数人的利益。"[1] 虽然垄断行为给单个经营者或单个消费者所造成的损害可能并不是很大——事实上，这也是为什么私主体提起反垄断民事诉讼积极性不高的一个很重要原因——但是，如果从总体上来看的话，由于受垄断行为损害的主体的庞大基数，垄断行为所造成的总的损失则可能是十分巨大的。如果检察机关提起反垄断民事公益诉讼不能提出赔偿损失的诉讼请求，在反垄断民事私益诉讼起诉率低以及胜诉率不高等因素的影响下，从事垄断行为的经营者最终可能无需承担经济上的成本，这显然与其从垄断行为中所获得的高额经济利益形成了巨大的反差。这种反差愈是明显，将愈"激励"经营者从事垄断行为。为了避免这种扭曲现象的发生，检察机关提出赔偿损失的诉讼请求也就是一种必然要求。检察机关所获得的损害赔偿，应当用于弥补或预防垄断行为给社会公共利益造成的损害。

（二）检察机关提起反垄断民事公益诉讼的惩罚性赔偿

检察机关提起反垄断民事公益诉讼时，是否能够提出惩罚性赔偿的诉讼请求，我国反垄断法并没有明确规定。但是，2022年修订后的反垄断法新增一条，作为第六十三条，该条规定："违反本法规定，情节特别严重、影响特别恶劣、造成特别严重后果的，国务院反垄断执法机构可以在本法第五十六条、第五十七条、第五十八条、第六十二条规定的罚款数额的二倍以上五倍以下确定具体罚款数额。"因此，对于符合"三特"标准的垄断协议、滥用市场支配地位以及违法实施的经营者集中行为，国务院反垄断执法机构可以在法定罚款金额的二倍以上五倍以下确定具体罚款数额。显然，这种惩罚性罚款的适用具有非常严格的条件，除了要求垄断行为符合"三特"标准以外，能够处以这种惩罚性罚款的机构也只能是国务院反垄断执法机构。笔者认为，尽管该条规定仅针对反垄断行政执法，但是，根据该条规定背后

---

[1] 时建中：《新〈反垄断法〉的现实意义与内容解读》，载《中国法律评论》2022年第4期。

所体现的立法精神，检察机关针对情节特别严重、影响特别恶劣、造成特别严重后果的垄断行为提起反垄断民事公益诉讼时，也可以提出惩罚性赔偿的诉讼请求。当然，需要说明的是，如果一种垄断行为达到了"三特"的标准，其往往也是具有重大社会影响力的垄断案件，反垄断执法机构不可能视而不见而不展开相应的反垄断执法。如果反垄断执法机构展开了执法，则检察机关就没有必要提起反垄断民事公益诉讼。毕竟，我国反垄断法主要还是以行政执法为主，而且，《反垄断法》第六十三条已经明确为国务院反垄断执法机构处以惩罚性罚款提供了明确的法律依据，而检察机关提起民事公益诉讼寻求惩罚性赔偿，则因无明确的法律依据而面临重重困难。因为《反垄断法》第六十三条只是规定国务院反垄断执法机构可以处以法定罚款金额二倍以上五倍以下的罚款，并没有规定法院在检察机关提起的反垄断民事公益诉讼中根据其请求确定二倍以上五倍以下的惩罚性赔偿。

但是，这并不意味着检察机关就不能根据《反垄断法》第六十三条在反垄断民事公益诉讼中提出惩罚性赔偿的诉讼请求。原因如下：第一，垄断行为损害了社会公共利益，反垄断执法机构展开执法主要是为了保护被垄断行为所损害的公共利益，而检察机关提起反垄断民事公益诉讼，也具有同样的价值目标，反垄断执法机构和检察机关都是代表国家公权力机关对实施垄断行为的经营者的一种追责。这两种追责方式在本质上是类似的，当然，根据"一事不二罚"原则，就某特定符合前述"三特"标准的垄断行为，反垄断执法与检察机关提起民事公益诉讼这两种方式只能择其一而实施。在反垄断执法机构未针对符合"三特"标准的垄断行为展开执法的情况下，检察机关应该能够依据《反垄断法》第六十三条提出惩罚性赔偿的诉讼请求。第二，与反垄断执法机构所处以的惩罚性罚款最终去向类似，检察机关提起反垄断民事公益诉讼所主张的惩罚性赔偿，如果最终获得法院的支持，也并不会直接支付给受到垄断行为损害的个体，而是用于预防和制止垄断行为的相关体制机制的建立健全。第三，对于符合"三特"标准的垄断行为，如果检察机关无法针对其提出惩罚性赔偿的诉讼请求，则无法形成有效威慑，不利于体现出对这种严重损害损害市场竞争秩序的垄断行为予以严厉禁止的态度。第四，检察机关在食品安全等领域中所提起的民事公益诉讼中，已经在探索并实际提出了惩罚性赔偿的诉讼请求，并获得了法院的支持，这不仅积累了经验，而且也证明检察机关在食品安全以外的其他领域包括反垄断领域中提起的民事公益诉讼中提出惩罚性赔偿是可行的。总之，尽管《反垄断法》第六十三条并没有规定检察机关提起反垄断民事公益诉讼时能够提出惩罚性赔偿诉讼请求，但是，根据检察机关提起民事公益诉讼与国务院反垄断执法机构展开的反垄断执法在性质、价值目标等方面本质上是相同的，检察机关在其他领域已经提起了惩罚性赔偿诉讼请求，并且对特别严重的垄断行为主张惩罚性赔偿也符合比例原则，因此，笔者认为检察机关在反垄断民事公益诉讼中，通过法律解释的方式，可以依据《反垄断法》第六十三条针对符合"三特"标准的垄断行为主张惩罚性赔偿。

四 其他诉讼请求的不适用

对于其他民事责任形式，笔者认为与反垄断民事诉讼包括反垄断民事公益诉讼的性质并不相符，并不适合在诉讼中作为诉讼请求提出。第一，就返还财产而言，从事垄断行为的经营者并没有实际占有受该垄断行为损害的其他主体以及社会的财产。垄断者所从事的垄断行为所攫取的消费者剩余以及社会福利，并不是侵权法意义上的被侵占的财产。因此，检察机关无法提出返还财产的诉讼请求。第二，就修理、重作、更换而言，主要针对的是被告造成物的毁损的行为而提出的，而经营者所从事的垄断行为，并没有直接针对其他受该垄断行为影响的主体所拥有的物造成物理上的损害。因此，检察机关也不能提出修理、重作、更换的诉讼请求。第三，就继续履行而言，具有市场支配地位的经营者确实会滥用这种市场支配地位拒绝与交易相对人进行交易，而且在实践中也确实存在许多涉嫌构成滥用市场支配地位拒绝与交易相对人进行交易的案件。例如在徐书青诉腾讯滥用市场支配地位案①、华侨城家乐迪公司诉中国音像著作权集体管理协会滥用市场支配地位案②、金海屿公司诉代尔塔公司滥用市场支配地位案③等案件中，均涉及原告起诉被告滥用市场支配地位拒绝与其进行交易。从这种意义上来说，检察机关似乎也能够提起要求被告继续履行的诉讼请求。但是，由于经营者滥用市场支配地位拒绝交易行为往往针对的是特定的个体交易相对人，或者特定类型的交易相对人，交易相对人受这种拒绝交易行为的影响很大，其通常都具有很强的动机提起反垄断民事诉讼。而且，要求经营者继续进行交易的具体表现也呈现出很强的个性化，在不同的个案中，经营者继续履行的内容千差万别，这需要在个案中予以具体确定。总之，并不适宜由检察机关提出继续履行这种诉讼请求。第四，就支付违约金而言，其表明纠纷所涉及的双方之间存在明确的合同关系，这主要是一种违反合同的民事责任，而不是因涉嫌垄断而承担的民事责任。支付违约金应当在民事私益诉讼中提出，检察机关不能在反垄断民事公益诉讼中提出该诉讼请求。第五，就消除影响、恢复名誉以及赔礼道歉而言，这种侵权责任方式作为具有人格性质的侵权责任方式，主要适用于人格权受到侵害的情况，尤其适用于侵害自然人名誉权、姓名权、肖像权、人身自由的情况。④垄断行为主要损害的是相关主体的财产性权利而非人格权，因此检察机关也不适宜在反垄断民事公益诉讼中提出要求被告消除影响、恢复名誉以及赔礼道歉的诉讼请求。

---

① （2016）粤民终 1938 号民事判决书。
② （2020）最高法知民终 1458 号民事判决书。
③ （2020）最高法知民终 420 号民事判决书。
④ 王利明主编：《民法学》，复旦大学出版社 2015 年版，第 672—673 页。

第五章 检察机关提起反垄断行政公益诉讼

第一节 检察机关提起反垄断行政公益诉讼的必要性分析

2022年《反垄断法》修正,规定了检察机关提起反垄断民事公益诉讼制度,但却并没有引入检察机关提起反垄断行政公益诉讼制度。笔者认为,从检察机关提起反垄断公益诉讼的完整性以及制度发展规律的角度而言,今后引入检察机关提起反垄断行政公益诉讼制度将是一种必然趋势,正如此次引入检察机关提起反垄断民事公益诉讼制度那样。当然,一项制度的引入也需要各方面的条件都相对成熟,并且也往往是一个循序渐进的过程。对于引入检察机关提起反垄断行政公益诉讼制度,更为关键的是需要从"内因"方面进行论证,即论证引入该制度具有重要的现实需求。以下将从三个方面论述检察机关针对三类不同的行政行为提起反垄断行政公益诉讼的必要性。

一 针对行政垄断行为提起反垄断行政公益诉讼的必要性

反垄断执法并不能有效解决行政垄断问题。行政垄断本质上是行政权力的一种滥用,只不过这种滥用行政权力的行为对市场竞争秩序造成了损害,也即"政府失灵"直接导致了"市场失灵"。但这种

"市场失灵"与不涉及行政权力滥用的"市场失灵"——或者可以称之为一种纯粹的市场失灵——不同，前者是因外在于市场的行政力量而导致的，而后者则内生于市场。反垄断执法也是一种行政行为，反垄断执法要纠正行政机关的行政垄断行为，实际上就是以行政权力纠正行政权力。但这要求前一种行政权力要比后一种行政权力更具权威，因为根据正常的权力运行逻辑，只有更高位阶的权力才能够纠正更低位阶的权力，而不是相反。

除了这种权力位阶的影响以外，行政权力对行政权力的监督制约效果，还取决于二者之间是否具有直接的从属关系和领导关系。如果某行政机关虽然在级别上位于其他行政机关之上，但该级别更高的行政机关与级别更低的行政机关之间并不具有领导与被领导的关系，级别更低的行政机关并不直接从属于该行政级别更高的行政机关，则该行政级别更高的行政机关亦无法对行政级别更低的行政机关形成强有力的监督制约。而这正是反垄断执法机构所面临的问题。就我国目前所查处的行政垄断案件来看，绝大多数都是地级市以下政府或其组成部门所从事的[1]，这就决定了主要是由省级市场监管部门进行调查处理的。尽管省级市场监管部门内部负责行政垄断调查处理的部门可能是相关的处室，例如江西省市场监管局内部具体负责反垄断执法工作的为执法稽查局（反垄断局）[2]，该执法稽查局为处级单位，但执法稽查局对外则是以省级市场监管部门进行调查并展开执法的，因此，仍然以省级市场监管部门作为反垄断执法机构。省级市场监管部门作为一个厅局级单位，其所查处的行政垄断行为绝大部分都是由县处级单位[3]

---

[1] 可参见国家市场监管总局竞争政策协调司网站上所披露的滥用行政权力排除、限制竞争的案件，https：//www. samr. gov. cn/jzxts/tzgg/qlpc/index_ 1. html.

[2] 江西省市场监督管理局（知识产权局），http：//amr. jiangxi. gov. cn/art/2019/4/30/art_ 25410_ 1229605. html.

[3] 例如，贵州省市场监管局查处遵义市气象局滥用行政权力排除、限制竞争行为，https：//www. samr. gov. cn/jzxts/tzgg/qlpc/202111/t20211118_ 336980. html. 遵义市是一个地级市，遵义市气象局则是一个处级单位。从行政级别来看，贵州省市场监管局作为厅局级单位，要比作为处级单位的遵义市气象局高一个行政级别，因此在查处方面不存在困难。

或者乡科级单位①所从事的。即便是对于这些从行政级别而言属于下级的行政机关所从事的行政垄断行为，省级反垄断执法机构也不能有效直接禁止其所从事的涉嫌行政垄断行为。可能正是基于这种政治实践的考虑，我国《反垄断法》自始就没有将禁止行政垄断行为寄托在反垄断执法机构身上，而是依赖于能够对从事行政垄断行为具有直接权威的相关行政机关。

根据《反垄断法》第六十一条规定，行政机关滥用行政权力实施排除、限制竞争行为的，由上级机关责令改正，而反垄断执法机构所能够做的，就是可以向有关上级机关提出依法处理的建议。从事行政垄断行为的行政机关的上级机关，通常就是上一级政府。根据《中华人民共和国地方各级人民代表大会和地方各级人民政府组织法》第七十三条规定，县级以上的地方各级人民政府行使下列职权："……（二）领导所属各工作部门和下级人民政府的工作；……"。当然，这也是一个政治常识，本级政府对于本级政府组成部门及下级政府具有领导权，这种权威性正是源自于这种直接的领导关系。对于本级政府组成部门和下级政府所从事的行政垄断行为，本级政府自然可以根据其所具有的绝对权威而责令改正，本级政府组成部门和下级政府也将严格予以遵守。正是基于这种政治权力的运行逻辑，《反垄断法》对于行政垄断的规制，才寄托于上级机关，但严格来说，这里所指的上级机关，并不是指在行政级别上属于上级的所有机关，而实际上是指具有直接领导关系的上级机关。省级反垄断执法机构作为一个厅局级单位虽然也是县级人民政府或其组成部门——科级——的上级机关，但由于前者并不是对后二者具有直接领导权的上级机关，因此实际也并不具有绝对的权威，很难直接责令后二者进行改正。而且，从《反垄断法》第六十一条中所规定的"反垄断执法机构可以向有关上级机

---

① 例如，江西省市场监管局查处万载县财政局滥用行政权力排除、限制竞争行为，https://www.samr.gov.cn/jxzts/tzgg/qlpc/202111/t20211118_336981.html。万载县是一个县级县，而万载县财政局则是一个科级单位。从行政级别来看，江西省市场监管局作为厅局级单位，要比作为科级单位的万载县财政局高两个行政级别，因此在查处方面不存在困难。

关提出依法处理的建议",也可以看出其严格区分了反垄断执法机构和"上级机关",因此,即便反垄断执法机构的行政级别要高于从事行政垄断的行政机关,其也不是该条所规定的"上级机关",也就无法直接责令改正。虽然在行政系统内部,因上下级业务领导关系的存在,上级业务部门对下级业务部门也具有较强的制约,例如财政部对于省级财政厅,但是,对于行政垄断行为的查处而言,因这种上下级业务领导关系而使反垄断执法机构对下级业务部门所从事的行政垄断行为直接责令改正的适用空间不大。因为反垄断执法机构的下级业务部门同样为市场监管部门,而省级市场监管部门作为反垄断执法机构,其从事行政垄断行为的可能性非常之小;地级市级、县级市场监管部门虽然不是反垄断执法机构,但从事行政垄断行为的可能性也不大。

不过,在行政垄断反垄断实践中,就目前来看,某些涉嫌从事行政垄断行为的下级行政机关在省级反垄断执法机构展开调查以后,就主动进行整改,消除了不良影响,省级反垄断执法机构因此就结束了调查,并没有向从事行政垄断行为的上级机关提出依法处理的建议。[①] 但也仍然有许多行政垄断案件是通过《反垄断法》所规定的路径来完成查处的,即由反垄断执法机构展开调查之后,向相关上级机关提出建议。[②] 可以预见,在未来很长一段时间内,反垄断执法机构对行政垄断行为的查处,仍然高度依赖于负有直接领导责任的上级机关对其所领导的所属各工作部门和下级政府所可能从事的行政垄断行为予以责令改正。反垄断执法机构在查处行政垄断方面仍然难以发挥主导性

---

① 这类案件目前相对较多,例如重庆市市场监管局纠正合川区教委、涪陵区农业农村委、两江新区国资局行政垄断案,湖北省市场监管局纠正随州市自然资源和规划局、黄冈市城市管理执法委行政垄断案,山东省市场监管局纠正菏泽市应急管理局、济南市生态环境局行政垄断案,等等,可具体参见国家市场监管总局网站:https://www.samr.gov.cn/jzxts/tzgg/qlpc/。

② 这类案件也不少,例如宁夏市场监管厅纠正石嘴山市应急管理局行政垄断案,广东省市场监管局纠正深圳市交通运输局、公安局交通警察局行政垄断案,河北省市场监管局纠正沧州市城市管理综合行政执法局行政垄断案,云南省市场监管局纠正德宏州人民政府办公室行政垄断案,福建省市场监管局纠正福州市交通运输局行政垄断案,湖南省市场监管局纠正怀化市住房和城乡建设局行政垄断案,等等,可具体参见国家市场监管总局网站:https://www.samr.gov.cn/jzxts/tzgg/qlpc/。

作用。

　　更为严重的问题是，在现行行政垄断行为反垄断规制机制之下，将不可避免地存在监管"空白"。目前，我国调查处理行政垄断案件主要是由省级反垄断执法机构主导的。《反垄断法》并没有对反垄断执法机构可以查处的从事行政垄断行为的行政机关的级别作出规定。根据《制止滥用行政权力排除、限制竞争行为暂行规定》第二条规定，省级市场监管部门"负责本行政区域内滥用行政权力排除、限制竞争行为的反垄断执法工作"，因此，省级市场监管部门有权对本省范围内除省级人民政府以外[①]的其他行政机关所从事的行政垄断行为展开查处。但是，在实践中，省级市场监管部门基本上都是针对行政级别更低的县处级、乡科级行政机关所从事的行政垄断行为展开查处，就笔者对国家市场监管总局所披露的行政垄断案件进行检索，仅发现一起由省级市场监管部门对同级的行政机关所从事的行政垄断行为展开查处，即甘肃省市场监管局纠正白银市人民政府行政垄断案。[②] 在该案中，白银市属于甘肃省辖地级市，因此从行政级别来看，白银市人民政府属于厅局级，这与甘肃省市场监管局的行政级别相同。不过，在该案中，印发具有行政垄断内容通知的为白银市人民政府办公室，在其他一些案件中，也有反垄断执法机构针对人民政府办公室展开行政垄断的调查。[③] 无论如何，甘肃省市场监管局能够直接针对白银市人民政府展开行政垄断调查都是值得鼓励的。但这种针对同级行政机关所从事的行政垄断行为展开反垄断调查的案件数量仍然非常之少。而省级反垄断执法机构很少针对省级人民政府组成部门所从事的行政

[①] 根据《制止滥用行政权力排除、限制竞争行为暂行规定》第三条规定，市场监管总局负责对省级人民政府实施的行政垄断行为展开查处。

[②] 参见"2022年制止滥用行政权力排除、限制竞争执法专项行动案件（第一批）"，2022年6月9日，载国家市场监管总局网站：https：//www.samr.gov.cn/jzxts/tzgg/qlpc/202206/t20220608_347613.html。

[③] 例如，江西省市场监管局纠正永丰县人民政府办公室行政垄断案、山东省市场监管局纠正淄博市张店区人民政府办公室行政垄断案，等等，可具体参见国家市场监管总局网站：https：//www.samr.gov.cn/jzxts/tzgg/qlpc/。

垄断行为展开调查，① 当然，其中的原因可能为省级人民政府组成部门并不会从事或者很少从事行政垄断行为。但这种理由并不具有说服力。一方面，从理论上来说，没有任何证据能够证明省级人民政府组成部门不会从事行政垄断行为，相反，比省级人民政府组成部门行政级别更高的部门，如省级人民政府和中央人民政府组成部门，都并没有"被排除"在从事行政垄断的行政机关之外。另一方面，从实践来看，已经出现了由省级人民政府组成部门从事行政垄断行为的案例。例如在深圳市斯维尔科技有限公司诉广东省教育厅行政垄断一案中，广东高院二审判决认定广东省教育厅在"工程造价基本技能赛项"省级比赛中制定广联达股份软件有限公司软件为独家参赛软件的行为，构成行政垄断。② 虽然该案件是一起反行政垄断私益诉讼，而非由广东省反垄断执法机构对其展开反垄断调查，但至少表明广东省教育厅确实从事了行政垄断行为。虽然对于这些省级市场监管部门的监管"空白"可以由国家市场监管总局予以填补，但这并不在其法定的管辖范围内，即便可以依据"认为有必要直接查处的"规定进行查处，其也无法完成如此之大的"空白"填补，因为与省级市场监管部门同级的行政机关数量十分之多。事实上，国家市场监管总局也仅查处了一起行政垄断案件。③

总之，在当前的反行政垄断实践中，反垄断执法机构并不能在反行政垄断中起到主导作用，准确地说是发挥着一种边缘性的角色，最终可能还是依赖于相关的上级行政机关。但是，上级机关也可能是行

---

① 2017年，上海市发改委查处上海市商务委行政垄断案是一个例外，上海市发改委和上海市商务委同属上海市人民政府组成部门。参见"市场监管总局关于发布2018年市场监管部门制止滥用行政权力排除、限制竞争行为典型案例的公告"中所披露的"案例三"，2018年12月29日，载国家市场监管总局网站：https://www.samr.gov.cn/jzxts/tzgg/qlpc/201903/t20190313_291971.html.

② "反行政垄断诉讼首案终审：广东省教育厅滥用行政权力被判败诉"，2017年8月7日，载中国法院网：https://www.chinacourt.org/article/detail/2017/08/id/2951374.shtml.

③ "市场监管总局办公厅关于建议纠正内蒙古自治区公安厅滥用行政权力排除限制竞争有关行为的函"，2018年6月22日，载国家市场监管总局网站：https://www.samr.gov.cn/jzxts/tzgg/qlpc/201903/t20190313_291969.html.

政垄断行为的受益者，上下级机关在地方政绩、地方经济保护主义方面可能具有高度的利益一致性。① 这将使得行政垄断行为查处的效果大打折扣。此外，反垄断执法机构对行政垄断行为的查处也存在监管"空白"，而且这种"空白"很难被填补。这表明，通过反垄断执法的方式并不能有效查处和禁止行政垄断行为。

然而，通过检察机关提起反垄断行政公益诉讼的方式，则可以有效弥补反垄断执法的这种不足。首先，检察机关通过提起诉讼的方式反对行政垄断，并不依赖于相关上级机关，而是可以在向从事行政垄断的行政机关发出检察建议而未得到有效遵守的情况下提起反垄断行政公益诉讼。其次，检察机关提起反垄断行政公益诉讼可以填补反垄断行政执法的监管"空白"，无论哪一级别的行政机关，只要其从事了涉嫌行政垄断行为，检察机关都可以针对其提起反垄断行政公益诉讼。

二 针对反垄断执法机构乱作为提起反垄断行政公益诉讼的必要性

尽管理论上对反垄断执法机构可能存在的乱作为②从"漏查"（false negative）与"误查"（false positive）两个方面展开了大量研究③，但是却鲜有指出实际中的某个具体反垄断处罚决定存在错误。商务部

---

① 参见庞昊、周杨《反垄断行政公益诉讼的司法实践》，载《上海法学研究》2021年第4卷。
② 与前文一致，笔者此处所指的反垄断执法乱作为，主要是指垄断执法机构工作人员由于执法能力不足、案件复杂等因素而导致反垄断执法错误，并不包括反垄断执法机构工作人员主观故意进行错误执法，或者在反垄断执法中滥用职权、玩忽职守、徇私舞弊或泄露商业秘密等。
③ 正如前文所指出的，学者们大多将"false negative"翻译为"假阴性"，将"false positive"翻译为"假阳性"，但假阴性和假阳性主要是医学检测中所使用的术语。笔者认为，在法学语境中，将二者分别翻译为"漏查"与"误查"可能更妥。当然，"漏查"与"误查"中的"查"，并不仅指反垄断执法，也包括司法认定。"漏查"是指垄断执法机构或法院将原本构成垄断的行为错误地认定为不具有排除、限制竞争效果的行为，"误查"是指反垄断执法机构或法院将原本不具有排除、限制竞争效果的行为错误地认定为垄断行为。

禁止可口可乐收购汇源可能是一个例外，有学者指出商务部在该案的审查中错误地适用了传导理论，从而导致执法错误。[①] 不可否认，从既有的反垄断执法来看，大多数反垄断执法机构在展开反垄断执法时基本都能够做到尽职尽责，展开大量的调查和论证，从所披露的反垄断处罚决定书来看，可能很难发现有明显的乱作为行为。当然，这也与反垄断处罚决定书本身有很大的关系。因为此前大多数的反垄断处罚决定书都较为简短，并没有详细披露垄断行为的认定、论证依据，外界很难对其展开评判。虽然如今的反垄断处罚决定书要更为详尽，也更加注重说理，但反垄断处罚决定书大多采用的是一种"倒叙"的行文方式，即首先提出结论，然后再论证为何该结论成立，更多是一种单向的分析，没有提供一种"广阔的图景"即没有涉及案件的完整信息。对于公众而言，只能通过处罚决定书了解到能够支持反垄断执法机构认定的案件信息和证据材料，而无法了解到可能对反垄断执法认定不利的相关案件信息和证据材料，这些都有意或无意地被反垄断执法机构省略了。这与反垄断司法判决不同，对于原被告双方所提出的彼此对立的观点及其支撑证据，在判决书中都能够完整得以展现，法官需要综合考虑原被告双方各自所提出的主张和证据之后才能作出判决，而原被告对立的主张无疑为公众评判法院判决提供了一种参考指标，即当判决支持原告主张时，公众能够借助被告的主张来评判法院的判决是否能够提出充分的理由不支持被告的主张，反之亦然。而反垄断执法处罚决定书则更多地是反垄断执法机构进行的一种单方陈述，可能并不包含被处罚对象的抗辩理由，即便包含也往往只作简单描述并相对武断地认为不成立。这就造成在反垄断执法处罚决定书中，被处罚对象事实上的"不在场"。公众很难仅根据处罚决定书本身就评判其是否存在错误，除非处罚决定书中涉及的某些理论运用存在明显错误。总之，反垄断执法机构所展开的反垄断执法可能存在错误，

---

① 参见邓峰《传导、杠杆与中国反垄断法的定位——以可口可乐并购汇源反垄断法审查案为例》，载《中国法学》2011年第1期；丁茂中《反垄断执法的移植与本土化研究》，载《法商研究》2013年第4期。

这无论是从理论上还是从实践来说，都是一个不可避免的问题。当然，这种执法错误本身并不可怕，真正可怕地是没有承认反垄断执法存在错误的勇气。

反垄断执法机构的乱作为，无论是"漏查"还是"误查"，都会对社会公共利益造成损害。就"误查"而言，反垄断执法机构将原本不具有排除、限制竞争效果的行为认定为垄断行为而加以禁止，这同样会损害社会公共利益，因为社会公众将无法再享受到这种行为所创造的价值。对于反垄断执法机构的"误查"，被错误认定从事垄断行为的经营者自然会通过提起行政复议或行政诉讼的方式而予以反对，当然其提起行政诉讼的目的主要在于维护自身的私益，如果胜诉则只能间接对社会公共利益起到保护作用。近年来，因不服反垄断执法机构所作出的处罚决定而提起反垄断行政诉讼的案件越来越多，但即便如此，仍然不能排除有一些被处罚的经营者因为惮于挑战反垄断执法机构或其他方面的原因而选择不提起诉讼。如此一来，社会公共利益将无法得到有效维护。由此而凸显出了由检察机关针对反垄断执法机构的"误查"提起反垄断行政公益诉讼的必要性。此外，随着反垄断在我国社会主义市场经济发展中的作用越来越大，党中央和国家高度重视，这在客观上大大增强和提升了反垄断执法机构的权威和地位。对于经营者而言，无论其事实上是否从事了垄断行为，一旦其遭到了反垄断调查，也无论其最终是否被认定构成垄断，都会受到极大的影响。为了对这种不断增强的行政权力进行有效制约和监督，也需要一种远远比私主体更为强大的公权力——检察权。正如有学者所言，反垄断调查被称为"核武器"，对企业合法权益甚至全行业竞争机制都会产生重大影响，在反垄断行政执法力量集中、权威扩大的趋势下，对行政执法权的法律监督需要跟进强化，而检察机关的行政公益诉讼的必要性随之上升。[1]

---

[1] 姜伟：《聚焦反垄断：知识产权检察公益诉讼的新进路》，载《中国检察官》2022年第5期。

就"漏查"而言，反垄断执法机构将原本具有排除、限制竞争效果的行为认定为不构成垄断，市场竞争秩序和社会公共利益将继续遭受这种行为的损害。对于反垄断执法机构的"漏查"，被错误认定未从事垄断行为的经营者自然不会提起行政复议或行政诉讼。由于经营者所从事的垄断行为未得到反垄断执法机构的认定，因此其他经营者或自然人将可能继续遭受该垄断行为的损害。这些遭受垄断行为损害的主体针对反垄断执法机构的"漏查"也可以提起行政诉讼。立法者也指出："反垄断执法机构依据本法作出的决定属于具体行政行为，行政相对人（包括行政决定的对象和利害关系人）对反垄断执法机构的行政决定不服的，本条（《反垄断法》第六十五条）区分两种情形分别规定了行政复议前置以及行政复议和行政诉讼并行的法律救济途径。"[1] 因此，利害关系人也能够针对反垄断执法机构所作出的决定——包括反垄断执法机构在"漏查"的情况下所作出的决定——提起行政诉讼。不过，利害关系人提起行政诉讼存在一定的障碍，那就是如果反垄断执法机构存在"漏查"，那么其最终并不会对外公开作出相应的决定，至多只是内部形成了相应的文件。这就使得利害关系人可能很难提供足够的证据以证明反垄断执法机构存在乱作为。但是，反垄断执法机构作出的"决定"，并不一定必须以行政处罚书等书面形式表现出来，其不作出行政处罚决定书也可以视作是其作出了决定。只有通过这样解释，利害关系人才有可能针对反垄断执法机构的"漏查"提起行政诉讼。但即便利害关系人提起行政诉讼没有法律上的障碍，其同样可能会因为诉讼成本等方面的因素考虑而放弃提起行政诉讼，因反垄断执法机构的"漏查"而损害的社会公共利益同样无法得到有效保护。

总之，反垄断执法机构存在乱作为的可能，这具体表现为反垄断执法中的"误查"与"漏查"，这将直接或间接地损害社会公共利益。然而，依靠相关私主体的力量并不能有效纠正反垄断执法机构的这种

---

[1] 王翔：《中华人民共和国反垄断法解读》，中国法制出版社2022年版，第251页。

乱作为，而是需要一个专门的保护社会公共利益的机构——当前最为合适的即为检察机关——提起反垄断行政公益诉讼来予以纠正。同时鉴于反垄断执法机构的地位和权威不断增强，也需要一个更权威的机构来对其进行监督和制约，检察机关无疑也是最为合适的机构。因此，为了有效保护为反垄断执法机构乱作为行为所损害的社会公共利益，需要由检察机关提起反垄断行政公益诉讼来予以实现。

三 针对反垄断执法机构的不作为提起反垄断行政公益诉讼的必要性

尽管反垄断执法机构在反垄断方面取得了较大的成绩，但无论是从理论上还是从实践来说，反垄断执法机构在反垄断执法方面都存在不同形式、不同程度的不作为。其中的某些显性不作为行为已经引发了社会公众的注意并受到了批评，而有些隐性的不作为则可能尚未能为外界所关注。针对反垄断执法机构所存在的这种不作为行为，检察机关应当对其提起反垄断行政公益诉讼。

首先，反垄断执法机构的不作为行为将严重损害国家利益，损害行政权力的权威性。反垄断执法不作为对国家利益的损害，可以从具体和抽象两个层面来理解。从具体层面来看，反垄断执法不作为会给国家利益造成直接的、可测量的损害，这主要是指某些垄断行为将会损害国家利益，而由于反垄断执法不作为，未对这些垄断行为展开有效执法，从而使得国家利益遭受损害。例如，某些经营者可能会达成垄断协议固定价格，使得使用财政资金所进行的政府采购、招标等支付更高的价格，这将损害国家利益。再如，外资并购境内企业可能危及国家安全，这也将损害国家利益。正如在国有财产保护、国有土地使用权出让领域中负有监管职责的行政机关不作为而给国家利益造成损害的那样，对于这些主要损害国家利益的垄断行为，如果反垄断执法机构不依法展开反垄断执法，无疑会放任这些垄断行为的继续发生，导致国家利益继续遭受损害。从抽象层面来看，主要是指反垄断执法机构的不作为会损害行政权力的权威性。目前我国反垄断执法的层级较高，为中央级和省级，相比于更低层级的行政机构，这两级反垄断执法机构不作为使公众对行政权力权威的质疑将更为严重，对国家利益造成的损害也更大。为了更好地保护国家利益，避免遭受反垄断执法机构不作为的损害，检察机关应当提起反垄断行政公益诉讼。

其次，反垄断执法机构的不作为行为将严重损害社会公共利益。垄断行为将破坏市场竞争秩序，给社会公共利益造成损害，对此前文已经做过详细论述，在此不再赘述。反垄断执法机构针对严重损害社会公共利益的垄断行为不展开反垄断执法，是一种放任损害继续发生的表现。为了更好保护社会公共利益，避免遭受反垄断执法机构不作为的损害，检察机关应当提起反垄断行政公益诉讼。

再次，反垄断执法机构的不作为可能源于其客观不能。并不是反垄断执法机构的所有不作为都源于主观故意或过失，在某些情形下，反垄断执法机构的不作为是客观原因所导致的，其中最重要的就是执法资源不足。相比于欧美司法辖区，我国反垄断执法机构的人员配置和经费都相对较少，这不可避免地在客观上限制了反垄断执法机构调查垄断行为，主要是案件线索的发现方面，往往呈现出一种"心有余而力不足"的无奈境况。检察机关提起反垄断行政公益诉讼，主要是诉前程序的检察建议，能够为反垄断执法机构提供垄断案件线索，在一定程度上解决反垄断执法机构因执法资源欠缺而无法发现案件线索的不足。当然，需要说明的是，如果检察机关针对反垄断执法机构的不作为提起反垄断行政公益诉讼，反垄断执法机构将作为被告应诉，这在客观上又会进一步"占用"反垄断执法机构短缺的行政资源。但这显然不能成为反对检察机关针对反垄断执法不作为提起行政公益诉讼的理由。

最后，反垄断行政私益诉讼并不能有效纠正反垄断执法机构的反垄断不作为。反垄断执法机构不作为，涉嫌垄断行为也就无法得到有效查处和禁止，这必然会给其他经营者等私主体的利益造成损害。这些私主体除了能够针对涉嫌垄断行为提起反垄断民事诉讼以外，还可以针对反垄断执法机构提起反垄断行政诉讼，以促使反垄断执法机构对涉嫌垄断行为展开调查。因此，这种由私主体所提起的反垄断行政私益诉讼，如果胜诉的话，在客观上也能够起到保护社会公共利益的效果，从而替代检察机关提起反垄断行政公益诉讼。但是，从诉讼实践来看，私主体针对反垄断执法机构的不作为所提起的行政诉讼并不顺利，很难得到法院的支持。例如，云南佩洛仕珠宝有限公司诉原国家工商行政管理总局不履行垄断查处法定职责案[①]，刘知之等因不服国家市场监督管理总局未展开反垄断调查案[②]，等等。当然，并不是说私主体针对反垄断执法机构的不作为所提起的行政诉讼都应当得到法院的支持，但不能否认，某些私主体确实是因为诉讼动机不足、举证责任欠缺等方面的原因而无法获得法院的支持。完全依靠私主体提起行政诉讼的方式来解决反垄断执法机构的不作为行为并不现实。私主体在针对反垄断执法机构不作为行为方面提起行政诉讼的不足，则正好是检察机关的优势之所在。针对反垄断执法机构的不作为提起行政诉讼是检察机关的职责所在，而无需经济利益动机的推动，检察机关也具有更强的举证能力和更专业的法律知识。

总之，基于以上几点，笔者认为检察机关针对反垄断执法机构的不作为行为提起行政公益诉讼具有很强的必要性。为了有效制止因反垄断执法机构不作为而给社会公共利益造成的损害，应当赋予检察机关针对此种不作为行为提起反垄断行政公益诉讼的权力。

第二节　检察机关提起反垄断行政公益诉讼的行政行为类型

一　行政垄断行为

根据我国1989年《行政诉讼法》，公民、法人或者其他组织只能

---

① （2017）京01行初543号行政判决书。
② （2020）京行终2090号行政裁定书。

针对行政机关及其工作人员的具体行政行为提起行政诉讼。① 1989 年《行政诉讼法》将"具体行政行为"这一学理概念直接纳入法律从而使其成为一个法律概念。这也使得具体行政行为与抽象行政行为这一学理上的问题转化为一个法律问题。② 因此，某一行政行为是否属于行政诉讼的受案范围，首先需要判断其是否属于具体行政行为。为了明确具体行政行为的具体内涵与外延，最高人民法院曾于 1991 年 6 月 11 日制定了《最高人民法院印发关于贯彻执行〈中华人民共和国行政诉讼法〉若干问题的意见（试行）》，其中第一条即对具体行政行为进行了界定："具体行政行为"是指国家行政机关和行政机关工作人员、法律法规授权的组织、行政机关委托的组织或者个人在行政管理活动中行使行政职权，针对特定的公民、法人或者其他组织，就特定的具体事项，作出的有关该公民、法人或者其他组织权利义务的单方行为。该界定明确了两个关键要素，即该行政行为应当是"单方"的"作为"，从而不包括"不作为"，也不包括"双方行为"，从而进一步限缩了《行政诉讼法》所规定的受案范围。最高人民法院的这一界定在实践中引起新的不必要争议，给受案范围的认定带来新的困难。③ 鉴于此，2014 年《行政诉讼法》进行修订时，将第二条中的"具体行政行为"修改为"行政行为"。但是，删除"具体"两字，主要是为了解决"立案难"问题，因为法院时常以"具体行政行为"中的"具体"两字为标准，限制某些案件的立案，然而，"具体"与"抽象"之间往往并没有清晰、精确的界限，就不可避免造成前述障碍。删除"具体"两字，并非是扩大受案范围，而是使法律规定更加明确、清晰，从而为法律理解和适用提供便利。④ 尽管《行政诉讼法》修订将具体行政行为改为行政行为，但从其列举的行政行为类型看，仍然是

---

① 1989 年《行政诉讼法》第二条规定：公民、法人或者其他组织认为行政机关和行政机关工作人员的具体行政行为侵犯其合法权益，有权依照本法向人民法院提起诉讼。

② 《行政法与行政诉讼法学》编写组：《行政法与行政诉讼法学》，高等教育出版社 2018 年版，第 333 页。

③ 沈福俊、邹荣：《行政法与行政诉讼法学》，北京大学出版社 2019 年版，第 356 页。

④ 马怀德：《行政法与行政诉讼法》，中国政法大学出版社 2019 年版，第 294 页。

对相对人产生法律效果的具体行政行为，往往只涉及个体合法权益。[1]而且，《行政诉讼法》第十三条还从否定方面规定了人民法院不予受理事项，其中就包括"行政法规、规章或者行政机关制定、发布的具有普遍约束力的决定、命令"，也即抽象行政行为。总之，公民、法人或者其他组织仍然只能针对行政机关所从事的具体行政行为提起行政诉讼。

那么，检察机关针对行政垄断行为提起反垄断行政公益诉讼，是否也只能针对具体行政行为？行政机关所从事的行政垄断行为，既可以表现为具体行政行为，也可以表现为抽象行政行为。我国《反垄断法》第五章详细规定了行政机关所可能从事的行政垄断行为的类型。立法者认为，《反垄断法》第三十九条至第四十四条分别是对行政主体所从事的具体行政性限制竞争行为的列举，而第四十五条则是针对抽象行政性限制竞争行为的禁止。[2]虽然从理论上可以对抽象行政行为与具体行政行为进行区分，但是在实践中却并非一件易事。"由于行政管理实践的复杂性和多样性，不可能对行政行为何为具体、何为抽象作简单分割，二者之间总是存在模糊地带。"[3]如果从抽象行政行为的定义来看，我国《反垄断法》第四十五条规定[4]的滥用行为确实属于一种抽象行政垄断行为。但是在实践中，虽然某些滥用行为从表面上看属于抽象行政垄断行为，但实质上却可能属于具体行政垄断行为，反之亦然。例如，行政机关制定的规定可能通过其中的限定条件而具体指向某个特定的经营者，这就与《反垄断法》第三十九条中所规定的行政机关滥用行政权力限定或者变相限定单位或个人经营、购买、使用其指定的经营者所提供的商品没有本质的区别。同样地，某些具体的行政垄断行为也需要通过行政机关制定相关的规定来予以实

---

[1] 王春业：《独立行政公益诉讼法律规范体系之构建》，载《中外法学》2022年第1期。
[2] 王翔：《中华人民共和国反垄断法解读》，中国法制出版社2022年版，第184页。
[3] 《行政法与行政诉讼法学》编写组：《行政法与行政诉讼法学》，高等教育出版社2018年版，第334页。
[4] 《反垄断法》第四十五条规定：行政机关和法律、法规授权的具有管理公共事务职能的组织不得滥用行政权力，制定含有排除、限制竞争内容的规定。

现。例如，湖南省衡南县卫生健康局等部门联合出台通知，规定"各单位全体公职人员必须在县内具有体检资质的体检机构进行健康体检""各受检单位在体检之前自主选择一家县内有资质的承检机构"等。这实际上是一种滥用行政权力指定交易行为。只不过由于被指定的经营者是本县内的具有体检资质的体检机构，并不是某家特定的机构，因此又具有抽象行政行为的特性。湖南省市场监管局认为，衡南县卫生健康局等部门的行为既限制了该县相关单位的自主选择权，又排除了县域外其他具有体检资质的体检机构参与的机会，妨碍了该县体检市场的公平竞争，违反了《反垄断法》第三十七条（现为第四十五条）条"行政机关不得滥用行政权力、制定含有排除、限制竞争内容的规定"的规定。①

　　检察机关提起反垄断行政公益诉讼所针对的行政垄断行为，应当不限于具体行政垄断行为，也应当包括抽象行政垄断行为。"与主要是将具体行政行为作为受案范围的普通行政诉讼不同的是，行政公益诉讼所监督的并非都是具体行政行为，有许多是针对准行政行为、行政事实行为，甚至是抽象行为，只要侵害国家利益或社会公共利益的行政相关行为，都可以逐步纳入行政公益诉讼范围，而不能拘泥于行为的性质。"② 对于抽象行政垄断行为，公民、法人或其他组织等私主体无法提起行政诉讼，但这种行为又确实会对市场竞争秩序造成损害，从某种意义上来说，这种损害可能要比具体行政垄断行为所造成的损害更为严重。检察机关并不是行政垄断行为的受害方，其是基于维护国家利益和社会公共利益而提起行政公益诉讼，不应当受行政行为是具体还是抽象的影响。即便是抽象行政垄断行为，由检察机关提起公益诉讼并由法院进行审查，也并不会造成司法权与行政权之间的冲突，因为检察机关之所以针对抽象行政

---

① "2022年制止滥用行政权力排除、限制竞争执法专项行动案件（第一批）"，2022年6月9日，载国家市场监管总局网站：https://www.samr.gov.cn/jzxts/tzgg/qlpc/202206/t20220608_347613.html.

② 王春业：《独立行政公益诉讼法律规范体系之构建》，载《中外法学》2022年第1期。

垄断行为提起诉讼，就在于这种抽象行政垄断行为中包含排除、限制竞争的内容，这是违反《反垄断法》的规定，法院据此判定这种明显违法的规定无效，正是确保了《反垄断法》的实施，行政机关的规定也不得违反《反垄断法》。而《行政诉讼法》之所以规定法院不受理公民、法人或者其他组织针对"行政法规、规章或者行政机关制定、发布的具有普遍约束力的决定、命令"提起的诉讼，则主要是为了避免由法院来审查这些抽象性行政规定的效力，但笔者认为，这种制度规定的前提应当是这些抽象性行政规定中并不包含明显违法的内容，从而对其效力难以由法院进行审查。如果这些抽象性行政规定中包含明显违法的内容，则法院应当可以认定其无效。而规定了排除、限制竞争的内容，显然就是一种明显违法的情形。

二 反垄断执法机构乱作为行为

检察机关针对反垄断执法机构的乱作为提起反垄断行政公益诉讼，面临的首要问题就是，如何判断反垄断执法机构的执法为乱作为，究竟是应当由检察机关认定，还是尊重反垄断执法机构的认定？根据《行政诉讼法》第二十五条第四款的规定，检察机关提起行政公益诉讼针对的是行政机关违法行使职权以及行政不作为这两类行政行为，而行政机关违法行使职权，在反垄断执法语境中，对应的就是反垄断执法机构的乱作为。对于行政机关的行为是否属于违法行使职权，这往往涉及对行政行为的合法性进行实质性认定。而对于涉及专业性很强的行政执法行为，检察机关因特定领域专业知识的欠缺，或者说检察机关的这种专业知识能力通常并不会强于行政机关，使得检察机关很难对行政执法行为是否构成一种违法行使职权行为进行判断。然而，对于行政机关的不作为的判断，则是一件很容易的事。这也是为什么在实践中，检察机关所提起的行政公益诉讼，绝大多数都是针对行政机关的不作为行为的原因。"实践中，检察机关办理的行政公益诉讼案件，几乎都集中于行政不作为。"① 通过最高人民检察院的介绍，2021年立案的行政公益诉讼案件绝大多数是"督促"相关行政机关履行职责，针对的是行政机关的不作为行为，而未提及"纠正"行政机关的行政行为。② 这至少也从一个侧面反映出，检察机关所立案的行政公益诉讼案件，鲜有针对行政机关违法行使职权的行为。

  但是，这并不意味着检察机关就不能针对行政机关违法行使职权的行为提起行政公益诉讼。首先，针对行政机关违法行使职权的行为提起行政公益诉讼是检察机关所享有的一项法定权力，而且也是一项应当被实现的权力，而不是仅仅停留在纸面上。其次，在实践中，虽然检察机关主要是针对行政机关的不作为行为提起行政公益诉讼，但检察机关也针对行政机关的违法行使职权的行为提起了相关的行政公益诉讼。例如，在贵州省金沙县人民检察院诉毕节市七星关区大银镇人民政府不当履职案，即是检察机关针对行政机关的违法行使职权行为提起的行政公益诉讼案件，③ 虽然检察机关最终是以大银镇政府不履行行政职权即不作为而提起行政公益诉讼，看似被诉行为仍然是不作为，但是，七星关区人民检察院最初是以镇政府不当履行职权也即违法行使职权为由而向其发出检察建议的。而镇政府不纠正违法行为，则又转化成了一种不作为。检察机关针对行政机关的不作为行为提起行政公益诉讼，如果进一步"溯源"的话，可以发现其实是针对行政机关此前的违法行使职权的行为而提起的行政公益诉讼，也即针对不作为行为提起行政公益诉讼只是一种表象，针对违法行使职权行为提起行政公益诉讼才是本质。不过需要指出的是，在该案中，行政机关即大银镇政府违法行使职权的行为是很明显的，因为其违法行使职权，致使垃圾随意露天堆放，即便是普通人，也能够轻易地指出其属于违

---

  ① 吕忠梅、黄凯：《探索"行政不作为"公益诉讼新规则》，载《中国法律评论》2020年第5期。
  ② "最高检召开新闻发布会通报2021年度检察公益诉讼工作情况"，2022年3月4日，载最高人民检察院网站：https://www.spp.gov.cn/spp/zdgz/202203/t20220304_546864.shtml。
  ③ "长江流域环境资源审判十大典型案例"，2017年12月4日，载最高人民法院网站：https://www.court.gov.cn/zixun-xiangqing-71552.html。

法行使职权行为。但是，对于反垄断执法行为这些专业性更强，也更为复杂的行政行为，其是否构成违法行使职权，则并没有那么容易判断。这是检察机关针对反垄断执法机构事实上的乱作为行为提起反垄断行政公益诉讼的难点所在。

尽管检察机关并不能很容易判断反垄断执法机构的执法是否构成一种违法行使职权的行为即乱作为，尤其是当检察机关此前并没有反垄断领域内的检察工作经验，但正是因为如此，才更需要检察机关尽快开始对反垄断执法机构执法行为的适当性展开审查，并将其纳入到检察监督程序中。即便是反垄断执法机构，在反垄断法实施的最初几年中，也并没有迅速展开大量的专业执法，也经过了数年的准备与经验的积累。对于检察机关，同样应当给予其一定的时间，让其在该期间内不断进行探索，直至今后切实能够对反垄断执法展开全面审查。对于检察机关而言，这种循序渐进还体现在由易到难的过程上。在早期，检察机关可以仅针对反垄断执法机构非常明显的违法行使职权的行为提出检察建议并根据需要提起反垄断行政公益诉讼。笔者此处所言的反垄断执法机构非常明显的违法行使职权的行为，主要是指明显违反执法程序的行为，或者垄断行为的违法性不存在争议、很容易辨别的情形，例如，经营者达成了固定价格的垄断协议，反垄断执法机构基于各种理由却认定其不构成垄断协议。之后，随着经验的不断积累，检察机关可以逐步对反垄断执法机构所作出的某些具有争议的反垄断执法展开审查，如果认为存在执法错误，可以向反垄断执法机构提出检察建议并根据需要提起反垄断行政公益诉讼。

反垄断执法机构"乱作为"可能并非是其故意为之，相反，很多情况下更多的是由于反垄断执法机构执法能力不足等原因而导致的，原本也是反垄断执法机构所要尽力避免的，但是毕竟其要么纵容了垄断行为，要么损害了合法经营的经营者的权益，并在客观上损害了竞争秩序和社会公共利益，因此，检察机关对于反垄断执法机构的"乱作为"行为仍然可以提起反垄断行政公益诉讼。

在反垄断执法机构错误地将合法行为认定为垄断行为并加以禁止

的情形下，被错误认定为从事了垄断行为的经营者的利益将会受到严重损害，其自然有很强的动机提起行政诉讼以维护自身的合法权益，这在客观上也能够对受到损害的社会利益予以保护。但是，也并不能完全排除经营者会因为诉讼成本等方面的原因而放弃提起诉讼的可能。即便经营者提起了反垄断行政私益诉讼，其也并不能完全实现对社会公共利益的保护。在经营者提起行政诉讼的情况下，检察机关并不必然需要提起反垄断行政公益诉讼，而是应当视社会公共利益受损的程度而定。只有当被禁止的行为对社会具有重大价值时，检察机关基于维护社会公共利益的目的才需要提起反垄断行政公益诉讼。在反垄断执法机构错误地将违法行为认定为不构成垄断而予以允许的情形下，逃脱处罚的经营者自然不会针对反垄断执法机构的这种错误认定而提起反垄断行政诉讼。根据我国行政诉讼法理论，具有行政诉讼原告资格的主体是行政实体法律关系中的行政相对人，行政相对人不仅包括具体行政行为的直接对象，也包括其权益受到具体行政行为影响的人。[①] 因此，在这种情形下就只能由与逃脱处罚的经营者具有竞争关系的其他经营者或者消费者提起反垄断行政诉讼。如果其他经营者或消费者提起反垄断行政诉讼，则检察机关可不提起反垄断行政公益诉讼。但是，如果没有其他的经营者或消费者提起反垄断行政诉讼，并且因涉嫌构成垄断的行为逃脱处罚将给社会公共利益造成严重损害时，则应当由检察机关提起反垄断行政公益诉讼。

三 反垄断执法机构不作为行为

由于反垄断执法机构的不作为可以区分为不同类型，而每一种类型又可能存在不同的具体特殊情况，这对于检察机关提起行政公益诉讼具有重要影响，因此需要根据不同类型分别予以探讨。根据我国《反垄断法》第四十六条规定，反垄断执法机构对涉嫌垄断的行为展开的

[①] 参见姜明安主编《行政诉讼法教程》，中国法制出版社2011年版，第99页。

调查，既可以是反垄断执法机构主动发现案件线索从而展开调查执法，也可以是在相关单位或者个人向其进行举报之后展开调查执法。因此，反垄断执法机构的不作为，就既可能是应当主动发现案件线索而未发现或者虽然已发现但未展开反垄断调查执法，也可能是相关主体已经举报但反垄断执法机构未展开反垄断调查执法，这些情形都将构成反垄断不作为。此外，反垄断执法机构虽然已经展开调查，但如果调查时间过长，超过了合理期限则也可能构成一种不作为。因为市场竞争秩序的维护对反垄断执法调查具有效率性的要求，如果反垄断调查长期无法得出结论，这会对相关主体的利益都造成损害：对于被调查的经营者而言，其将长期处于一种不安定状态，从而影响其正常经营活动，减损其商业信誉；对于被调查经营者的竞争者而言，如果被调查经营者的行为事实上确实构成垄断行为的话，则其将持续遭受这种垄断行为的损害，甚至被排挤出市场，反垄断执法机构迟到的垄断认定对其而言也将无济于事；对消费者以及社会公共利益而言，同样会受到损害。为了更好地展示反垄断执法机构不作为的各种具体情形，见图5-1：

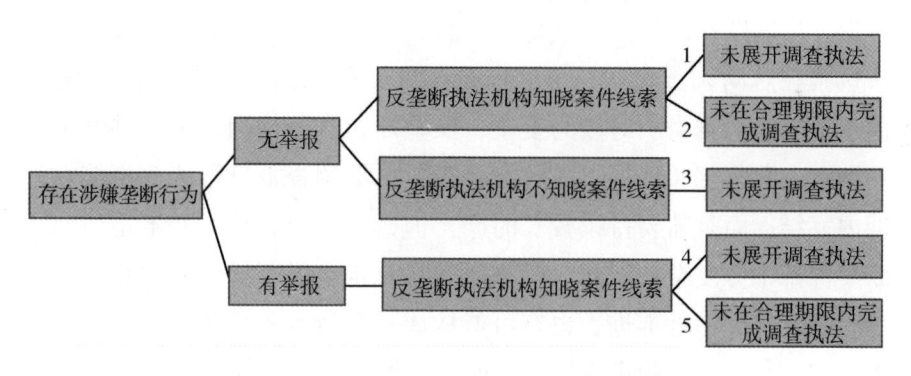

图5-1 反垄断执法机构不作为的具体情形

（一）情形一

在这种情形中，反垄断执法机构知晓存在涉嫌垄断行为，但却并未对此展开相应的反垄断调查和执法。反垄断执法机构知晓这种案件线索，是指依其职权，只要其尽基本勤勉之责就能够发现案件线索，例如市场上某行业的主要经营者的价格突然普遍提高且维持在相同或近似水平，或者针对某经营者所可能存在的滥用市场支配地位行为已经形成了较为广泛的社会舆情，或者反垄断执法机构在查处其他案件的过程中获得了相关的案件线索，等等。以上这些情形本身就是能够证明反垄断执法机构知晓案件线索的证据。例如，在贵州省沿河土家族自治县人民检察院督促履行食品安全监管职责行政公益诉讼案中，涉及的就是执法机关在知晓案件线索的情况下行政不作为的情形。[①]针对反垄断执法机构所存在的这种类型的不作为行为，应当赋予检察机关提起行政公益诉讼的权力，在提起行政公益诉讼之前，检察机关需要首先向反垄断执法机构提出检察建议，并对反垄断执法机构所采取的改正措施进行持续监督，在反垄断执法不积极展开反垄断执法时，检察机关应当向法院提起反垄断行政公益诉讼。

(二) 情形二

在该种情形中，反垄断执法机构知晓案件线索，虽然其已经展开了调查执法，但却未在合理期限内完成调查执法，也即反垄断调查执法长期处于一种没有实质性进展的状态。这种情形自然不同于第一种情形，反垄断执法机构并非处于一种完全不作为的状态，但反垄断执法机构在启动调查之后，可能出于各方面的原因而停滞不前。当然，由于垄断案件本身相对较为复杂，反垄断执法机构通常需要展开大量的调查、收集相关证据，因此，反垄断执法调查本身可能并不能在短期内完结，而是需要持续较长时间。但是，不能否认，并不是所有垄断案件都十分复杂，因此，反垄断执法机构在展开反垄断调查之后并没有展开持续性地推进，也有可能构成一种行政不作为行为。与经营者集中有相对确定的审查期限不同，我国《反垄断法》对涉嫌垄断协议、滥用市场支配地位案件的反垄断调查和执法并没有规定明确的期限。《市场监督管理行政处罚程序暂行规定》第五十七条确定了市场监督管理部门行政处罚的期限。[②]但是，这一规定却并不适用于反垄

---

① (2019) 黔 0624 行初 171 号行政判决书。
② 《市场监督管理行政处罚程序暂行规定》，https：//gkml.samr.gov.cn/nsjg/bgt/201901/t20190102_ 279555.html.

断案件的调查执法。《市场监督管理行政处罚程序暂行规定》第七十七条第三款规定："对违反《中华人民共和国反垄断法》规定的行为实施行政处罚的程序，按照国务院市场监督管理部门专项规定执行。专项规定未作规定的，参照本规定执行。"[1]《禁止垄断协议暂行规定》第三十五条第一款规定："本规定对垄断协议调查、处罚程序未做规定的，依照《市场监督管理行政处罚程序规定》执行，有关时限、立案、案件管辖的规定除外。"[2]《禁止滥用市场支配地位行为暂行规定》第三十八条第一款也作了类似规定[3]，这主要是考虑到垄断案件的复杂性和专业性，往往很难确定统一的期限。

但是，即便垄断案件再复杂，其调查执法也应当有一个相对确定的期限，而不能总以垄断案件复杂等为由而无限期地延长下去。在此，就需要引入一个时间标准，以此认定反垄断执法机构在一定时间内未展开有效反垄断调查执法将构成一种行政不作为行为。显然，并不能提出一个统一的确切时间范围，如三个月内或一年内等，因为垄断案件的复杂程度不同，反垄断调查执法的时间也不同。在实践中，应当根据具体个案所涉及的涉嫌垄断行为类型、复杂程度等来确定相应的合理期限，超出该合理期限，则可以认定反垄断执法机构构成不作为。这种不作为行为将使得市场竞争秩序无法得到有效及时维护，会损害社会公共利益。此时，检察机关可以先行向其提出检察建议，建议其加速反垄断调查执法，避免无限期地延长，从而更好地维护社会公共利益。这也能避免被调查的经营者长期处于一种不安定的状态，或者更好地保护被调查竞争对手竞争者、消费者的利益。如果反垄断执法机构仍然未能在反垄断调查执法方面作出实质性改进，则检察机关可以向法院提起反垄断行政公益诉讼。

---

[1] 《市场监督管理行政处罚程序暂行规定》，https：//gkml. samr. gov. cn/nsjg/bgt/201901/t20190102_ 279555. html.

[2] 《禁止垄断协议暂行规定》，https：//gkml. samr. gov. cn/nsjg/fgs/202203/t20220331_ 340946. html.

[3] 《禁止滥用市场支配地位行为暂行规定》，https：//gkml. samr. gov. cn/nsjg/fgs/202203/t20220331_ 340947. html.

（三）情形三

在该情形中，反垄断执法机构并不知晓存在涉嫌垄断行为，因此并未展开相应的反垄断调查执法。反垄断执法机构的这种"不知晓"，是指其在正常勤勉尽责的情况下仍然无法发现案件线索。因为涉嫌垄断行为本身具有很强的隐蔽性，即便反垄断执法机构尽力搜寻，也并不一定就能够获知存在涉嫌垄断行为的线索。事实上，这也是为什么反垄断法通过垄断协议宽恕制度、举报制度等制度设计来帮助反垄断执法机构获得涉嫌垄断行为案件线索的原因。因此，对于这些极为隐蔽的涉嫌垄断行为，并不能苛求反垄断执法机构完全掌握其案件线索。当然，这并不能成为反垄断执法机构不积极展开案件线索搜寻的理由，即便是对于这些隐蔽性很强的涉嫌垄断行为，反垄断执法机构也应当通过各种方式尽力予以发现。对于这种情形中的反垄断执法机构不作为，尽管从客观上来看确实构成一种不作为，但由于事实上反垄断执法机构尚无法发现案件线索，因此严格来说其并不构成一种不作为。毕竟，不作为主要还是从主观方面进行的一种评判，行政主体主观上存在消极态度。"在法理上，具有作为的主观意愿但没有作为客观条件的情况被排除于行政不作为之外，是一种行政不能行为。"[①] 针对这种情形下的反垄断执法机构不作为，如果检察机关此时也并不知晓涉嫌垄断行为的线索，则根本无从提及向反垄断执法机构提出检察建议，或者提起反垄断行政公益诉讼。但是，如果检察机关在履行职责的过程中或者通过其他途径了解到相关涉嫌垄断行为的案件线索，则可以首先将这些案件线索移交给反垄断执法机构。此时，反垄断执法机构就不再是客观不能知晓涉嫌垄断行为的线索，而是应当积极主动根据检察机关移送的案件线索展开反垄断调查执法。如果检察机关发现反垄断执法机构并未积极展开反垄断调查执法，则可以首先向其提出检察建议，如果反垄断执法机构仍然未采取实质性有效的调查执法措施，

---

① 刘恒、吴堉琳：《行政不作为的行动逻辑及其治理》，载《南京社会科学》2017年第9期。

则检察机关就可以提起反垄断行政公益诉讼。

（四）情形四

在该种情形中，相关主体向反垄断执法机构进行了举报，反垄断执法机构因此而获知了存在涉嫌垄断行为的线索。假定相关主体向反垄断执法机构所进行的举报符合我国《反垄断法》第四十六条第三款的规定，即"举报采用书面形式并提供相关事实和证据"，则反垄断执法机构根据该款规定应当进行必要的调查。《反垄断法》第四十六条第三款之所以对反垄断执法机构根据举报展开必要调查设定一定的前提性条件，即举报人的举报应当"采用书面形式"，并且举报人还需"提供相关事实和证据"，原因就在于实现对举报线索进行甄别与筛选。否则，很有可能导致大量举报线索涌向反垄断执法机构，反垄断执法机构将疲于评估举报线索的价值，这反而会占用反垄断执法机构有限的执法资源。此外，也不排除某些举报人是出于打击竞争对手之目的而进行恶意举报。因此，通过设定一定的举报标准，才能够筛选出那些真正具有价值的举报线索。根据《禁止垄断协议暂行规定》《禁止滥用市场支配地位行为暂行规定》《制止滥用行政权力排除、限制竞争行为暂行规定》，书面举报一般包括下列内容：（一）举报人的基本情况；（二）被举报人的基本情况；（三）涉嫌垄断协议、涉嫌滥用市场支配地位行为、涉嫌滥用行政权力排除限制竞争行为的相关事实和证据；（四）是否就同一事实已向其他行政机关举报或者向人民法院提起诉讼。[1] 根据《经营者集中审查暂行规定》，举报采用书面形式，并提供举报人和被举报人基本情况、涉嫌违法实施经营者集中的相关事实和证据等内容的，市场监管总局应当进行必要的核查。[2] 根据《反垄断法》第四十六条第二款："对涉嫌垄断行为，任何单位和个人有权向反垄断执法机构举报。反垄断执法机构应当为举报人保密。"因此，相关主体依据《反垄断法》第四十六条第三款采取书面

---

[1] 《禁止垄断协议暂行规定》第十六条；《禁止滥用市场支配地位行为暂行规定》第二十四条；《制止滥用行政权力排除、限制竞争行为暂行规定》第十二条。

[2] 《经营者集中审查暂行规定》第四十九条。

形式进行举报时，也应当是向反垄断执法机构进行举报。否则，反垄断执法机构将无法获知举报线索，自然也就无从展开必要的调查。在夏欣诉国家市场监管总局未履行法定职责案中，虽然法院并没有就举报形式问题展开分析，但至少告诫举报者应当直接向反垄断执法机构提出书面举报，否则反垄断执法机构很有可能以此为由而拒绝展开必要的调查。[①] 但就本案而言，笔者认为，原告在12358平台上举报涉嫌价格垄断行为，也可以视作是向当时负责反垄断执法的国家发改委进行了举报，至于如何将举报线索转交给具体负责反价格垄断执法的内设机构，则是国家国家发改委内部机构之间的协调问题。而且，原告在12358平台上进行举报，也属于书面形式。书面形式不仅仅是指纸质形式，而且也包括电子形式。根据我国《民法典》第四百六十九条第二款的规定："书面形式是合同书、信件、电报、电传、传真等可以有形地表现所载内容的形式。"虽然该款主要是关于合同的规定，但是其对于书面形式的界定仍然具有普遍适用性。在该案中，从原告所提供的相关事实及证据来看，也能够大致对被举报人所从事的行为是否涉嫌构成垄断作出初步认定，应该来说还是属于一条具有较大价值的举报线索。但当时的国家发改委却并没有展开相应的反垄断调查。

在该第四种情形中，反垄断执法机构并没有展开必要的调查，因此构成一种行政不作为行为。反垄断执法机构的这种行政不作为主观恶性较大，是一种明显违反《反垄断法》的行为。对于反垄断执法机构的这种不作为行为，检察机关可以首先向其提出展开反垄断调查的检察建议。如果反垄断执法机构仍不听取检察机关的建议，则检察机关可以提起反垄断行政公益诉讼。

（五）情形五

在该情形中，相关主体向反垄断执法机构进行了举报，并且假定举报也符合《反垄断法》第四十六条第三款的规定，反垄断执法机构展开了必要的调查。但是，与第二种情形类似，反垄断执法机构并没

[①] （2018）京01行初1220号行政裁定书。

有在合理期限内完成反垄断调查执法。这虽然在形式上不构成不作为，因为反垄断执法机构启动了反垄断调查执法，并且也可能或多或少地展开了一定的反垄断调查，但是，由于反垄断执法机构未在合理期限内完成反垄断调查执法，从而在实质上构成一种行政不作为行为。不过，反垄断执法机构的行为是否构成一种实质性的不作为，关键在于对合理期限的认定。在杭州格凯公司诉国家市场监管总局一案中，北京市一中院支持了国家市场监管总局的抗辩，认为法律、法规或规章并没有对反垄断调查执法规定明确的时限，而且国家市场监管总局也确实在展开核查，因此其并不构成一种不作为。[①] 不可否认，在被提起诉讼之前，国家市场监管总局可能一直在持续展开核查，因此从形式上来看确实不构成一种不作为，而且，格凯公司期望国家市场监管总局在两个月内就能够"履行法定职责"——在格凯看来应当是认为国家市场监管总局应依法查处玉柴公司的垄断行为并作出处罚决定——也确实不太现实。但是，正如前文所述，反垄断执法机构的这种调查执法不能一直无限期地持续下去，如果超出合理期限，即便反垄断执法机构可能并没有中止调查，也将构成一种实质性的不作为。

对于如何认定反垄断执法机构构成行政不作为，最高人民法院曾以裁判要旨的形式阐明了其态度。最高人民法院认为："法律、法规和规章未对反垄断书面举报的调查设定期限的，可以综合考虑作为调查对象的涉嫌垄断行为的行为性质、调查难度、调查范围等因素确定反垄断执法机构履行法定职责的合理期限。当事人于反垄断执法机构履行法定职责的合理期限内提起行政诉讼，主张反垄断执法机构构成行政不作为的，不予支持。"[②] 遗憾地是，截至本书付梓之时，最高人民法院仍然没有公布该判决文书全文，而仅披露了裁判要旨。目前虽然尚不能确定最高人民法院所审理的该案就是上述案件中杭州格凯公司因不服北京市一中院判决而提起的上诉（根据"飞跃上诉"机制，

[①] （2020）京01行初309号行政判决书。
[②] （2021）最高法知行终112号，引自《最高人民法院知识产权法庭裁判要旨摘要（2021）》，载《人民法院报》2022年3月1日第4版。

最高人民法院知识产权庭统一审理反垄断二审案件），但从案件所涉及的核心问题即如何认定反垄断执法机构构成行政不作为来看，最高人民法院审理的该案至少是对与杭州格凯诉国家市场监督管理总局同类型案件裁判审理思路的确立。最高人民法院在裁判要旨中明确，在法律、法规和规章未对反垄断书面举报调查设定期限的情况下，反垄断执法机构所展开的调查执法也不能无限期进行下去，而是要由法院确定一个履责的合理期限。最高人民法院并没有统一确定该合理的期限究竟应当为多长，而是事实上指出应当在个案中结合涉嫌垄断行为的行为性质、调查难度、调查范围等因素来综合确定。如果反垄断执法机构的调查执法仍然在该期限范围内，则法院将不会支持原告（同时也是举报人）认为反垄断执法机构构成行政不作为的主张。据此，如果超出了所确定的合理期限，则反垄断执法机构的行为将构成一种行政不作为。虽然最高人民法院确定了这一审理思路和裁判方法，但仍然十分模糊，指导意义并不强。可以预见，今后一审法院在审理类似的案件时，可能仍然会遵循上述案件中北京市第一中级人民法院的认定思路，即只要反垄断执法机构能够举证其并没有中断反垄断调查执法，就不能认定其构成行政不作为。之所以如此，是因为法院往往会对反垄断执法机构的专业执法予以尊重，尽可能避免干预反垄断执法机构的执法。因此，最终的结果可能是反垄断执法机构实质性的不作为即无限期地展开反垄断调查执法将很难被法院认定为是一种行政不作为行为，从而无法受到有效制约。

  笔者认为，尽管垄断案件确实相对复杂，但这并不能成为不对反垄断执法机构的调查执法施加时间限制的绝对正当理由。我国对同属于垄断行为的经营者集中反垄断审查规定了审查时限。根据我国《反垄断法》第三十条和第三十一条的规定，正常而言，国务院反垄断执法机构审查经营者集中案件应当在180日内完成。但是，对于某些较为复杂的经营者集中案件，经营者集中审查就很难在反垄断法所规定的180日内审结完成。为了规避反垄断法的规定，据实务界律师介绍，对于这些无法在180日内审结的经营者集中案件，往往会撤回重报，有的甚至出现了两次重报。[①] 对于这些无法在180日内审结完成的附条件批准案件，如果算上撤回重报的时间，则最终审查的时间可能为360日，对于少数两次重报的案件，则最终审查时间理论上可能长达540日。不过，随着2022年修改后的《反垄断法》第三十二条引入了经营者集中审查"停表"制度，在很大程度上能够解决经营者集中反垄断审查的时限限制问题。但"停表"制度的引入，也意味着除了触发"停表"条件的情形外，反垄断执法机构应严格遵守《反垄断法》所规定的180日审结期限。笔者认为，即便是引入了"停表"制度，经营者集中反垄断审查的时间加上"停表"的时间，最终的审查时长仍然不应超过引入"停表"之前的最长时长。因为"停表"制度的引入，主要是为了将出现特定情形时中止计算经营者集中审查期限合法化，避免在之前过于严格死板的固定审查期限内，反垄断执法机构和经营者为了进行规避而采取的种种有损反垄断法制度严肃性的行为。"停表"制度并非是要进一步延长引入该制度之前的事实上的最长审查时长。因此，即便考虑到"停表"，经营者集中审查的最长时长基本上也不应超过540日。因此，如果相关主体向反垄断执法机构举报经营者违法实施集中，反垄断执法机构决定对其展开调查，但经营者集中反垄断审查的时限包括"停表"时间超过540日的话，则反垄断执法机构将很有可能构成一种行政不作为。

但是，垄断协议和滥用市场支配地位的审查在性质上与经营者集中审查存在明显的区别，经营者集中反垄断审查主要是一种预测性分析，评估经营者集中所可能具有的排除、限制竞争效果。而垄断协议和滥用市场支配地位行为的反垄断审查，则主要是一种事后分析，即对可能涉嫌构成垄断协议或滥用市场支配地位行为的排除、限制竞争效果进行评估。这种事后的评估更多地要求反垄断执法机构从已然发生的事实中去寻找案件线索与证据。反垄断执法机构掌握的事实越清

[①] 参见屈丽丽《专访资深反垄断律师周越：企业应以战略高度看待合规问题》，载《中国经营报》2022年1月17日第A5版。

晰、全面，收集的证据越充分，就越能准确评估涉案行为是否具有排除、限制竞争效果，并进而认定涉案行为是否构成垄断协议以及滥用市场支配地位行为。因此，这种事后分析更多的是一种静态的分析。但经营者集中反垄断审查的事前预测性评估则不同。反垄断执法机构主要依据经营者所提供的相关文件、资料以及反垄断执法机构通过其他途径所获得的信息来进行审查。即便经营者所提供的文件、资料准确，也并不意味着反垄断执法机构就一定能够作出正确的评估，因为经营者集中需要反垄断执法机构对未来市场的竞争状况展开预测，这更多的是一种动态的分析。然而对未来市场竞争状况进行预测，则对反垄断执法机构提出了很高的要求。从这种意义上来说，经营者集中案件的审查要比垄断协议和滥用市场支配地位案件的审查更为复杂。当然，由于某些经营者集中对市场竞争的影响极小，例如参与集中的一方经营者的市场份额非常之小，或者经营者集中并没有实质性改变市场结构本身，因此这些经营者集中往往不会产生排除、限制竞争效果从而被认定为简易案件，这些案件的审查自然相对简单。笔者此处所言的更为复杂的经营者集中案件，主要是指那些可能需要附加限制性条件或者被禁止的经营者集中案件。这些案件的反垄断审查要比垄断协议和滥用市场支配地位案件的审查更为复杂，因而也需要更多的审查时间。因此，如果以复杂的经营者集中案件反垄断审查作为参考标准的话，则垄断协议和滥用市场支配地位案件的反垄断审查也不能超过复杂的经营者集中案件审查的最长时限，也即540日。

　　对于垄断协议以及滥用市场支配地位案件反垄断调查执法的合理期限，除了可以参照经营者集中反垄断审查的最长时限以外，还可以以反垄断执法机构已经查处的典型案件所花费的时间作为重要参考。之所以选择典型案件，是因为典型案件相较于普通案件通常更为复杂，反垄断执法机构查处典型案件必然要投入更多的执法资源，花费更长的时间。当然，一个案件是否能够构成典型案件，通常是需要通过时间的"沉淀"才能够确定的，正如经典的著作往往要经过千百年的时间检验才能最终成其为经典。就典型的垄断案件来说，认定其为经典案件，笔者认为有两个方面的判断标准。一是案件提出了新的理论，或者明确了法律适用的具体规则等；二是案件本身具有很大的影响力，这既可能是由于涉案企业具有很高的社会知名度，也可能是因为案件处罚金额非常之高，当然这二者往往是相伴随的。在我国反垄断法实施仍属初期的阶段，典型的反垄断案件往往以第二标准为主。"举重以明轻"，如果普通案件的调查执法时间超过了典型案件的调查执法时间，则可以初步认定其超出了合理时限，除非有特别理由，否则可以推定反垄断执法机构构成行政不作为。一般来说，相较于垄断协议案件，[1] 滥用市场支配地位案件的查处要更为复杂，因为滥用市场支配地位案件的分析涉及相关市场的界定、市场支配地位的认定等，而这往往是十分困难的。因此，笔者在此不再分别考察反垄断执法机构查处典型的垄断协议案件以及典型的滥用市场支配地位案件所花费的时间，而仅考察典型的滥用市场支配地位案件。滥用市场支配地位领域的典型案件，根据上文所分析的"影响力"标准，就目前而言，最为典型的案件莫过于国家市场监管总局所查处的阿里巴巴案以及美团案。根据行政处罚决定书的披露，国家市场监管总局查处阿里巴巴案共花费了约 5 个月的时间[2]，查处美团案共花费了约 6 个月的时间[3]。取二者更长者，为约 6 个月。因此，鉴于这两起案件的典型性，可以推定，反垄断执法机构查处滥用市场支配地位案件以及垄断协议案件的最长时限应当为 6 个月。

当然，有观点可能指出，这两起案件的查处有其特殊的政策背景，因此不具有代表性。不可否认，国家市场监管总局查处阿里巴巴案以及美团案，确实是为了对此前中央"强化反垄断和防止资本无序扩张"政策要求的回应。而作为中央反垄断执法机构的国家市场监管总

---

[1] 笔者此处所指的垄断协议案件，是指反垄断执法机构已经获知相关案件线索的涉嫌垄断协议案件，而非指那些尚未进入反垄断执法机构视野的涉嫌垄断协议行为，因为垄断协议本身具有很强的隐蔽性，反垄断执法机构主动去发现那些具有很强隐蔽性的涉嫌垄断协议行为是极为困难的。

[2] 参见国市监处〔2021〕28 号行政处罚决定书。

[3] 参见国市监处罚〔2021〕74 号行政处罚决定书。

局，则更是需要作出表率。因此，国家市场监管总局可能确实集本部门以及相关地方反垄断执法机构的执法资源，对阿里巴巴、美团涉嫌滥用市场支配地位行为展开了集中调查，从而能够在如此之短的时间内在此前很难想象能够展开反垄断执法的领域查处如此重大的两起案件。从这种意义上来说，对于其他不可能具有如此大影响力的普通垄断案件，无论是中央还是地方反垄断执法机构都不太可能集中如此之多的执法资源展开调查执法，因此也就基本上不可能在6个月内查处完毕。但是，其他的普通案件之所以"普通"，也主要在于其不太可能像阿里巴巴、美团案那样复杂，因此，即便反垄断执法机构无法投入如此多的执法资源，也应当期待其能够在6个月内查处完毕。也即，普通垄断案件相较于阿里巴巴、美团等案而言更低的复杂程度，应当能够"冲抵"反垄断执法机构在阿里巴巴、美团等案中所投入的更多的执法资源因素，因此，综合权衡之下，反垄断执法机构投入更多的执法资源——因而是超常的执法资源——查处更为复杂的垄断案件所花费的时间，应当与反垄断执法机构投入正常的执法资源查处相较而言复杂程度更低的垄断案件所花费的时间，二者应当是大致持平的。总之，笔者认为对于垄断协议案件以及滥用市场支配地位案件，反垄断执法机构调查执法的合理期限最长为6个月。

综上，在第五种情形中，也即相关主体向反垄断执法机构进行了书面举报并提供了相关事实与证据，反垄断执法机构据此展开了调查，但反垄断执法机构并没有在合理期限内完成调查执法。经过上文分析，笔者针对不同垄断行为反垄断调查执法的合理期限展开了分析，并提出了具体的可供参考的期限标准，认为垄断协议以及滥用市场支配地位案件反垄断调查执法的合理期限最长为6个月，而经营者集中反垄断审查的合理期限最长为540日。如果反垄断执法机构未能在合理期限内完成对涉嫌垄断行为的调查执法，则可推定其构成行政不作为。对此，检察机关可以首先向反垄断执法机构提出尽快完成反垄断调查的检察建议，并可以明确给予反垄断执法机构一定的宽限期限。如果反垄断执法机构仍不听取检察机关的建议，或者仍未在检察机关所给予的宽限期限内完成反垄断调查执法，则检察机关可以提起反垄断行政公益诉讼。

第三节　检察机关提起反垄断行政公益诉讼管辖

检察机关提起反垄断行政公益诉讼的对象，既包括行政机关滥用行政权力排除、限制竞争的行为，也包括反垄断执法机构的乱作为或不作为行为，但检察机关针对这两种不同类型的行政行为提起反垄断行政公益诉讼，所涉及的检察机关立案管辖和法院管辖并不完全相同。

一　针对行政垄断提起反垄断行政公益诉讼的管辖

滥用行政权力排除、限制竞争行为的行政机关并没有级别"限制"，基层行政机关也可能从事这种滥用行为，并对其管辖区域内的市场竞争产生排除、限制效果。例如，在广西壮族自治区市场监管局纠正灵川县交通运输局滥用行政权力排除、限制竞争行为一案中，灵川县交通运输局作为灵川县政府的组成部分，属于基层行政机关，也能够从事行政垄断行为。[1] 对于行政机关滥用行政权力排除、限制竞争的行为，检察机关提起反垄断行政公益诉讼，应当首先确定立案管辖的人民检察院。《人民检察院公益诉讼办案规则》第十三条第一款规定："人民检察院办理行政公益诉讼案件，由行政机关对应的同级人民检察院立案管辖。"如何理解该款中的"行政机关对应的同级人民检察院"？主要涉及的是当行政机关是人民政府时，其是否包含本级人民政府的组成部分？如果包含本级人民政府的组成部门，那么针对本级人民政府组成部门所从事的行政垄断行为提起反垄断行政公益诉讼，则应当由本级人民政府所对应的同级人民检察院，例如针对某

---

[1] 参见"2022年制止滥用行政权力排除、限制竞争执法专项行动案件（第二批）"，2022年7月29日，载国家市场监管总局网站：https：//www.samr.gov.cn/jzxts/tzgg/qlpc/202207/t20220729_349015.html。

地级市的财政部门提起反垄断行政公益诉讼,则应当由该地级市人民政府所对应的同级人民检察院即该设区的市级人民检察院进行立案管辖。如果第十三条第一款中的行政机关不包括本级政府组成部门,那么在前例中就应当由与本级政府组成部门所对应的同级人民检察院也即基层人民检察院立案管辖。从字义上来理解,行政机关如果是指政府的话,那么应不包括本级政府的组成部门。当然,在实践中,由于原告在起诉政府组成部门时,往往会同时起诉本级政府,因此很难根据受理法院的级别来判断行政诉讼司法实务中是否将本级政府和本级政府的组成部门视为同一"行政机关"。不过,笔者经过检索,还是发现了一起原告仅起诉政府组成部门的案例。在李克智诉鞍山市卫生健康委员会、辽宁省卫生健康委员会一案中,原告向鞍山市中级人民法院提起诉讼。由于辽宁省卫生健康委员会是行政复议机关,因此根据《最高人民法院关于适用〈中华人民共和国行政诉讼法〉的解释》第一百三十四条第三款"复议机关作共同被告的案件,以作出原行政行为的行政机关确定案件的级别管辖。"因此仍然应当以鞍山市卫生健康委员会来确定案件的级别管辖。如果将鞍山市卫生健康委员会与鞍山市人民政府视为是同一行政机关,那么显然根据《行政诉讼法》第十五条的规定①,管辖法院就应当是鞍山市中级人民法院。但鞍山市中级人民法院认为,原告就本案提起行政诉讼,依法不属于鞍山市中级人民法院管辖,因此驳回了原告的起诉,并在该裁定生效后,依法移送有管辖权的基层人民法院管辖处理。② 类似的还有何建初诉宁波杭州湾新区开发建设管理委员会案。③ 因此,无论是从字义解释,还是从司法实践中的做法来看,对于《人民检察院公益诉讼办案规则》

---

① 《行政诉讼法》第十五条规定:"中级人民法院管辖下列第一审行政案件:(一)对国务院部门或者县级以上地方人民政府所作的行政行为提起诉讼的案件;(二)海关处理的案件;(三)本辖区内重大、复杂的案件;(四)其他法律规定由中级人民法院管辖的案件。"

② (2021)辽03行初70号行政裁定书,参见"北大法宝"https://www.pkulaw.com/pfnl/c05aeed05a57db0ab99c1df9e6aac6eba9694fbd6dc57510bdfb.html?way=listView。

③ (2021)浙02行初93号行政裁定书,参见"北大法宝"https://www.pkulaw.com/pfnl/c05aeed05a57db0a39a4cd7922872fd8550f8197eb86f17dbdfb.html?way=listView。

第十三条第一款中所规定的行政机关，应当将本级人民政府和其组成部门予以区分。

由于乡级人民政府及其组成部门、县级人民政府组成部门并没有与其对应的同级人民检察院，因此如果这些行政主体从事行政垄断行为，则只能由基层人民检察院立案管辖。这也是司法实践中做法。例如，在吉林省德惠市人民检察院督促履行环境保护监管职责行政公益诉讼起诉案中，德惠市人民检察院针对德惠市朝阳乡人民政府的不作为行为，在提出检察建议书后仍未有效整改的情况下，向德惠市人民法院提起了行政公益诉讼。① 对于县级人民政府所从事的行政垄断行为，则由对应的同级人民检察院即基层人民检察院立案管辖。对于地级市人民政府组成部门所从事的行政垄断行为，由对应的同级人民检察院即基层人民检察院立案管辖，而地级市人民政府所从事的行政垄断行为，则应当由设区的市级人民检察院立案管辖。对于省级人民政府组成部门从事的行政垄断行为，由对应的同级人民检察院即设区的市级人民检察院立案管辖，而省级人民政府所从事的行政垄断行为，则由省级人民检察院立案管辖。如果是国务院组成部门所从事的行政垄断行为，则由省级人民检察院立案管辖。② 此外，根据《人民检察院公益诉讼办案规则》第十三条第二款，"行政机关为人民政府，由上一级人民检察院管辖更为适宜的，也可以由上一级人民检察院立案管辖。"因此，如果是由县级人民政府、地级市人民政府、省级人民政府从事行政垄断行为，如更为适宜，则也可以分别由设区的市级人民检察院、省级人民检察院、最高人民检察院进行立案管辖。

在确定检察机关的立案管辖后，接下来要确定管辖法院。根据《最高人民法院、最高人民检察院关于检察公益诉讼案件适用法律若干问题的解释》第五条第二款，"基层人民检察院提起的第一审行政

---

① "检察公益诉讼起诉典型案例"，2021年9月15日，载最高人民检察院网站：https://www.spp.gov.cn/xwfbh/dxal/202109/t20210915_529545.shtml.

② 通常认为，中央人民政府即国务院并不会从事行政垄断行为，因此在此不予讨论。

公益诉讼案件,由被诉行政机关所在地基层人民法院管辖。"这符合《行政诉讼法》第十四条的规定。① 在确定管辖法院时,仍然要遵循《行政诉讼法》的规定。因此,根据《行政诉讼法》第十四条规定,第一审行政案件由基层人民法院管辖,这当然也包括检察机关提起的行政公益诉讼案件。因此,人民检察院提起的反垄断行政公益诉讼案件,第一审的管辖法院原则上都为基层人民法院,具体而言,是由被诉行政机关所在地的基层人民法院进行管辖。根据《行政诉讼法》第十五条,如果是国务院部门从事行政垄断行为,或者县级以上地方人民政府从事垄断行为,那么管辖的法院应当为中级人民法院。由于第十五条仅规定"县级以上地方人民政府",根据法的解释可知,应当仅限定为县级人民政府、地级市人民政府和省级人民政府,而不包括这些地方政府的组成部门。另外,如果是发生在中级人民法院管辖范围内的重大、复杂行政垄断案件,那么管辖法院也为中级人民法院。2016年2月25日,最高人民法院制定通过的《人民法院审理人民检察院提起公益诉讼案件试点工作实施办法》第十五条第二款也规定:"人民检察院对国务院部门或者县级以上地方人民政府所作的行政行为提起公益诉讼的案件以及本辖区内重大、复杂的公益诉讼案件由中级人民法院管辖。"根据《行政诉讼法》第十六条②,如果是高级人民法院管辖区内的重大、复杂行政垄断案件,则由高级人民法院进行管辖。相应的,根据《行政诉讼法》第十七条③,如果是全国范围内的重大、复杂行政垄断案件,则由最高人民法院进行管辖。

为了更加清晰地展示检察机关针对行政垄断行为提起反垄断行政公益诉讼的检察院立案管辖和管辖法院,绘制下表5-1:

---

① 《行政诉讼法》第十四条规定:"基层人民法院管辖第一审行政案件。"
② 《行政诉讼法》第十六条规定:"高级人民法院管辖本辖区内重大、复杂的第一审行政案件。"
③ 《行政诉讼法》第十七条规定:"最高人民法院管辖全国范围内的重大、复杂的第一审行政案件。"

表5-1　检察机关针对行政垄断行为提起反垄断行政公益诉讼的管辖

从事行政垄断行为的行政机关	立案管辖的检察院	一审管辖法院
国务院组成部门	省级人民检察院	中级人民法院
省级人民政府	省级人民检察院； 最高人民检察院（如更为适宜）	中级人民法院
省级人民政府组成部门	设区的市级人民检察院	基层人民法院
地市级人民政府	设区的市级人民检察院； 省级人民检察院（如更为适宜）	中级人民法院
地市级人民政府组成部门	基层人民检察院	基层人民法院
县级人民政府	基层人民检察院； 设区的市级人民检察院（如更为适宜）	中级人民法院①
县级人民政府组成部门；乡政府及其组成部门	基层人民检察院	基层人民法院

不过，在表5-1中，立案管辖的人民检察院与人民法院诉讼管辖级别并不对应，检察院只能向同级人民法院提起诉讼。《人民检察院公益诉讼办案规则》第十六条规定："人民检察院立案管辖与人民法院诉讼管辖级别、地域不对应的，具有管辖权的人民检察院可以立案，需要提起诉讼的，应当将案件移送有管辖权人民法院对应的同级人民检察院。"这实际上是案件的移送管辖。这既可以发生在同级检察院之间，也可以发生在上下级检察院之间。因此，根据移送管辖的相关规定，对表5-1作相应的调整如下，见表5-2：

表5-2　检察机关针对行政垄断行为提起反垄断
行政公益诉讼的管辖（调整后）

从事行政垄断行为的行政机关	立案管辖的检察院	移送管辖提起诉讼的检察院	一审管辖法院
国务院组成部门	省级人民检察院	省级人民检察院移送至设区的市级人民检察院	中级人民法院

---

① 需要说明的是，如果是县级人民政府从事行政垄断行为，由基层人民检察院提起反垄断行政公益诉讼，那么根据《最高人民法院、最高人民检察院关于检察公益诉讼案件适用法律若干问题的解释》第五条第二款的规定，一审的管辖法院应当为基层人民法院。但是，根据《行政诉讼法》第十五条的规定，对县级以上人民政府所从事的行政行为提起诉讼的，一审管辖法院为中级人民法院。笔者认为应当根据《行政诉讼法》的规定，由中级人民法院进行管辖。

续表

从事行政垄断行为的行政机关	立案管辖的检察院	移送管辖提起诉讼的检察院	一审管辖法院
省级人民政府	省级人民检察院；最高人民检察院（如更为适宜）	最高、省级人民检察院移送至设区的市级人民检察院	中级人民法院
省级人民政府组成部门	设区的市级人民检察院	移送至基层人民检察院	基层人民法院
地市级人民政府	设区的市级人民检察院；省级人民检察院（如更为适宜）	省级人民检察院移送至设区的市级人民检察院	中级人民法院
地市级人民政府组成部门	基层人民检察院	无需上下级移送，可能涉及同级移送	基层人民法院
县级人民政府	基层人民检察院；设区的市级人民检察院（如更为适宜）	基层人民检察院移送至设区的市级人民检察院	中级人民法院
县级人民政府组成部门；乡政府及其组成部门	基层人民检察院	无需上下级移送，可能涉及同级移送	基层人民法院

二 针对反垄断执法机构提起反垄断行政公益诉讼的管辖

如果检察机关是针对反垄断执法机构的违法作为或者不作为提起反垄断行政公益诉讼，则由于我国反垄断执法体制的特殊而有所不同。我国在地方的反垄断执法机构仅为省级市场监管部门。根据《人民检察院公益诉讼办案规则》第十三条第一款规定，如果省级市场监管部门在反垄断中存在乱作为或者不作为，那么应当由省级市场监管部门同级的人民检察院即设区的市级人民检察院立案管辖。由设区的市级人民检察院向被诉行政机关所在地基层人民法院提起反垄断行政公益诉讼。同样根据《人民检察院公益诉讼办案规则》第十六条移送管辖的规定，设区的市级人民检察院应当将案件移送至基层人民检察院提起诉讼。不过,对于针对省级反垄断执法机构提起行政诉讼,有学者却认为应当由中级人民法院管辖。"依据《行政诉讼法》以及最高人民法院有关司法解释的规定,在一般情况下,对国务院反垄断执法机构做出的决定提起的第一审行政诉讼案件由北京的中级人民法院审理,而对经授权的省一级相关机构所做出的决定提起的第一审行政诉讼案件由相关省会所在地的市或直辖市的中级人民法院审理。"[1] 笔者认为这种观点不符合《行政诉讼法》第十五条的规定。因为省级反垄断执法机构作为省级人民政府的组成部门,并不能适用第十五条第(一)项的规定由中级人民法院进行管辖。"省级反垄断执法机构,作为省一级的人民政府具体职能部门,第一审反垄断行政纠纷案件的管辖法院是该部门所在地的基层人民法院。"[2] 因此,严格依据《行政诉讼法》的规定,应当由基层人民法院审理针对省级反垄断执法机构所提起的行政诉讼。"但是,基层人民法院的反垄断行政审判人才匮乏、经验不足,甚至有时行政审判合议庭的组成缺乏专业性,往往是一个行政审判庭的法官和两名人民陪审员,造成反垄断行政审判的质量难尽如人意。实践中,反垄断行政诉讼并非全部由基层人民法院进行管辖,也有省级反垄断执法机构在行政处罚决定书中直接载明可以向中级人民法院提起行政诉讼,但这与当前的法律规定不符。"[3] 总之,严格依据《行政诉讼法》等法律,针对省级市场监管部门的反垄断执法提起反垄断行政公益诉讼,管辖法院应当为基层人民法院。同样地,根据《人民检察院公益诉讼办案规则》以及《行政诉讼法》等的规定,如果检察机关针对国家市场监管总局的反垄断不作为或乱作为提起行政公益诉讼,应当由省级人民检察院立案管辖,管辖法院为基层人民法院,省级人民检察院应当将案件移送至基层人民检察院提起诉讼。

由基层人民法院审理检察机关针对国家市场监管总局以及省级市场监管部门的反垄断执法提起的行政诉讼,尽管从法律上来说是正当

---

[1] 游钰:《论反垄断执法的司法审查》,载《中国法学》2013年第6期。
[2] 刘克江:《论反垄断行政纠纷解决的程序问题》,载《中国法律评论》2019年第6期。
[3] 刘克江:《论反垄断行政纠纷解决的程序问题》,载《中国法律评论》2019年第6期。

的，但是，从案件复杂程度的实际而言，又可能确实超出了基层人民法院的审理能力范围。针对国家市场监管总局及省级市场监管部门涉嫌构成反垄断不作为的判断可能还相对简单一些，不会特别复杂，但是，针对这些执法机构的乱作为，或者更为准确地说，针对这些执法机构反垄断执法合理性的判断，则要涉及大量的反垄断专业知识，而这则正是基层人民法院所欠缺的。事实上，对于反垄断民事纠纷案件的审理，最高人民法院就考虑到基层人民法院在审理时所存在的障碍。2012年最高人民法院制定反垄断司法解释即《最高人民法院关于审理因垄断行为引发的民事纠纷案件应用法律若干问题的规定》，就将第一审垄断民事纠纷案件的管辖法院确定为中级人民法院。该《规定》第三条第一款规定："第一审垄断民事纠纷案件，由省、自治区、直辖市人民政府所在地的市、计划单列市中级人民法院以及最高人民法院指定的中级人民法院管辖。"尽管该条第二款也规定："经最高人民法院批准，基层人民法院可以管辖第一审垄断民事纠纷案件。"但是，据笔者在"中国裁判文书网"上检索，涉及基层人民法院的垄断纠纷民事案件共15件，去除实际与反垄断无关的几个案件、未公开的案件以及准予撤诉的案件以外，在剩余的案件中，基层人民法院都依据反垄断司法解释第三条的规定认定本院没有管辖权，应当由相应的中级人民法院管辖。例如在湖南君霖泰建设有限公司益阳分公司、湖南益阳南方新材料科技有限公司等滥用市场支配地位纠纷一案中，湖南省益阳市赫山区人民法院经审理认为，本案为滥用市场支配地位纠纷，依据《最高人民法院关于审理因垄断行为引发的民事纠纷案件应用法律若干问题的规定》第三条第一款，本院对本案没有管辖权，最终裁定本案移送湖南省长沙市中级人民法院处理。① 也就是说，在司法实践中，基层人民法院并没有实质性地审理垄断民事纠纷案件，最高人民法院也没有依据反垄断司法解释第三条第二款的规定批准基层人民法院管辖第一审垄断民事纠纷案件。2020年12月29日，最高人民法

---

① （2022）湘0903民初5070号民事裁定书。

院对《最高人民法院关于审理因垄断行为引发的民事纠纷案件应用法律若干问题的规定》进行了修正，根据我国已经设立知识产权法院的实际，将知识产权法院列入第一审垄断民事纠纷案件的管辖法院，另外还删除了原反垄断司法解释第三条第二款，这表明最高人民法院完全将基层人民法院排除在第一审垄断民事纠纷案件的管辖法院之外。由此观之，对于针对反垄断执法机构反垄断执法而提起的行政诉讼包括行政公益诉讼，也不应当由基层人民法院审理。

2021年6月2日，最高人民法院制定通过了《最高人民法院关于垄断行政案件管辖问题的通知》，其中规定："一、对国务院反垄断执法机构涉及反垄断的行政行为依法提起诉讼的第一审行政案件，由北京知识产权法院管辖。二、对省、自治区、直辖市人民政府反垄断执法机构涉及反垄断的行政行为或者省、自治区、直辖市人民政府所作反垄断行政复议决定依法提起诉讼的第一审行政案件，由省、自治区、直辖市人民政府所在地具有垄断民事案件管辖权的中级人民法院管辖、知识产权审判部门审理；设立知识产权法院的，由其管辖。"该《通知》明确了，针对反垄断执法机构的反垄断执法所提起的行政诉讼，管辖法院应当为知识产权法院和中级人民法院。当然这主要针对的是反垄断行政私益诉讼。笔者认为，将来建立检察机关提起反垄断行政公益诉讼之后，检察机关针对国务院反垄断执法机构以及省级反垄断执法机构的反垄断执法行为提起反垄断行政公益诉讼，管辖法院也可以参照该《通知》的规定。同样可以通过下表来清楚予以展现，见表5-3。

表5-3　　　　检察机关针对反垄断执法行为提起反垄断
行政公益诉讼的管辖

反垄断不作为或乱作为的反垄断执法机构	立案管辖的检察院	移送管辖提起诉讼的检察院	一审管辖法院
国务院反垄断执法机构	省级人民检察院	北京市人民检察院第一分院	北京知识产权法院
省级反垄断执法机构	设区的市级人民检察院	无需上下级移送，可能涉及同级移送	中级人民法院/知识产权法院

需要说明的是，检察机关针对行政垄断行为和针对反垄断执法机构的执法行为提起反垄断行政公益诉讼，管辖法院存在较大的区别，涉及的最主要是基层人民检察院是否能够管辖。在行政垄断案件中，基层人民法院享有管辖权，因为行政垄断行为尽管也涉及垄断，但毕竟是一种行政权力滥用的行为，这与其他被提起行政诉讼的可能涉嫌违法或不合理的行政行为没有本质的区别。《行政诉讼法》第十二条第一款关于人民法院受理行政诉讼的范围的规定，就将公民、法人或者其他组织"认为行政机关滥用行政权力排除或者限制竞争的"与其他受理情形规定在同一款中，表明这些情形在性质上都是相同的，都可能涉及行政权力的违法或不当行使。因此，基层人民法院主要还是审理涉嫌从事行政垄断的行政机关的行为是否构成一种行政权力的滥用，而这与其他类型的行政诉讼审理类似，并没有超出基层人民法院的能力范围。而检察机关针对反垄断执法机构的反垄断执法行为提起的行政公益诉讼则不同，尽管被告也为行政机构，但法院最终所要实质审理的并非是行政垄断，而是经济垄断，或者准确地说，是审理反垄断执法机构对经济垄断行为的认定是否正确或合理。而经济垄断行为的认定，则超出了基层人民法院的能力范围，这也是为什么最高人民法院将针对反垄断执法行为提起反垄断行政诉讼案件的管辖法院确定为知识产权法院和中级人民法院的原因，最高人民法院甚至将民事垄断案件的管辖法院也仅限定为知识产权法院和中级人民法院，最终排除了基层人民法院经批准审理一审垄断民事纠纷的可能。

第四节 检察机关提起反垄断行政公益诉讼与现行反垄断法实施机制的协调

检察机关提起反垄断行政公益诉讼是一种"官告官"的表现，与其相关的现行反垄断法实施机制分别是反垄断行政执法即"官查民"，以及反垄断行政私益诉讼即"民告官"。如果引入检察机关提起反垄断行政公益诉讼，则也必须处理好其与反垄断行政执法以及反垄断行政私益诉讼之间的关系。同时，根据针对的是反垄断行政执法本身还是行政垄断，又可以作具体区分。

一 检察机关提起反垄断行政公益诉讼与反垄断行政执法之间的关系

（一）针对反垄断执法本身

检察机关提起反垄断行政公益诉讼的前提是反垄断执法机构存在乱作为或不作为的情形，提起反垄断行政公益诉讼的目的也旨在于纠正反垄断执法机构的这种乱作为或不作为。然而，并不能期待反垄断执法机构自身有效纠正这种可能构成违法的乱作为或不作为。当然，这并不是否定反垄断执法机构自身具有自我纠错的可能，只是并不能完全依赖于此。上级反垄断执法机构的纠正——如果存在的话——不在此处的探讨范围之内。

针对反垄断执法机构的乱作为提起反垄断行政公益诉讼，存在检察机关对反垄断执法机构执法的尊重问题。如果检察机关认定反垄断执法机构的执法是一种乱作为，则表明检察机关对反垄断执法机构的专业性执法作出了否定性的判断，这要求检察机关在反垄断问题的判断方面要比反垄断执法机构更加专业，而这在实践中存在一定困难，因为一般来说，检察机关在反垄断方面的专业性要弱于反垄断执法机构。因此，除非检察机关有充分的证据能够证明反垄断执法机构存在乱作为，否则一般不应提起反垄断行政公益诉讼。

针对反垄断执法机构的不作为行为提起反垄断行政公益诉讼，也需要对反垄断执法机构不作为的原因展开分析。因为在反垄断行政执法资源有限而垄断行为数量巨大的情况下，反垄断执法机构的这种不作为可能是因为客观原因而未能予以关注。在这种情况下，如果检察机关直接提起反垄断行政公益诉讼，能够实现的最好的诉讼结果也就是要求反垄断执法机构展开执法，而这原本可以通过更为简便的程序即检察机关向反垄断执法机构提出检察建议的方式而得以实现。因此，如果确实有证据证明反垄断执法机构是因为未掌握有关垄断行为的信息而未展开执法的话，则检察机关不应当直接提起反垄断行政公益诉讼，而是应当向反垄断执法机构提出检察建议。当然，在我国现行的检察机关提起行政公益诉讼的制度之下，检察机关原本也不能径直提起行政公益诉讼，而是应当先行向行政机关提出检察建议。针对反垄断执法机构的不作为，检察机关遵循一般制度即可，先行提出检察建议。反垄断执法机构不作为的另一种情形，就是反垄断执法机构明知存在垄断行为而不展开执法，其危害性显然要比前一种情形更大。因此，如果有证据证明反垄断执法机构确实知悉垄断行为而不展开执法，则检察机关仍应当先行向其提出检察建议，如果反垄断执法机构仍不遵循检察建议而展开反垄断执法，则检察机关应当提起反垄断行政公益诉讼。当然，反垄断执法机构的不作为也可能是因为其主观上并不知晓垄断线索，此时如果在检察机关提出检察建议之后仍然不积极主动展开反垄断执法，则检察机关可以针对其不作为提起反垄断行政公益诉讼。

（二）针对行政垄断

针对行政机关的行政垄断行为，由于其损害了国家利益和社会公共利益，因此检察机关可以针对其提起行政公益诉讼。当然在此之前，检察机关需要首先向涉嫌从事行政垄断行为的行政机关提出检察建议，只有在行政机关未根据检察建议纠正行政垄断行为时，检察机关才可以提起反垄断行政公益诉讼，请求法院认定行政机关的行为构成行政垄断并予以禁止。依靠反垄断执法机构的执法，也能够在一定程度上推动行政机关纠正行政垄断行为。虽然根据《反垄断法》的规定，反垄断执法机构查处行政垄断行为时无法像查处经济垄断行为时拥有强有力的执法权，但在实践中，尤其是在反垄断执法机构是从事行政垄断行为的行政机关的上级机关——仅是从行政级别而言——的案件中，下级行政机关往往在反垄断执法机构调查过程中就能够主动予以纠正，但是，如果行政机关不主动纠正，反垄断执法机构显然也无法对其采取强有力的有效措施，而只能依赖于其上级机关责令其改正，或者向其上级机关提出依法处理的建议。检察机关针对行政垄断行为提起反垄断行政公益诉讼，与反垄断执法机构针对行政垄断行为展开反垄断调查并向相关上级机关提出依法处理建议，这两种制止行政垄断的方式之间没有优先顺序，也不冲突，互不影响。而且，这两种实施方式各具优势。

就检察机关针对行政垄断行为提起反垄断行政公益诉讼这种实施方式而言，检察机关在提起行政公益诉讼之前，可以直接针对实施行政垄断行为的行政机关提出检察建议，因此更直接，更具指向性。而不似反垄断执法机构，主要是通过向从事行政垄断行为的行政机关的上级机关提出依法处理的建议，具有间接性。并且，检察机关还可以根据行政机关是否改正以及改正的具体情况而决定是否提起反垄断行政公益诉讼，这也能够给行政机关形成较大的压力，促使其依据检察建议进行改正。这也与反垄断执法不同，反垄断执法在行政机关不改正行政垄断行为的情况下，或者在上级机关未采纳其所提出的意见时，反垄断执法机构并没有强有力的应对措施。

但是，反垄断执法机构执法也具有其自身的优势。这种优势主要不在于法律上的规定或者纸面上的效果，而在于权力的实际运行逻辑。在我国，上级机关对下级机关具有很强的制约，因此由上级机关直接纠正下级机关的违法行为，下级机关将认真对待并予以改正。反垄断执法机构并不直接向实施行政垄断行为的行政机关提出改正建议，而是采取"曲线救国"的方式，通过向相关上级机关进行反映，由上级机关责令下级机关改正行政垄断行为，这种方式在实践中往往更有效。而检察机关虽然直接向实施行政垄断行为的行政机关提出检察建议并根据其改正情况决定是否提起反垄断行政公益诉讼，却因为检察机关并不具有行政机关的上级机关那样的直接权威，从而很难对其形成真正有效的制约。

总之，检察机关和反垄断执法机构针对行政垄断展开的实施都具有各自的优势，理论上而言，这两种方式可以同时实施，互不影响。但是，为了避免司法、行政资源的浪费，这两种实施方式之间又应当建立一定的协调机制。就检察机关而言，如果反垄断执法机构已经就涉嫌行政垄断行为展开调查，并且行政机关在此过程中已经主动予以整改，则检察机关没有必要对涉案行政垄断行为展开立案调查。如果行政机关未主动整改，反垄断执法机构向相关上级机关提出处理建议，上级机关未责令下级行政机关改正，或者虽然责令下级机构改正但下级机关仍未进行整改，此时，反垄断执法显然已经对禁止涉案行政垄断行为"无能为力"，这就需要检察机关介入，启动立案调查程序，向行政机关提出检察建议，并根据情况决定是否提起反垄断行政公益诉讼。

二 检察机关提起反垄断行政公益诉讼与反垄断行政私益诉讼之间的关系

（一）针对反垄断执法

检察机关提起反垄断行政公益诉讼与相关私主体所提起的反垄断行政私益诉讼二者针对的都是反垄断执法机构的执法活动。我国反垄断法对相关私主体提起反垄断行政私益诉讼的情形仅局限于反垄断执法机构的乱作为行为上，即如果相关私主体对反垄断执法机构作出的有关垄断协议、滥用市场支配地位或经营者集中的决定不服的话，可以提起行政诉讼。相关私主体不服，也就表明从这些私主体的角度来看反垄断执法机构存在乱作为的情形。我国反垄断法并没有规定相关私主体可以针对反垄断执法机构的不作为行为提起行政私益诉讼，但这并不影响相关私主体根据行政诉讼法提起诉讼。检察机关提起的反垄断行政公益诉讼，既可以针对反垄断执法机构的乱作为行为，也可以针对反垄断执法机构的不作为行为。

与检察机关提起民事公益诉讼不同，检察机关提起行政公益诉讼并不需要履行公告程序，无需督促相关私主体提起行政私益诉讼。因此，对于反垄断执法机构的乱作为或者不作为行为，只要其损害了国家利益或者社会公共利益，无论相关私主体是否提起诉讼，检察机关都可以在提出检察建议之后根据情况决定是否需要提起反垄断行政公益诉讼。不过，为了节约司法资源，在相关私主体提起的行政诉讼能够有效保护国家利益或社会公共利益的情况下，检察机关也并非必须提起反垄断行政公益诉讼。

如果反垄断执法机构存在不作为行为，并且这种不作为将会对国家利益或社会公共利益造成严重损害，则检察机关应当提起反垄断行政公益诉讼，当然，在提起诉讼之前，检察机关仍应当先向反垄断执法机构提出检察建议。如果已经有相关私主体针对反垄断执法机构的这种不作为行为提起了行政私益诉讼，并且最终得到了法院的支持，那么反垄断执法机构将展开反垄断执法。从效果上来说，行政私益诉讼已经有效实现了对国家利益或者社会公共利益的有效保护，而不存在行政私益诉讼所无法覆盖的国家利益或者社会公共利益空白。因为通过诉讼的方式要求反垄断执法机构展开反垄断执法，这也是检察机关提起反垄断行政公益诉讼所能够达到的效果，不可能比行政私益诉讼实现更多的实质诉讼请求。

对于反垄断执法机构存在的乱作为，受这种乱作为损害的相关私主体会有很强的动机提起反垄断行政私益诉讼，以维护自身的合法权益。不过，与私主体针对反垄断执法机构的不作为提起私益诉讼不同，针对反垄断执法机构的乱作为所提起的反垄断行政私益诉讼主要是为了维护私主体的私益，只是在客观上能够起到保护社会公共利益的效果，但并不能保证能够实现对国家利益或者社会公共利益的全面保护。检察机关应当评估，如果私主体针对反垄断执法机构的乱作为提起的反垄断行政私益诉讼客观上能够或基本能够实现对国家利益或者社会公共利益的保护，则检察机关无需提出检察建议及提起反垄断行政公益诉讼，否则仍然应当提出检察建议及提起反垄断行政公益诉讼。如果没有相关的私主体提起反垄断行政私益诉讼，并且有充分的证据能够证明反垄断执法机构是一种乱作为，这种乱作为将会对国家利益或社会公共利益造成严重损害，则在这种情形之下，检察机关也应当提出检察建议及提起反垄断行政公益诉讼。

（二）针对行政垄断

根据我国行政诉讼制度，相关私主体只能针对行政机关的具体行政行为提起行政诉讼。笔者在本章前文已经分析论证，检察机关既可以针对行政机关的具体行政行为提起行政公益诉讼，也可以针对行政机关的抽象行政行为提起行政公益诉讼，在此不再论述。

检察机关针对行政垄断行为提起反垄断行政公益诉讼，同样无需履行公告程序，其与私主体针对行政垄断行为提起行政诉讼之间也不存在优先顺序。但为了节约司法资源，如果私主体针对具体行政垄断行为所提起的行政诉讼能够在实现其私人利益诉讼的基础上实现对国家利益或社会公共利益的有效保护，则检察机关无需向行政机关提出检察建议及提起反垄断行政公益诉讼；如果无法实现有效保护，则检察机关需要向行政机关提出检察建议及提起反垄断行政公益诉讼。由于私主体无法针对抽象行政垄断行为提起行政诉讼，因此检察机关需针对抽象行政垄断行为提出检察建议及提起反垄断行政公益诉讼。

第五节　检察机关提起反垄断行政公益诉讼的检察建议前置程序

检察机关提起反垄断行政公益诉讼的目的在于督促反垄断执法机构依法展开执法活动或行政机关依法行使权力，提起反垄断公益诉讼本身并不是最终目的，而只是一种手段。如果能够通过非诉讼的方式就能够达到同样目的，则应当优先适用这种非诉讼的方式，因为一般而言诉讼程序持续的时间较长，即便检察机关最终胜诉，但在诉讼期间垄断行为仍将持续，而且最终诉讼的结果也只是反垄断执法机构纠正违法行为或者依法履行职责、或行政机关依法行使权力，这些都可以通过非诉讼的方式而得以实现。现行检察机关提起行政公益诉讼制度规定有检察机关提出检察建议的前置程序，在实践中，绝大多数的案件都在诉前程序通过检察建议的方式而得以解决，这样既达到了纠正行政机关违法行为或督促其依法履行职责行使权力的目的，又避免了冗繁的诉讼程序。因此，检察机关提起反垄断行政公益诉讼，也应当遵循检察建议前置的制度。

在美国，私人总检察官通常没有表现出允许任何人因感受到不满就进行诉讼的特征。实际上，甚至在争辩出案件的是非曲直之前，公民必须克服一系列的障碍。在环境领域，公益诉讼只有在特意通知政府（通常还有违法者），并且，给予执行法令或行为人纠正错误的机会之后，才能提起。绝大多数公益诉讼规定在开始诉讼之前提前60天通知联邦环保局、州政府和被指控的违法者。[①] 在我国，由检察机关提起反垄断行政公益诉讼，也并不会使得所有案件都最终进行审判程序。从目前检察机关提起公益诉讼的实践来看，绝大多数的案件都在诉前的检察建议阶段就得以解决，真正进入法院审判程序的案件的比例是非常低的。事实上，这也是检察机关提起公益诉讼价值的最大化体现，在诉前纠纷就得以解决，违法行为就得以纠正。

一 针对行政垄断提起反垄断行政公益诉讼的检察建议前置

根据检察机关提起行政公益诉讼制度的基本原理，检察机关针对行政垄断行为提起反垄断行政公益诉讼，结合《行政诉讼法》第二十五条第四款的规定，其发生的场景应当为：检察机关在履行职责中发现禁止行政垄断领域负有监督管理职责的行政机关违法行使职权或者不作为，致使国家利益或者社会公共利益受到侵害的，应当向行政机关提出检察建议，督促其依法履行职责。行政机关不依法履行职责的，人民检察院依法向人民法院提起诉讼。对于生态环境和资源保护等领域，负有监督管理职责的行政机关是明确的，主要为环境保护部门等，对此没有疑义。但是，检察机关针对行政垄断行为提起反垄断行政公益诉讼，应当向哪一行政机关提出检察建议。这涉及的是对禁止行政

---

① ［美］乔纳森·特利：《私人总检察官在环境法执行过程中的作用》，邓海峰、黎明译，载汤欣主编《公共利益与私人诉讼》，北京大学出版社2009年版，第141—142页。

垄断负有监督管理职责的行政机关究竟为哪一机关的问题。从理论上来说，反垄断执法机构和从事行政垄断行为的行政机关的上级机关都是对禁止行政垄断行为负有监管职责的机关。

　　首先，反垄断执法机构对禁止行政垄断行为负有监管职责。与经济垄断行为一样，行政垄断行为也会造成排除、限制竞争效果，反垄断执法机构也应当对其进行监管。《反垄断法》第五十四条规定："反垄断执法机构依法对涉嫌滥用行政权力排除、限制竞争的行为进行调查，有关单位或者个人应当配合。"但是，反垄断执法机构对行政垄断行为的这种监管又是相对较弱的，反垄断执法机构只能向有关上级机关提出依法处理的建议，而不能直接禁止行政机关从事行政垄断行为。从这种意义上来说，反垄断执法机构并不像环保部门等那样负有直接的环境保护监管职责，对禁止行政垄断行为仅负有某种准监管职责。如果检察机关向反垄断执法机构提出检察建议，督促反垄断执法机构对涉嫌行政垄断行为展开反垄断调查，即便反垄断执法机构依据检察建议勤勉地展开反垄断调查，其最终也很有可能无法仅凭一己之力就禁止这种行政垄断行为，因为在从事行政垄断的行政机关不主动改正的情况下，就只能依赖于其上级机关责令其改正。因此，检察机关向反垄断执法机构提出检察建议可能并不能达到最终禁止行政垄断的效果，因行政垄断而遭受损害的国家利益或者社会公共利益将仍处于受侵害状态。此时，检察机关仍需要提起反垄断行政公益诉讼。这说明，检察机关向反垄断执法机构提出检察建议可能最终只是一种无谓的程序，造成了时间的浪费。因此，检察机关不应当向反垄断执法机构提出检察建议。

　　其次，相关上级机关对禁止行政垄断行为具有实质性的、最终的监管职责。行政垄断行为本质上是一种行政权力的滥用，而上级行政机关则有权对这种滥用行政权力的行为予以纠正。根据我国《宪法》第八十九条，国务院的职权包括"改变或者撤销各部、各委员会发布的不适当的命令、指示和规章""改变或者撤销地方各级国家行政机关的不适当的决定和命令"。《地方各级人民代表大会和地方各级人民政府组织法》第七十三条规定，县级以上的地方各级人民政府行使"改变或者撤销所属各工作部门的不适当的命令、指示和下级人民政府的不适当的决定、命令"的职权。因此，对于下级行政机关滥用行政权力从事行政垄断的行为，上级机关可以直接进行改变或者撤销，这自然也包括责令下级机关进行改正。从这种意义上来说，相关上级机关是对禁止行政垄断行为负有实质监管职责的机构。下级行政机关从事行政垄断行为，也是上级机关监管失职的一种表现。检察机关应当向"相关上级机关"提出检察建议，督促"相关上级机关"责令其下级机关改正行政垄断行为。但此时存在的一个问题是，如果"相关上级机关"未依据检察建议履行职责，那么检察机关应当针对哪一行政机关提起反垄断行政公益诉讼，是针对从事行政垄断行为的行政机关，还是其上级机关？根据《行政诉讼法》第二十五条第四款以及相关司法解释，检察机关应当向"相关上级机关"提出检察建议，以督促其履行监管职责。但如此一来，如果"相关上级机关"未责令下级机关改正，其就将成为之后检察机关提起反垄断行政公益诉讼中的被告。但相比于"相关上级机关"未责令下级机关改正行政垄断行为，下级机关所从事的行政垄断行为对市场竞争造成的损害更为直接，而且其造成的这种损害也要先于"相关上级机关"未纠正下级机关所从事的行政垄断行为而给市场竞争造成的损害，后者只是放任了这种损害的继续发生。因此，检察机关如果提起反垄断行政公益诉讼，应当更宜针对直接从事行政垄断行为的行政机关，而非其上级机关。由此而倒推的话，那么检察机关也应当向从事行政垄断行为的行政机关提出检察建议。

由检察机关向从事行政垄断行为的行政机关提出检察建议，需要解决的一个理论问题是，从事行政垄断行为的行政机关是对禁止行政垄断行为负有监督管理职责的行政机关吗？如果答案为是的话，那么从事行政垄断行为的行政机关与对禁止行政垄断行为负有监管职责的行政机关将出现主体的混同。这又说明从事行政垄断行为的行政机关并不是对禁止行政垄断行为负有监管职责的主体，否则其自身就不会从事行政垄断行为。笔者认为，从事行政垄断行为的行政机关本身也是对禁止行政垄断行为负有监管职责的行政机关，此处的监管，应当不仅包括上级机关的监管，而且也包括自我监管。《反垄断法》第五条规定了公平竞争审查制度，第五条第二款规定："行政机关和法律、法规授权的具有管理公共事务职能的组织在制定涉及市场主体经济活动的规定时，应当进行公平竞争审查。"这实际上就是一种自我审查。《国务院关于在市场体系建设中建立公平竞争审查制度的意见》对审查的方式作出了具体规定："政策制定机关在政策制定过程中，要严格对照审查标准进行自我审查。"因此，即便行政机关从事了行政垄断行为，也并不能否定其负有对禁止行政垄断行为进行监管的职责。此外，对禁止行政垄断行为负有监管职责的行政机关，也并非就绝对不会从事行政垄断行为。例如，对下级机关所从事的行政垄断行为，上级机关显然是对下级机关负有监管职责的主体。但这种"上级机关"是相对的，其相对于下级机关是上级机关，但相对于更高一级的行政机关，该"上级机关"又成为下级机关。因此，对下级机关从事的行政垄断行为负有监管职责的"上级机关"，其本身也可能会从事行政垄断行为，但这并不影响其对下级机关当然也包括其自身进行监管。

鉴于以上分析，笔者认为，检察机关针对行政垄断行为提起反垄断行政公益诉讼前，应当向实施行政垄断行为的行政机关提出检察建议，督促其停止实施行政垄断行为，这样将更为直接，避免通过反垄断执法机构和相关上级机关来间接督促行政机关停止实施行政垄断行为。这将使得检察机关能够直接有效地对从事行政垄断的行政机关履行职责的情况和国家利益或社会公共利益受到侵害的情况进行跟进调查，并决定是否有必要提起反垄断行政公益诉讼。

二 针对反垄断执法机构的乱作为和不作为提起反垄断行政公益诉讼的检察建议前置

针对反垄断执法机构涉嫌违法行使职权——具体又包括乱作为或

者不作为——行为，检察机关在立案调查之后，如果认定反垄断执法机构确实构成违法行使职权或者不作为并且致使国家利益或者社会公共利益受到侵害的，在提起反垄断行政公益诉讼之前，根据检察机关提起行政公益诉讼制度，检察机关应当首先向反垄断执法机构提出检察建议。不过，与其他领域行政机关的违法行使职权或不作为不同，反垄断执法机构是否构成违法行使职权及不作为的判断，涉及大量专业、复杂的知识。因为对于涉嫌垄断行为违法性和合法性的判断，并非绝对泾渭分明，而是存在大量的模糊地带，需要适用合理原则展开分析。这就决定了反垄断执法机构的执法认定——无论是认定构成垄断或不构成垄断，以及因认为不构成垄断的预判而决定不采取反垄断调查的不作为行为——也很难轻易被判定是否构成违法行使职权和不作为行为。对于反垄断执法机构的执法认定，即便检察机关经过立案调查后认为确实构成违法行使职权或者不作为，也很难绝对确定检察机关的这种认定就是正确的。鉴于反垄断认定的特殊性，不像生态环境保护、食品药品安全等领域中行政机关违法行使职权或者不作为那样容易认定，因此检察机关在向反垄断执法机构提出检察建议以后，应当给予反垄断执法机构"抗辩"的机会，由反垄断执法机构说明其作出该反垄断执法决定或者不展开反垄断执法的理由，由检察机关对这种"抗辩"理由进行分析，或者借助专家等外部力量进行评估，以确定反垄断执法机构的这种"抗辩"是否成立并进而能够被接受。如果检察机关经分析评估仍然认定反垄断执法机构的执法构成违法行使职权行为或者不展开反垄断执法构成不作为，则可以向反垄断执法机构进行说明，在反垄断执法机构仍不改正的情况下再提起反垄断行政公益诉讼。如果检察机关经分析评估认定反垄断执法机构的"抗辩"理由成立，则可以终结案件。

参考文献

一 中文著作

陈新民：《宪法基本权利之基本理论》（上册），元照出版社1999年版。

崔伟、李强：《检察机关民事行政公诉论》，中国检察出版社2010年版。

段明学：《检察改革论略》，中国检察出版社2016年版。

韩大元主编：《中国检察制度宪法基础研究》，中国检察出版社2007年版。

韩志红、阮大强：《新型诉讼——经济公益诉讼的理论与实践》，法律出版社1999年版。

黄学贤、王太高：《行政公益诉讼研究》，中国政法大学出版社2008年版。

姜明安：《行政诉讼法》，法律出版社2007年版。

姜明安主编：《行政诉讼法教程》，中国法制出版社2011年版。

姜伟：《论检察》，中国检察出版社2014年版。

姜伟等：《公诉制度教程》，法律出版社2002年版。

金明焕主编：《比较检察制度概论》，中国检察出版社1991年版。

李如林主编：《检察智库成果》，中国检察出版社2017年版。

李卓：《公益诉讼与社会公正》，法律出版社2010年版。

林莉红：《行政诉讼法学》，武汉大学出版社2015年版。

刘学在：《民事公益诉讼制度研究》，中国政法大学出版社2015年版。

龙宗智：《检察制度教程》，法律出版社2002年版。

龙宗智：《检察制度教程》，中国检察出版社2006年版。

潘申明：《比较法视野下的民事公益诉讼》，法律出版社2011年版。

人民法院出版社编著：《最高人民法院民事案件案由适用要点与请求权规范指引（上册）》，人民法院出版社2020年版。

人民法院出版社法规编辑中心：《2020民事诉讼司法解释及司法观点全编》，人民法院出版社2020年版。

石少侠：《检察学新论》，中国检察出版社2013年版。

汤维建：《民事检察法理研究》，中国检察出版社2014年版。

汤欣主编：《公共利益与私人诉讼》，北京大学出版社2009年版。

田凯：《人民检察院提起公益诉讼立法研究》，中国检察出版社2017年版。

万江：《中国反垄断法、理论、实践与国际比较》，中国法制出版社2015年版。

王德玲：《民事检察监督制度研究》，中国法制出版社2006年版。

王珂瑾：《行政公益诉讼制度研究》，山东大学出版社2009年版。

王利明主编：《民法学》，复旦大学出版社2015年版。

王翔：《中华人民共和国反垄断法解读》，中国法制出版社2022年版。

王晓晔：《反垄断法》，法律出版社2011年版。

王新环：《公诉权原论》，中国人民公安大学出版社2006年版。

吴应甲：《中国环境公益诉讼主体多元化研究》，中国检察出版社2017年版。

伍玉功：《公益诉讼制度研究》，湖南师范大学出版社2006年版。

颜运秋：《公益诉讼理念研究》，中国检察出版社2002年版。

叶榅平：《民事诉讼法》，上海财经大学出版社2016年版。

张卫平：《民事诉讼法》，法律出版社2019年版。

张卫平：《最高人民法院民事诉讼法司法解释要点解读》，中国法制出版社2015年版。

张艳蕊：《民事公益诉讼制度研究》，北京大学出版社2007年版。

张兆松：《中国检察权监督制约机制研究》，清华大学出版社 2014 年版。

周佑勇：《行政不作为判解》，武汉大学出版社 2000 年版。

最高人民检察院民事行政检察厅：《民事行政检察指导与研究》，中国检察出版社 2015 年版。

最高人民检察院民事行政检察厅编：《检察机关提起公益诉讼——实践与探索》，中国检察出版社 2017 年版。

二　中文论文

陈卫东：《我国检察权的反思与重构》，载《法学研究》2002 年第 2 期。

陈云良：《反垄断民事公益诉讼：消费者遭受垄断损害的救济之路》，载《现代法学》2018 年第 5 期。

邓峰：《传导、杠杆与中国反垄断法的定位》，载《中国法学》2011 年第 1 期。

丁茂中：《反垄断执法的移植与本土化研究》，载《法商研究》2013 年第 4 期。

方小敏：《中国经济转型中的国家干预界限研究》，载《南京大学学报》2013 年第 1 期。

冯彦君、汤闳淼：《社会法领域适用公益诉讼之证成》，载《社会科学战线》2016 年第 7 期。

巩固：《环境民事公益诉讼性质定位省思》，载《法学研究》2019 年第 3 期。

韩波：《公益诉讼制度的力量组合》，载《当代法学》2013 年第 1 期。

侯利阳：《我国反垄断行政诉讼的困境及因应》，载《法学》2022 年第 1 期。

胡鸿高：《论公共利益的法律界定》，载《中国法学》2008 年第 4 期。

胡卫列、迟晓燕：《从试点情况看行政公益诉讼诉前程序》，载《国家检察官学院学报》2017 年第 2 期。

胡卫列、田凯：《检察机关提起行政公益诉讼试点情况研究》，载《行政法学研究》2017 年第 2 期。

黄锡生、余晓龙：《社会组织提起环境公益诉讼的综合激励机制重构》，载《法学论坛》2021 年第 1 期。

黄学贤：《行政公益诉讼回顾与展望》，载《苏州大学学报》2018 年第 2 期。

姜伟：《聚焦反垄断：知识产权检察公益诉讼的新进路》，载《中国检察官》2022 年第 5 期。

蒋悟真：《反垄断法中的公共利益及其实现》，载《中外法学》2010 年第 4 期。

焦海涛：《经济法责任制度再释：一个常识主义立场》，载《甘肃政法学院学报》2016 年第 3 期。

李浩：《论检察机关在民事公益诉讼中的地位》，载《法学》2017 年第 11 期。

李洪雷：《检察机关提起行政公益诉讼的法治化路径》，载《行政法学研究》2017 年第 5 期。

李剑：《反垄断私人诉讼困境与反垄断执法的管制化发展》，载《法学研究》2011 年第 5 期。

李剑：《中国反垄断法实施中的体系冲突与化解》，载《中国法学》2014 年第 6 期。

李艳芳、吴凯杰：《论检察机关在环境公益诉讼中的角色与定位》，载《中国人民大学学报》2016 年第 2 期。

练育强：《争论与共识：中国行政公益诉讼本土化探索》，载《政治与法律》2019 年第 7 期。

林莉红：《论检察机关提起民事公益诉讼的制度空间》，载《行政法学研究》2018 年第 6 期。

刘继峰：《反垄断法益分析方法的建构及其运用》，载《中国法学》2013 年第 6 期。

刘继峰：《再论垄断协议的概念问题》，载《法学家》2020 年第 6 期。

刘克江：《论反垄断行政纠纷解决的程序问题》，载《中国法律评论》

2019 年第 6 期。

刘水林：《反垄断法实施的协商制研究》，载《法商研究》2015 年第 3 期。

刘艺：《社会治理类检察建议的特征分析与体系完善》，载《中国法律评论》2021 年第 5 期。

吕天奇：《检察机关公益诉讼制度基本问题研究》，载《社会科学研究》2016 年第 6 期。

吕忠梅：《环境司法理性不能止于"天价"赔偿：泰州环境公益诉讼案评析》，载《中国法学》2016 年第 3 期。

时建中：《新〈反垄断法〉的现实意义与内容解读》，载《中国法律评论》2022 年第 4 期。

孙洪坤、陶伯进：《检察机关参与环境公益诉讼的双重观察》，载《东方法学》2013 年第 5 期。

孙晋：《我国〈反垄断法〉法律责任制度的缺失及其完善》，载《法律适用》2009 年第 11 期。

孙茜：《我国环境公益诉讼制度的司法实践与反思》，载《法律适用》2016 年第 7 期。

孙笑侠：《论法律与社会利益》，载《中国法学》1995 年第 4 期。

谭袁：《中国反垄断执法中立性辨析》，载《首都师范大学学报》2017 年第 3 期。

汤维建：《检察机关提起民事公益诉讼势在必行》，载《团结》2009 年第 3 期。

汤维建、王德良、任靖：《检察民事公益诉讼请求之确定》，载《人民检察》2021 年第 5 期。

王春业：《独立行政公益诉讼法律规范体系之构建》，载《中外法学》2022 年第 1 期。

王健：《垄断协议认定与排除、限制竞争的关系研究》，载《法学》2014 年第 3 期。

王利明：《我国〈民法典〉侵权责任编损害赔偿制度的亮点》，载《政法论丛》2021 年第 5 期。

王明远：《论我国环境公益诉讼的发展方向：基于行政权与司法权关系理论的分析》，载《中国法学》2016年第1期。

王先林：《理想与现实中的中国反垄断法》，载《交大法学》2013年第2期。

王先林：《数字平台反垄断的国际观察与国内思考》，载《中国社会科学院大学学报》2022年第5期。

王晓晔：《数字经济反垄断监管的几点思考》，载《法律科学》2021年第4期。

王秀哲：《检察机关的公诉权与公益诉讼权》，载《法学论坛》2008年第5期。

王岩：《反垄断行政诉讼中的若干问题探析》，载《电子知识产权》2015年第8期。

吴宏伟、闫卫军：《论反垄断执法机构的行政决定在反垄断"跟进诉讼"程序中的效力》，载《新疆社科论坛》2010年第5期。

吴振国：《反垄断监管的中国路径：历史回顾与展望》，载《清华法学》2022年第4期。

肖建国：《民事公益诉讼的基本模式研究——以中、美、德三国为中心的比较法考察》，载《中国法学》2007年第5期。

徐全兵：《检察机关提起公益诉讼有关问题》，载《国家检察官学院学报》2016年第3期。

薛刚凌：《行政公益诉讼类型化发展研究》，载《国家检察官学院学报》2021年第2期。

颜运秋：《我国环境公益诉讼的发展趋势》，载《求索》2017年第10期。

杨朝霞：《环境司法主流化的两大法宝：环境司法专门化和环境资源权利化》，载《中国政法大学学报》2016年第1期。

杨海坤：《中国公益诉讼的基本理论和制度》，载《法治论丛》2005年第6期。

杨建顺：《〈行政诉讼法〉的修改与行政公益诉讼》，载《法律适用》2012年第11期。

杨松涛：《自由与权力：近代英国刑事私诉与公诉之争》，载《华东政法大学学报》2012 年第 5 期。

叶卫平：《反垄断法的价值构造》，载《中国法学》2012 年第 3 期。

叶阳：《社会组织提起环境民事公益诉讼主体资格辨识》，载《法律适用》2017 年第 6 期。

易小斌：《检察公益诉讼参与国家治理的实践面向》，载《国家检察官学院学报》2020 年第 6 期。

游钰：《论反垄断执法的司法审查》，载《中国法学》2013 年第 6 期。

詹建红：《权力的扩展与运行机制的平衡》，载《郑州大学学报》2007 年第 3 期。

占善刚、王译：《检察机关提起民事公益诉讼的角色困境及其合理解脱》，载《学习与探索》2018 年第 10 期。

张博：《〈民法典〉视域下环境民事公益诉讼的运行困境与出路》，载《法商研究》2022 年第 4 期。

张春玲：《检察机关提起公益诉讼制度的理解与完善》，载《中国检察官》2016 年第 11 期。

张锋：《我国公民个人提起环境公益诉讼的法律制度构建》，载《法学论坛》2015 年第 6 期。

张新宝、赖成宇：《个人信息保护公益诉讼制度的理解与适用》，载《国家检察官学院学报》2021 年第 5 期。

张雪樵：《检察公益诉讼比较研究》，载《国家检察官学院学报》2019 年第 1 期。

张智辉：《公诉权论》，载《中国法学》2006 年第 6 期。

赵红梅：《经济法的私人实施与社会实施》，载《中国法学》2014 年第 1 期。

朱金高：《民事公益诉讼概念辨析》，载《法学论坛》2017 年第 3 期。

朱理：《〈关于审理因垄断行为引发的民事纠纷案件应用法律若干问题的规定〉的理解与适用》，载《人民司法》2012 年第 15 期。

三 中文译著

［意］阿奎那：《论法律》，杨天江译，商务印书馆2016年版。

［英］边沁：《道德与立法原理导论》，时殷弘译，商务印书馆2000年版。

［日］谷口安平：《程序的正义与诉讼》，王亚新、刘荣军译，中国政法大学出版社1996年版。

［美］理查德·A.波斯纳：《法律的经济分析》，蒋兆康译，中国大百科全书出版社1997年版。

［英］L.赖维乐·布朗、［英］约翰·S.贝尔：《法国行政法》，高秦伟、王锴译，中国人民大学出版社2006年版。

［意］莫洛·卡佩莱蒂编：《福利国家与接近正义》，刘俊祥等译，法律出版社2000年版。

［英］威廉·韦德：《行政法》，徐炳等译，中国大百科全书出版社1997年版。

［日］小岛武司：《诉讼制度改革的法理与实证》，陈刚、郭美松等译，法律出版社2001年版。

四 英文文献

Alan Vinegrad, *The Role of the Prosecutor: Serving the Interests of All the People*, 28 Hofstra L. Rev. 895 (2000).

Bernardo Cortese, *EU Competition Law: Between Public and Private Enforcement*, Wolters Kluwer, 2014.

Daniel A. Crane, *the Institutional Structure of Antitrust Enforcement*, Oxford University Press, 2011.

David Ashton, David Henry, *Competition Damages Actions in the EU: Law and Practice*, Edward Elgar, 2013.

Frank H. Easterbrook, *The Limits of Antitrust*, 63 Tex. L. Rev. 1 (1984).

George J. Benston, *Indirect Purchasers' Standing to Claim Damages in Price Fixing Antitrust Actions: A Benefit/cost Analysis of Proposals to Change the Illinois Brick Rule*, 55 Antitrust L. J. 213 (1986).

Joseph F. Brodley, *Antitrust Standing in Private Merger Cases: Reconciling Private Incentives and Public Enforcement Goals*, 94 Mich. L. Rev. 1 (1995).

Pitel, Stephen A., ed. *Litigating Conspiracy: An Analysis of Competition Class Actions*, Toronto: Irwin Law Inc., 2006.

Richard A. Posner, *Oligopoly and the Antitrust Laws: A Suggested Approach*, 21 Stan. L. Rev. 1562 (1969).

Robert H. Land, *Wealth Transfers as the Original and Primary Concern of Antitrust: The Efficiency Interpretation Challenged*, 34 Hastings L. J. 65 (1982).

Robert H. Lande, Joshua P. Davis, *Benefits from Private Antitrust Enforcement: An Analysis of Forty Cases*, 42 U. S. F. L. Rev. 879 (2008).